W0074079

Die Zukunft und ihre Feinde

Dirk Maxeiner
und Michael Miersch

Wie Fortschrittspessimisten
unsere Gesellschaft lähmen

Eichborn.

Für Andrea, Amelie und Moritz,
Sabine und Tim,
mit denen wir noch viel Zukunft erleben möchten.

1 2 3 4   04 03 02

© Eichborn AG, Frankfurt am Main, September 2002
Umschlaggestaltung: Christina Hucke
Lektorat: Petra Jacobi
Satz: Fuldaer Verlagsagentur, Fulda
Druck und Bindung: GGP Media, Pößneck
ISBN 3-8218-3912-0

Verlagsverzeichnis schickt gern:
Eichborn Verlag, Kaiserstraße 66, D-60329 Frankfurt am Main
www.eichborn.de

Inhalt

moralischer Anerkennung, einige treiben nagende Selbstzweifel, aber auch blanker Opportunismus an.

werden Wissenschaftler als Unmenschen abgestempelt. Carl Djerassi, der Erfinder der Antibabypille, meint: Würde die Pille heute erfunden, hätte sie wahrscheinlich keine Chance, auf den Markt zu gelangen.

VI. Alte und neue Planwirtschaft

Vorwort

Der Mensch ist ein Tier, das Chancen jagt. Das sagt zumindest der Zoologe Desmond Morris. Der Mensch war im Laufe seiner evolutionären Karriere immer wachsam, meist in Bewegung und stets auf der Hut. Er hat überlebt, weil er aus der jeweiligen Gelegenheit das Beste machte. Unsere haarigen Vorfahren erhielten hier und da eine kleine Belohnung, doch nie wussten sie genau, wo die nächste Überraschung lauert. Die Entdeckung und Erforschung seiner Umgebung ist beim *Homo sapiens* ein tief verwurzelter Lebensdrang. Es entwickelte sich daraus das unbändige Verlangen, möglichst viele verschiedene Lösungen eines Problems zu erschließen.»Die Evolution hat uns mit einer unstillbaren Wissensbegierde ausgestattet, sodass wir nie aufhören, neue Möglichkeiten auszuloten, nie aufhören, neue Lösungen zu finden«, sagt Desmond Morris. Der ununterdrückbare Drang, nach Neuem zu suchen, und unsere Fähigkeit, das Gefundene zu unserem Vorteil zu nutzen, ist es, was uns als Menschen ausmacht. So sind wir beispielsweise auf die Idee mit dem Feuer gekommen. Es gab dafür keinen Plan, keinen Zukunftsrat und wohl auch keine Genehmigung.

Von unserem tierischen Erbe übrig geblieben ist uns ein angeborenes Verlangen nach Aktivität. Nichts ist schlimmer, als in einer kahlen Gefängniszelle eingesperrt zu sein. Gefangene sind unglücklich, obwohl sie hierzulande gut ernährt, warm untergebracht und vor der Außenwelt geschützt werden. Das sollten diejenigen bedenken, die uns vor allen Widrigkeiten der Welt beschützen wollen. Staatliche Fürsorge begleitet uns mittlerweile von der Wiege bis zur Bahre. Stets nehmen kluge Menschen für sich in Anspruch, nur das Beste für uns zu wollen. Der amerikanische Autor P. J. O'Rourke lästerte einmal auf einer Lesung: »Ich weiß nicht, was gut für Sie ist. Sie wissen nicht, was gut für mich ist. Wir wissen nicht, was gut für die Menschheit ist. Aber es scheint, dass wir hier im Raum die Einzigen sind, die das wissen.«

Wir sollten uns nicht davon täuschen lassen, dass Einschränkungen der individuellen Freiheit stets als »Schutz vor ...« oder als »Recht auf ...« (was auch immer) daherkommen. Wovor der eine geschützt werden soll, das muss dem anderen zumeist verboten werden. Und das Recht auf staatliche Rundumversorgung beinhaltet das Unrecht staatlicher Rundumverteilung. Kein Tag vergeht ohne ein neues Gesetz, eine neue Verordnung oder Vorschrift, die unseren Handlungsrahmen heute und in Zukunft einengt. Immer mehr gesellschaftliche Gruppierungen wollen die Gegenwart konservieren. Nach dem Motto: Wer nichts macht, macht auch nichts falsch. Sie stemmen sich gegen Veränderungen, weil sie von der Zukunft nur Schlechtes erwarten. Das Erfolgsprinzip des Menschen, die freie Entfaltung seiner Kreativität und Eigeninitiative, wird dadurch im Kleinen wie im Großen unterminiert.

Woher kommt bloß dieser abgrundtiefe Pessimismus gegenüber unserer eigenen Entwicklungsfähigkeit? Die Tatsache, dass heute sechs Milliarden Menschen auf dem Globus leben, ist doch kein Zeichen des Niedergangs, sondern Nachweis eines grandiosen Einfallsreichtums. Wenn man einen Strich unter das zieht, was der Mensch im Verlauf seiner Entwicklung zerstört hat, und unter das, was er geschaffen hat, so ist die Gesamtbilanz überaus positiv. Kurzfristig gesehen mögen die Pessimisten durchaus Recht haben, aber langfristig haben immer die Optimisten gesiegt. Die Unverdrossenheit, mit der gerade die Gesellschaften, die sich der Aufklärung verschrieben haben, immer wieder neue Wege beschritten und neue Lösungen gefunden haben, beruhen auf ungestümem Optimismus und einem unerschütterlichen Lebensmut. Nur wer den Menschen Freiheit gibt, wird Zukunftsfähigkeit ernten. Alle Menschen zusammen werden aus vielen Milliarden individueller Gelegenheiten automatisch mehr machen als die besten Planungskomitees, Zukunftsräte und Staatsverwaltungen. Sicherlich brauchen wir auch Gesetze und Vorschriften – aber doch nicht, um der Zukunft Grenzen zu setzen. Mangel an Fantasie ist für die Bearbeitung unseres Lohnsteuerjahresausgleichs eine unabdingbare Voraussetzung, für die tastende Suche nach dem besten Weg in die Zukunft aber Gift. Wir möchten mit diesem Buch denjenigen Mut machen, die sich auf die Welt von morgen freuen, die den Fortschritt willkommen heißen und die Freiheit lieben. Wir glauben, dass die Zukunft aufregend wird und die Erde ein immer besserer Platz für Menschen und andere Lebewesen. Erfindungsreichtum, Selbstverantwortung und Freiheit sind unserer Meinung nach die beste Ausstattung dafür.

Wir danken (in alphabetischer Reihenfolge) dem Gespann Bischoff & Ferchl für tatkräftige Unterstützung, Henryk M. Broder für knackige Zitate, Edgar Gärtner für nachhaltige Perspektiven, Matthias Horx für den Zukunftsoptimismus, Christina Hucke für die aufgehende Sonne, Vera Lengsfeld für Einsichten in den realen Sozialismus und Virginia Postrel für den Titel.

München, im Juni 2002

Dirk Maxeiner
Michael Miersch

I. Ein neuer Kulturkampf und sein Frontverlauf

Lechts und rinks

Die altbekannten politischen Lager in den westlichen Industriegesellschaften formieren sich neu. Die Konflikte des 21. Jahrhunderts entstehen aus unterschiedlichen Haltungen zur Freiheit und zum Fortschritt.

> Manche meinen
> lechts und rinks
> kann man nicht velwechsern
> werch ein illtum

Dem Dichter Ernst Jandl gelang es, das folgenreichste Missverständnis des 20. Jahrhunderts in vier Zeilen auszudrücken. Leider blieb diese Einsicht unpopulär und politische Ansichten wurden stets in links und rechts sortiert. Schriftsteller wie George Orwell und Philosophen wie Karl Popper mochten die geistige Verwandtschaft rechter und linker Ideologien noch so überzeugend darlegen. Die große Mehrheit der Intellektuellen des 20. Jahrhunderts definierten sich selbst nach der Rechts-links-Koordinate. Und die weniger Intellektuellen taten es ihnen gleich.

Im Alltag konnte jedermann rechte und linke Haltungen schnell erkennen und leicht unterscheiden. Links war, wer auf Seiten der Arbeiter stand, wer die Produktionsmittel verstaatlichen wollte oder zumindest die Kapitalisten so hoch besteuern, dass ihnen der Spaß am Reichsein verging. Linke glaubten außerdem an den Fortschritt und an eine bessere Zukunft. Rechts hingegen war, wer Gott und Vaterland ehrte, traditionelle Werte, Sitten und Hierarchien bewahren wollte, dem Fortschritt nicht traute und sich lieber auf die gute alte Zeit berief.

Doch diese Unterscheidungen funktionieren heute nicht mehr. Jandls witziger Vierzeiler ist für viele Menschen zu einer ganz konkreten Alltagserfahrung geworden. Man diskutiert zum Beispiel auf einer Party mit einem anderen Gast über den 11. September, versteht sich glänzend und empfindet eine tiefe Geistesverwandtschaft. Irgendwie steuert der Redefluss plötzlich auf das Thema Bioethik. Rumms! Unverhofft sehen sich politische Gegner ins Auge. Oder: An der Ladentheke pflichtet man einem Unbekannten bei, der für Ökolandbau plädiert. Gut so! Wenig später fängt er an, auf Ausländer zu schimpfen. Wie peinlich, dass man dieser Hasskappe eben noch so freundlich zugenickt hat.

Solche kleinen Begebenheiten hat jeder politisch interessierte Mensch schon mehrfach erlebt. Die Worte und Werte, die gestern noch Halt versprachen, klingen plötzlich seltsam doppeldeutig oder verlieren ihre Aussagekraft. Die Verständigung wird schwieriger, die Missverständnisse häufen sich, die Unsicherheit wird größer. Viele spüren, dass sich etwas in der geistigen Landschaft verändert hat, aber sie können diese Veränderung nicht orten oder festmachen. Sie merken nur, irgendwie verschieben sich die politischen Pole, ohne dass man es erklären kann. Begriffe von gestern versagen ihren Dienst.

Intellektuelle Zirkel geben sich seltsame Etiketten, mit denen sie ganz unterschiedliche geistige Strömungen unter einen Hut stecken. Wortverbindungen wie Linkskatholiken oder Ökosozialisten zählen bereits zu den gängigen Kategorien. An den Rändern des politischen Spektrums werden noch ganz andere Mixturen gebraut: Radikale Liberale nennen sich Anarchokapitalisten. NPD-Anhänger marschieren unter der klassisch linken Kampfparole »Arbeit statt Profite!«. Auch neue

Koalitionen haben Konjunktur. In der Bioethik-Debatte unterwerfen sich zum Beispiel Feministinnen und Grüne der katholischen Lehrmeinung. Die Stammzellenforschung wird von Kardinal Ratzinger und dem ökosozialen SPD-Politiker Michael Müller unisono verdammt. Linke Gewerkschafter und protektionistische Nationalisten protestieren gemeinsam gegen die Globalisierung. Anti-Globalisierungs-Polemiken von Attac und NPD tönen zuweilen nahezu wortgleich. Grüne und FDP wollen die Wehrpflicht abschaffen, SPD und CDU wollen sie beibehalten. Menschenrechtler und Militärs rechtfertigen einmütig den Anti-Terror-Krieg. Nationalisten und traditionelle Linke lehnen ihn hingegen gemeinsam ab und orten die Wurzeln aller Übel in den USA und Israel. Auf einer großen Anti-Israel-Demonstration im April 2002 in Berlin wurden Transparente mit dem Maschinengewehr der Hisbollah neben Plakaten mit der Friedenstaube der Ostermarschierer getragen.

»Der weitgehend noch unkartographierte politische Megatrend ist der Zerfall der Lager«, schreibt der Zukunftsforscher Matthias Horx. »Dabei liegt auf der Hand: Im Übergang von der Produktions- zur Wissensgesellschaft müssen auch die politischen Kategorialsysteme erodieren, die im Industrialismus geschmiedet worden sind. Ich (Horx), zum Beispiel: Ich bin für eine klassische Law-and-Order-Politik im Inneren (rechts). Ich bin, im Namen von Menschenrechten und der Befreiung der Armen, für weltweite Militäreinsätze gegen Diktatoren und Schlächter (rechts? links?). Ich glaube in der Tat, dass im Islam ein totalitärer Keim liegt (Pim Fortuyn), dass Menschen aus fremden Kulturen nicht nur unsere Rechts-, sondern auch das Gros unserer Kulturordnungen akzeptieren müssen (neoliberales Schwein). Gleichzeitig bin ich für mehr Ausländer im Inland (links) – ich will aber klügere, ausgewähltere, Englisch sprechende (neoliberal). Dann bin ich gegen Atomkraft (grün) – nicht, weil ich jeden Alarmismus der Grünen glaube, sondern weil diese Technologie nicht »smart« ist, weil sie nicht in eine globalisierte Gefahrenwelt passt. Ich lege sehr viel Wert auf Werte und Wertevermittlung (rechts). Aber meine Primärwerte lauten weder Fleiß, Disziplin, Ehre noch Treue, sondern Toleranz (liberal), Gerechtigkeit (links?), Ehrlichkeit (grün?). Ich bin für eine massive Reduzierung des Kündigungsschutzes (ultraliberal) ...«

Sogar beim Lesen der Bildzeitung weiß man mittlerweile nicht mehr, wo rechts und links ist. Deutschlands Massenblatt engagierte mit Oskar Lafontaine und Peter Gauweiler zwei Kolumnisten, um sie als politische Kontrahenten aufeinander zu hetzen. Doch etwas Überraschendes geschah: Die beiden sind oftmals ein Herz und eine Seele. Wenn sich Lafontaine mit den Worten, »Sie kämpfen für eine gerechtere, eine bessere Welt. Die wollen wir doch auch«, mit den Globalisierungsgegnern solidarisiert, pflichtet Gauweiler bei: »Ich bin auch gegen Globalisierung«, und warnt vor einer »Entzauberung der Welt« und dem »Schlussverkauf der Menschheit«. In einer anderen ihrer Stereokolumnen beklagen beide den Verfall der Werte. Lafontaine: »Beliebigkeit gilt als modern. Traditionelle Werte gelten als altmodisch. Wir brauchen wieder mehr Gemeinsinn.« Gauweiler erregt sich in einem Aufwasch über Sex im Fernsehen, Abtreibungen, Tiertransporte und Kriminalität. Die deutsche Gesellschaft sei »grenzenlos und hemmungslos« geworden. Wer hätte dieses politische Duett vor ein paar Jahren für möglich gehalten?

Im Januar 2002 mobilisierte der Rechtspopulist Jörg Haider in Österreich gegen Atomkraft. Ganz im Duktus der alten Anti-AKW-Bewegung hieß das populäre Motto der Kampagne »Ja zum Leben. Nein zu Temelin!«. Unterschiedliche Ängste bedienend verknüpfte Haider die in Österreich besonders unbeliebte Osterweiterung der EU mit der Furcht vor dem tschechischen Reaktor Temelin und heizte zum eigenen Wohl unappetitliche Ressentiments gegen »die Tschechen« an. Das österreichische Volksbegehren setzte eine Gefühlsmelange frei, die nachdenklich machen sollte. Die moralische Landkarte wird unübersichtlich. Umweltängste waren früher stets aufgeklärt, links und gut, Fremdenfeindlichkeit dagegen dumpf, rechts und böse. Instinktsicher ignoriert Haider diese Ordnungslinien und bedient sowohl die »guten« als auch die »bösen« Ängste. Seine Anti-Atom-Fremdenfeindlichkeit ist kein skurriler Einzelfall und auch keine Spezialität der Alpenrepublik. Vielleicht wächst durch Gestalten wie Haider nur zusammen, was schon lange zusammengehört: eine Volksbewegung der Zukunftsängstlichen.

Die Gesellschaft sortiert sich neu, und im allgemeinen Durcheinander werden zwei gegensätzliche Lager erkennbar. Auf der einen Seite jene, die die Zukunft als Bedrohung empfinden. Technik versklave die Menschheit, warnen sie, ökonomischer Wandel zerstöre die Wurzeln der Gemeinschaft, Freiheit münde in kulturellem Niedergang, wachsender Wohlstand vernichte die Umwelt. Die Zukunft sei außer Rand und Band geraten und steuere direkt in den Abgrund. Sozialkritiker aus diesem Lager betrachten die Zukunft als bedrohlich, den Forschritt als Illusion und die Technik als verdächtig. Eine gute Zukunft ist für sie etwas Statisches, alles soll bleiben, wie es ist. Manche schlagen vor, die Zukunft möglichst bis ins Detail zu planen. Andere empfehlen die romantische Rückkehr in eine angeblich gute alte Zeit. Wie auch immer, eines scheint diesen Denkern gewiss: Nur im Schutz von Verboten können Deutschland und die Welt dieser bedrohlichen Zukunft entkommen. Sie möchten den technischen Fortschritt und den anarchischen Freihandel eindämmen und verlangen nach mehr Kontrolle, mehr Institutionen, mehr Gremien, mehr Gesetzen, mehr Steuern und »Regeln und noch einmal Regeln« (Antje Vollmer). Ihr häufig benutztes Lieblingswort ist »Grenze«. Grenzen entdecken sie überall: von »den Grenzen des Wachstums« bis zu den »Grenzen des guten Geschmacks«.

Und wo sie keine Grenzen finden, wo also Grenzenlosigkeit droht, müssen schnellstens Grenzen gezogen werden.

Noch zaghaft, aber immer häufiger und ebenfalls quer zum alten Rechts-links-Schema, melden sich jedoch auch Menschen zu Wort, die von der Zukunft mehr erwarten als eine Energiesparvariante der Gegenwart. Sie blicken skeptischer auf die wechselnden Weltuntergangsszenarien und halten Selbstbeschränkung nicht für die einzig erlaubte Antwort auf alle Zukunftsfragen. Manche von ihnen finden es reizvoll und spannend, einen evolutionären Prozess mitzugestalten, der die Welt sozial, kulturell und technisch verändert. Sie halten die Zukunft für nicht eingrenzbar und kaum planbar, sondern für durch und durch offen und voller Überraschungen. Um die Probleme der Welt zu meistern setzen sie auf den Erfindungsreichtum der Menschen, auf Selbstverantwortung und Freiheit. Die Welt von morgen stellen sie sich als ein Ergebnis von Versuch und Irrtum vor, entwickelt von Milliarden Individuen, die ihre Lebenssituation verbessern wollen. Wer so denkt, ist häufig begeistert von der Vielfalt und dem Einfallsreichtum der Menschen in jeder Ecke des Planeten. Er achtet das Experiment, die schrittweise Lösung komplexer Probleme und die Demokratie des Marktes. Instinktiv misstraut er geschlossenen Weltbildern und Verboten, die den Fortschritt anhalten wollen.

Der Karlsruher Philosoph Peter Sloterdijk beschreibt die neue gesellschaftliche Trennlinie so: »Im Moment erleben wir wieder relativ leidenschaftliche Parteibildungen, und zwar nicht längs der parlamentarischen Gruppierungen. Wir beobachten Formierungen von moralischen Parteien, eine informelle Parteienlandschaft mit einer technophobischen und einer technophilen Partei.« Die amerikanische Journalistin Virginia Postrel stellte bereits Ende der neunziger Jahre eine ähnliche Diagnose für die politische Landschaft der Vereinigten Staaten. Wie bei Gauweiler und Lafontaine werden auch in den USA seltsame Geistesverwandtschaften sichtbar, zum Beispiel zwischen Pat Buchanan, einer Galionsfigur reaktionärer Nationalisten, und Jeremy Rifkin, einem Idol der Grünen und Linken. In der konfrontativen CNN-Talkshow »Crossfire« waren die beiden ein Herz und eine Seele und schimpften gemeinsam auf die »neue globale High-Tech-Ökonomie«. Lester Brown, als Kopf des Worldwatch Institutes eine Ikone der amerikanischen Ökoszene und eigentlich als links verortet, schloss sich einer Initiative gegen den Zuzug von Ausländern an. Rifkin wiederum gelang es, fast 200 religiöse Führer gegen Gentechnik zu mobilisieren, darunter auch traditionell rechts stehende christliche Prediger.

Virginia Postrel bezeichnet die beiden informellen Parteien als »Stasists« und »Dynamists« und beschreibt sie in ihrem scharfsinnigen Buch »The Future and its Enemies« (ein Titel, den wir so gut fanden, dass wir ihn für dieses Buch eingedeutscht haben). »Stasists und Dynamists sind nicht nur in einfachen, kurzfristigen politischen Fragen gespalten«, schreibt Postrel, »sondern haben fundamentale Meinungsverschiedenheiten darüber, wie die Welt funktioniert. Sie streiten um die Natur des Fortschritts und ob er überhaupt wünschenswert ist. Benötigt der Fortschritt einen Plan, um ein spezielles Ziel zu erreichen? Oder ist er ein ungebundener Prozess des Erfindens und Entdeckens? Offenbaren sich im Wunsch nach Weiterentwicklung die höchsten menschlichen Qualitäten oder nur eine destruktive, nihilistische Unzufriedenheit? Braucht der Fortschritt puritanische Beschränkung oder spielerischen Geist?«

Auch in Deutschland treten die »informellen Parteien« immer mehr in den Vordergrund. Ob Stammzellenforschung oder Einwanderung, grüne Gentechnik oder Arbeitsmarktpolitik: Sowohl innerhalb des traditionell linken als auch des rechten Lagers kann man alle denkbaren Positionen dazu finden. Konservativ und progressiv ist längst nicht mehr identisch mit rechts und links. Diese Entwicklung begann in den fünfziger Jahren des vorigen Jahrhunderts, als konservative Intellektuelle aufbrachen, um ihr politisches Lager vom Muff einer rückwärtsgewandten Fortschritts- und Industriefeindlichkeit zu befreien (Gefühle, an die die Grünen später wieder anknüpften). Diese bald schon dominierende Strömung plädierte für einen »technokratischen Konservativismus«, der den wissenschaftlichen Fortschritt und seine Folgen nicht mehr verdammen, sondern nutzen sollte. Zwanzig Jahre später marschierte die deutsche Linke in die entgegengesetzte Richtung: Ende der siebziger Jahre gelang es den Grünen (zumeist unbewusst) erzkonservative und linke Positionen in einer apokalyptischen Weltanschauung zu verschmelzen. Aus der Verbindung zwischen antikapitalistischen Ideologen und konservativen Fortschrittsfeinden, die sich im Prostest gegen Atomkraftwerke trafen, entstanden die Grünen. Der neu erwachte Kulturpessimismus strahlte schon bald bis tief in die Sozialdemokratie und führte dort zu einem opportunistischen Ergrünen. Anfang der achtziger Jahre nahm auch die SPD Abschied vom Fortschritt. Viele Linke streiften den Titel »progressiv« ab, den sie Ende der sechziger Jahre mit Stolz vor sich her getragen hatten. Zeitgeistige Bücher trugen Titel wie »Grenzen des Wachstums« (Dennis Meadows), »Selbstbegrenzung« (Ivan Illich) oder »Todeskandidat Erde« (Ernest E. Snyder). Plötzlich standen die Konservativen als die einzig verbliebenen Freunde des Fortschritts da. Das wurde ihnen ziemlich übel genommen, denn der Zeitgeist verdammte ihren »Fortschrittswahn« und ihre »Technikgläubigkeit«. Heute sind alle Parteien »grün«. Gerade im konservativen Milieu sind im Verlauf der neunziger Jahre Technikfeindlichkeit und Fortschrittspessimismus wieder erstarkt. Somit schließt sich der Kreis, denn dort pflegte man diese Haltungen bereits im 19. Jahrhundert.

In immer mehr Fragen streiten sich mittlerweile Progressive und Konservative im Bundestag völlig unabhängig von ihrer

Parteienzugehörigkeit. Nur der überkommene Fraktionszwang sorgt dafür, dass die meisten Abstimmungen immer noch brav entlang des klassischen Rechts-links-Musters vollzogen werden. Dies ist einer der Gründe, warum viele Bürger den Parlamentarismus langweilig finden. Ob eine Reform durchkommt oder abgeschmettert wird, kann man schon Tage vorher in der Zeitung lesen. Die parlamentarische Redeschlacht, ein Quell lebendiger Demokratie, erstarrt zum Ritual. Jeder Sprecher weiß von vornherein, dass er mit noch so guten Argumenten keinen Gegner umstimmen kann. Ohne Fraktionszwang würden sich die »informellen Parteien« der Progressiven und Konservativen in Sachfragen zusammenfinden und vor großen Entscheidung entstünden neue spannende Koalitionen. Das könnte eine wirksame Medizin gegen die vielfach beklagte Politikverdrossenheit sein. Die großen deutschen Tageszeitungen und politischen Zeitschriften sind schon weiter als das Parlament. Auf ihren Seiten treten die »neuen Parteien« gegeneinander an und streiten trefflich über Fortschritt und Freiheit. Dabei vermeiden es die meisten großen Blätter tunlichst, sich ganz und gar auf die eine oder andere Seite zu schlagen. Wie auch, der Riss geht quer durch ihre Redaktionen. Konnte man in der Ära Kohl die redaktionellen Reflexe je nach Blattlinie fast immer vorhersagen, so ist Zeitunglesen heute wieder spannend geworden.

Konservative Linke und konservative Rechte werden von unterschiedlichen Motiven getrieben, kommen aber immer öfter zu den gleichen Schlüssen. Linke Konservative protestieren gegen die Globalisierung, weil sie glauben, dass multinationale Konzerne nach der Weltherrschaft greifen. Gewerkschafter wollen das Lohnniveau und die sozialen Errungenschaften der reichen Länder gegen die Billiglohnländer verteidigen. Rechten Fortschrittsfeinden ist es zuwider, dass der weltweite Freihandel Grenzen einreißt, die Sitten verdirbt und Kulturen vermischt. Sie möchten Freizügigkeit und Zuwanderung eindäm-

men. Beim Streitthema Bioethik beklagen Konservative von
rechts, dass der Mensch sich anmaßt, in Gottes Schöpfungs-
plan zu pfuschen. Konservative von links betrachten Genforscher und Gentechniker mit Argwohn, weil diese die Welt
durch wissenschaftlichen Fortschritt verändern wollen. Nach
linker Denktradition kann eine bessere Welt aber nur durch
Veränderung der Gesellschaft entstehen. Grüne Gentechnik
nützt in den Augen von linken Zukunftsfeinden nur den Pro-
fitinteressen der Agrarindustrie. Obwohl die verbesserten
Pflanzensorten heute bereits vielen Bauern in Entwicklungsländern zugute kommen, wird die Biotechnik behindert, wo es
nur geht.

Der rasante Fortschritt durch Informationstechnik, Tele-
kommunikation, Deregulierung und wachsende Mobilität
führt nach Ansicht von linken und rechten Zukunftspessimisten zu einer gefährlichen Schwächung der Nationalstaaten.
Schuld an diesem Übel ist in ihren Augen der Neoliberalismus, der als Schreckgespenst durch ihre Bücher und Reden
spukt. Alle beteuern beflissen, dass sie den Neoliberalismus
durch und durch verwerflich finden. Selbst dort, wo man es
nun überhaupt nicht erwarten würde, bei den Vorständen
großer Konzerne und internationaler Finanzorganisationen,
bemüht man sich politisch korrekt den Neoliberalismus und
den freien Welthandel zu tadeln. Auf Seiten der Fortschrittsop-
timisten gibt es jedoch kaum jemanden, der sich selbst als
neoliberal bezeichnet. Manche nennen sich liberal, andere li-
bertär, andere wissen gar nicht, wie sie sich selbst etikettieren
sollen und finden das auch nicht so wichtig. Ein ziemlich pro-
gressiver Bekannter von uns beschreibt sich selbst als »erzre-
aktionären Linksradikalen«. Die heutige progressive Strömung setzt sich wie auch die neuen Konservativen aus ehemals (oder immer noch) Linken und ehemals (oder immer
noch) Rechten zusammen. Die linken Progressiven beziehen
sich manchmal gern auf anarchistische Wurzeln, also auf jene

historischen Reformer und Revolutionäre, denen die Freiheit (anders als den Marxisten) mindestens genauso wichtig war wie Gleichheit und Brüderlichkeit und die eine Gesellschaft ohne Staat anstrebten. Die früheren Rechten empören sich über aufgeblähte Bürokratien, die freie Bürger entmündigen, und einen schleichenden Sozialismus, der mit kaum mehr erträglichen Steuer- und Abgabenlasten die Wirtschaftsleistung der Individuen lahm legt. Gemeinsam ist den neuen Progressiven ein positives Verhältnis zu Selbstverantwortung, Unternehmertum und wissenschaftlichem Fortschritt. Sie glauben an die segensreiche soziale Wirkung des Freihandels, an die Unantastbarkeit individueller Rechte und an die intellektuelle Freiheit. Sie misstrauen dem Staat, allen Großbürokratien und Monopolen und haben dagegen eine hohe Meinung vom marktwirtschaftlichen Wettbewerb.

Unser Buch versucht die neuen informellen Parteien entlang einer durchlässigen Demarkationslinie zu definieren. Diese Linie trennt die noch unscharfen Weltbilder des 21. Jahrhunderts, die hier und heute vor unseren Augen entstehen. Wir verorten einige bekannte Köpfe des öffentlichen Diskurses auf diesen neuen Koordinaten und zeigen, wie deckungsgleich linke und rechte Zukunftsfeinde heute argumentieren, obwohl sich die meisten von ihnen immer noch gegnerischen Lagern zugehörig fühlen. Wir möchten unsere Protagonisten jedoch nicht in Schubladen stecken. Manche stehen bei einigen Diskursen im konservativen Lager, argumentieren aber in anderen Fragen durchaus fortschrittsoptimistisch. Die meisten sind als ganze Menschen betrachtet nicht so eindimensional, wie es in unserer thematischen Fokussierung erscheinen mag (mal abgesehen von hoffnungslosen Fällen wie Horst Mahler). Uns selbst geht es ganz genauso. In den meisten politischen Streitfragen stehen wir auf der Seite der Progressiven, sind aber nicht immer lupenrein progressiv (und fühlen uns dazu auch nicht im Geringsten verpflichtet). Mit manchem Fortschritt haben auch wir Probleme und trauern gelegentlich guten alten Zeiten nach. Ziel unseres Buches ist es, die politische Menagerie der Gegenwart ein wenig neu zu sortieren. Ein geschlossenes Weltbild wird man darin vergeblich suchen. Jedoch beschränken wir uns nicht auf die Warte des Beobachters, der sich vornehm zurückhält. Unser Buch ergreift Partei: Wir wollen zeigen, welchen Schaden die rechten und linken Zukunftspessimisten bereits heute angerichtet haben, in dem sie Fortschritt verhindern und Verbesserungen blockieren. Und wir stellen selbstverständlich auch Freunde der Zukunft vor, die mit Ideenreichtum, Freiheitsliebe und Optimismus an vielen kleinen und großen technischen, ökonomischen und sozialen Verbesserungen arbeiten.

Heute ist es allgemein üblich, eine niedrige Erwartungen an die Zukunft zu stellen. Unsere Großeltern träumten noch vom Paradies der Arbeiter und Bauern oder vom futuristischen Schlaraffenland, in dem nur noch die Maschinen malochen. Zu Beginn des 21. Jahrhunderts möchten viele die Zeit am liebsten anhalten oder gar zurückschrauben. Denn die gängige Zukunftsvision der meisten Menschen (zumindest in den reichen kapitalistischen Ländern) sieht düster aus: Ein übervölkerter Planet, der an ethnischen Kriegen, ökologischen Katastrophen und einer chaotischen Ökonomie zugrunde geht. Düsteres Geraune dieser Art gehört heute zum guten Ton. »Globale Erwärmung, Ozonloch, Aids-Desaster, Verelendung der Dritten Welt – niemand kümmert sich darum, ich sehe wenig Hoffnung für die kommenden Jahrzehnte«, behauptet die populäre Krimi-Autorin Donna Leon ganz nebenbei in einem Interview. Wie reagiert der Interviewer? Er sagt nicht etwa, wie man annehmen könnte: Das ist ja grauenhaft. Wir müssen etwas dagegen tun. Was schlagen Sie vor? Er sagt auch nicht: Werte Frau Leon, das ist doch hanebüchener Schmonzes, den sie ohne jegliche Sachkenntnis so daherplappern. Nein, er geht zum nächsten Thema über. Kein Wunder, mit apokalyptischen Worthülsen à la Leon wirft jeder zweite Schauspieler, Sänger oder Schriftsteller um sich. Niemand glaubt wirklich daran. Es ist jedoch zu einer geistig lähmenden Konvention geworden, allgemein so zu tun, als stünde der Weltuntergang unmittelbar bevor.

Der Gedanke, dass die Zukunft vielleicht besser sein könnte als die Gegenwart, klingt für viele wie eine völlig verrückte Utopie. Diese Sichtweise ist zutiefst unhistorisch. Sie blendet aus, dass heute weltweit mehr Menschen in Wohlstand und Freiheit leben als je zuvor in der gesamten Geschichte. Die Welt ist in der Vergangenheit besser geworden, entgegen aller Prognosen von Endzeitpropheten. Und sie kann in Zukunft noch viel besser werden. Es gibt auf diesem reichen Planeten immer noch Menschen, die nicht genug zu essen und keinen Zugang zu sauberem Wasser haben. Viel zu viele leben nicht in Freiheit, sondern werden von diktatorischen Regimes geknechtet oder vom islamischen Faschismus unterdrückt. Das zu ändern ist eine globale Herausforderung, die mit Zukunftsoptimismus angepackt werden sollte. Die Düsternis linker und rechter Konservativer paralysiert unsere Gesellschaft. Zu oft wird in Deutschland um die Abwehr möglicher zukünftiger Bedrohungen gerungen. Angeblich droht großes Ungemach durch Gentechnik, Globalisierung, Einwanderung und kulturelle Verflachung. Das ist die ängstliche Moral satter Wohlstandsbürger. Viel zu wenige machen sich Gedanken über die bedrückende Not, die heute, hier und jetzt und ganz konkret das Leben von Menschen beherrscht. 325 Millionen Kinder gehen nicht zur Schule. Ein Drittel der Menschheit sehnt sich nach dem technischen Fortschritt, der bei uns so gering geschätzt wird. Doch durch den Protektionismus der reichen Länder werden gerade die Ärmsten vom Weltmarkt ausgeschlossen. Das wenige, was sie herstellen oder ernten, wird an den Grenzen Europas und Nordamerikas durch Zollmauern draußen gehalten. Dagegen lohnt es sich zu kämpfen. Freihandel ist ein sehr soziales Ziel. Protektionismus schützt nur die Burgen der Privilegierten. Es wird endlich Zeit, die eine wirklich wichtige Zukunftsfrage zu stellen: Wie können wir die Welt verbessern? Bereits in einem halben Jahrhundert könnte die schlimmste Armut ausgerottet sein, wenn wir gut meinen durch gut machen ersetzen. Alle sozialen Reformen der Geschichte, jeder politische Fortschritt, jede technische Verbesserung wurde von progressiven Menschen verwirklicht, die an die Zukunft glaubten. Wer die Apokalypse erwartet oder nur auf Risiken starrt, verändert nichts zum Besseren.

2. Die Zukunft ist nicht politisch korrekt

Die Welt von morgen kann nicht am runden Tisch geplant werden. Ob es uns gefällt oder nicht, immer wieder sind es Außenseiter und Nonkonformisten, Nebenwirkungen und Zufälle, die den Lauf der Geschichte verändern.

Sommer 1987 im Leipziger Zoo. Wir stehen vor der Baustelle des Aquariums und beobachten die Arbeiten an dem neuen Glanzstück moderner Tiergartenarchitektur. »Wann wird es denn fertig sein?« fragen wir nichts ahnend einen der Bauarbeiter. Das war sein Stichwort. »Das wird nie fertig!« sprudelt es aus ihm heraus, gefolgt von einer Tirade über Baustoff- und Ersatzteilmangel, Planungsbürokraten und überhaupt, den Sozialismus. Völlig verblüfft hören wir zu und fangen automatisch an, uns ganz dezent umzuschauen. Wenn das jemand hört, denken wir erschrocken, kriegt der Mann eine Menge Ärger. Trotz mehrerer Ohrenzeugen passiert jedoch nichts. Im Gegenteil: Allgemeines Kopfnicken und murmelnde Zustimmung setzen ein. Nachdem wir auf jener DDR-

Rundreise noch ein paar ähnliche Szenen erlebt hatten, fragten wir uns verwundert, woher diese plötzliche Offenheit kam. Ein paar Jahre zuvor hatte niemand sich getraut, außerhalb der eignen vier Wände so frei zu sprechen. Überall war damals die Furcht vor der Stasi spürbar. Warum hatten die Menschen auf einmal keine Angst mehr? Was hatte sich verändert? In Moskau war 1985 ein Mann von 54 Jahren Generalsekretär der Kommunistischen Partei geworden. »Jetzt nehmen sie auch schon Kinder«, witzelte das Satiremagazin *Titanic* angesichts des völlig vergreisten Politbüros, dem die beiden vorherigen Chefs nach kurzer Amtszeit sanft entschlafen waren. Der Neue hieß Michael Gorbatschow und gab schon bald nach seinem Machtantritt die Losung »Glasnost (Offenheit) und Perestroika (Umbau)« aus. Nicht nur die Russen, auch die Ostdeutschen spürten, dass das spätstalinistische Einschüchterungssystem Risse bekam.

Im gleichen Jahr besuchten wir einige damals im Westen kaum bekannte Bürgerrechtler in Ostberlin, die später einmal prominent werden sollten. Obwohl Mielkes Repressionsapparat noch voll im Gange war und Oppositionelle immer wieder im Gefängnis landeten, war die Stimmung alles andere als bedrückt. Uns schlug eine Welle des Optimismus entgegen, mit der wir nicht im Geringsten gerechnet hatten. Als wir am späten Abend umringt von Stasimitarbeitern auf die Straßenbahn in Richtung Grenze warteten, sprachen wir über diese seltsame Diskrepanz: Während unsere Freunde im Westen ihr Leiden zelebrierten und düster in die Zukunft blickten, herrschte unter den erkennbar schlechteren Verhältnissen im Osten überraschende Zuversicht. Wer war hier auf dem falschen Trip?

Wie es weiterging, ist bekannt: Botschaftsbesetzungen in Budapest und Warschau, Trabbikolonnen nach Westen, Öffnung des ungarischen Grenzzauns, Montagsdemonstrationen, Mauerfall. Warum haben wir nach unserer DDR-Reise

1987 nicht sofort in einem Londoner Wettbüro auf den Zusammenbruch des Kommunismus gesetzt? Man hätte Millionär damit werden können. Fast alle, die sich später den Mantel der Geschichte umhängten, waren genauso blind wie wir. Kohl empfing Honecker zum Staatsbesuch und die SPD-Opposition traf sich mit SED-Bonzen, um gemeinsame Grundsatzpapiere zu erarbeiten. Nie wurden die ostdeutschen Herrscher so sehr von westlichen Politikern hofiert wie kurz vor dem Ende ihrer Macht, als ihr Staat bereits pleite war und das Volk die Angst verloren hatte. Doch selbst als die Revolution im vollen Gange war, die Nachrichten sich täglich überschlugen, unterschätzten viele die Dynamik der Ereignisse. Im November 1989 erschien eine Sonderausgabe der Illustrierten *Stern* mit fiktiven Reportagen aus dem Jahr 2000. »Gut fünfzig Jahre nach der Teilung«, berichtete da ein Reporter aus der Zukunft, »stehen die Deutschen wieder vor der Einheit der Nation. Vergangene Woche fuhr Kanzler Oskar Lafontaine durchs Brandenburger Tor zu den entscheidenden Verhandlungen über die deutsche Konföderation nach Ost-Berlin.« Wie man sich doch täuschen kann.

Nicht nur die Befreiung vom Kommunismus und die deutsche Einheit kamen ungeahnt. Auch die Jugendproteste, die in den späten sechziger Jahren Nordamerika und Europa erschütterten, brachen für die professionellen Weitblicker völlig überraschend aus. Wer hätte auch gedacht, dass eine Mixtur aus Rock 'n' Roll, Antibabypille, Haschisch, Che-Guevara-Postern und dem sozialem Aufstieg der Mittelschichten plötzlich so explosiv werden konnte. Die späteren Straßenkämpfer und Hörsaalrebellen berichten unisono, wie erdrückend spießig und langweilig sie die Jahre vor der großen Party erlebt haben. »Seit damals«, sagt Dany Cohn-Bendit, »halte ich nichts mehr für unmöglich.« Kurz bevor in Paris die Barrikaden brannten, hatte *Le Monde* die scheinbar geruhsame Stimmung in der Republik thematisiert.»Frankreich langweilt sich«, lautete die

Einschätzung der Journalisten, die sich nur ein paar Tage später als Fehldiagnose herausstellte.

Selten waren es die großen politischen Entscheidungen, die die Welt tatsächlich veränderten. Das Getöse der Parteitage verhallt, Ideologien verstauben, Revolutionen setzen Fett an. Wirklich fundamentale Veränderungen kommen oft durch die Hintertür. Es kann eine Mode sein, eine technische Erfindung, ein Gerücht, die die jeweils etablierte Gesellschaft erschüttern und zu überraschenden Veränderungen führen. Die Antibabypille und der Personalcomputer haben die zweite Hälfte des 20. Jahrhunderts stärker verändert als alle Parteiprogramme zusammen. Noch wesentlich nutzbringender und nachhaltiger wirkte sich ein technischer Fortschritt aus, der kaum für Schlagzeilen sorgte und den die meisten Menschen in Europa und Nordamerika fast nicht zur Kenntnis nahmen: die Entwicklung ertragreicherer Sorten und effizienterer Anbaumethoden für Getreide in den sechziger Jahren des 20. Jahrhunderts. Diese »Grüne Revolution« rettete Millionen Menschen in Entwicklungsländern vor dem Hungertod. In den Geschichtsbüchern wird sie kaum erwähnt.

In der Regel werden die Folgen technischer Neuerungen von den Experten und sogar von den Erfindern selbst völlig verkehrt eingeschätzt. Die Geschichte der Prognosen ist eine Geschichte der Irrtümer. »Es gibt keinen Grund für eine Einzelperson einen Computer zu Hause zu haben«, erklärte Kenneth Olsen, Chef einer führenden Computerfirma, im Jahr 1977 und lag damit ebenso falsch wie eine Umfrage unter Ingenieuren 1949, die voraussah, dass die Computer der Zukunft nur noch 1,5 Tonnen wiegen werden. »Ich glaube«, hatte IBM-Chef Thomas Watson während des Zweiten Weltkriegs erklärt, »es gibt einen weltweiten Bedarf an vielleicht fünf Computern.« Als Alexander Graham Bell seine kleine unterfinanzierte Telefongesellschaft der Western Union zum Verkauf anbot, lehnte Vorstand William Orton ab. Begründung:»Welchen Nutzen könnte unsere Firma schon aus einem elektronischen Spielzeug ziehen?« Ein Vorstand der Bank Michigan Savings riet seinen Kunden, nicht in Henry Fords Unternehmen zu investieren, weil »das Pferd bleiben wird, das Auto jedoch nur ein neumodischer Schnickschnack ist«. Und Gottlieb Daimler orakelte: »Es werden höchstens 5000 Fahrzeuge gebaut werden. Denn es gibt nicht mehr Chauffeure, um sie zu steuern.« Der Flugpionier Wilbur Wright sagte selbstkritisch: »Ich gestehe, dass ich im Jahre 1901 zu meinem Bruder Orville gesagt habe, dass die Menschheit auch in fünfzig Jahren nicht fliegen werde. Seither traue ich mir selbst nicht mehr und vermeide alle Vorhersagen.« Ein guter Vorsatz, dem leider viel zu wenige Experten folgten. Vollkommen missglückte Vorhersagen von Experten gibt es zu fast allen Erfindungen des 20. Jahrhunderts, vom Fernsehen bis zur bemannten Raumfahrt. In den »Megatrends 2000«, von den amerikanischen Zukunftsforschern John Nesbitt und Patricia Aburdene im Jahr 1991 vorgelegt, kommt das Wort »Internet« nicht vor. Vorhersagen über politische, wirtschaftliche oder ökologische Trends erwiesen sich in der Vergangenheit als ebenso kurz gedacht. Egal ob Rohstoffverknappung, Waldsterben, Atomstaat, Bevölkerungsexplosion oder rasender Artentod, kein einziges Endzeitszenario der siebziger und achtziger Jahre trat ein. Die mit viel Theaterdonner publizierten Prophezeiungen des Club of Rome, des Worldwatch Instituts und anderer Expertengremien floppten und wurden schnell wieder vergessen (wer sich die »Vorhersagen von gestern« noch einmal zu Gemüte führen will, findet eine handliche Sammlung davon in unserem Buch »Öko-Optimismus«). Die meisten Prophezeiungen krankten schlicht daran, dass Gegenwartstrends einfach in die Zukunft hochgerechnet wurden. So kann man zu schlagzeilenträchtigen Befunden gelangen, aber kaum zu vernünftigen Prognosen. Redakteure der Frauenzeitschrift *Amica* machten sich 1998 den Spaß, die damals aktuellen statistischen Trends für die Zukunft hochzurechnen, und kamen auf diese Weise zu folgenden Ergebnissen: Im Jahr 2092 würden nach Fortschreibung der damaligen Entwicklung 100 Prozent aller Ehen in Europa geschieden. 78 Jahre später würde jeder Deutsche allein leben. Schreibt man die Konsumentwicklung der achtziger und neunziger Jahre fort, würden die Bundesbürger bis zum Jahr 2206 jeglichen Bierkonsum aufgegeben haben. Alle drei Vorhersagen können sich auf eine eindeutige Datenlage berufen und wurden säuberlich hochgerechnet.

Besonders in Deutschland werden wissenschaftliche und technische Fortschritte in der Regel unter dem Aspekt des damit verbundenen Risikos diskutiert. Dabei fällt auf, dass die potenziellen Gefahren, die fast immer in düstersten Farben gemalt werden, im auffälligen Kontrast zu den Fakten der Statistik stehen. Die meisten Toten, Verletzten und Erkrankten gehen auf das Konto althergebrachter Techniken und Gewohnheiten. Die wirklichen großen Lebensrisiken blieben seit Jahrzehnten die alten: Straßenverkehr, Zigaretten, Alkohol, Übergewicht und Bewegungsmangel. Diese bekannten, aber unterschätzten Killer fordern allein in Deutschland mehrere Hunderttausend Opfer pro Jahr. Die Gefahren jedoch, vor denen aufgeregte Fernsehmagazine und Illustrierte laut und schrill warnen, sind in der Regel höchst selten, äußerst gering oder reine Fantasieprodukte. Dennoch werden sie ständig als Argument herangezogen, Gesetze und Verordnungen zu erlassen, um die Zukunft so vorzuplanen, dass jegliches Restrisiko ausgeschlossen ist. Es wird dabei in mehrfacher Hinsicht mit zweierlei Maß gemessen. Nicht der Grad einer Gefährdung durch eine Technik bestimmt den Aufschrei, sondern der Grad ihrer Dämonisierung. Wenn, wie in Eschede 1998, ein Zug entgleist und 101 Menschen dabei sterben, wird das Verkehrsmittel Bahn nicht grundsätzlich infrage gestellt. Auch nicht, wenn, wie im Februar 2002 in Ägypten geschehen, ein einziges Zugunglück über 370 Leben kostet. Ganz anders sieht es aus, wenn Schmetterlingsraupen im Laborversuch gentechnisch veränderten Mais nicht vertragen. Dieser Befund sorgte im Frühjahr 1999 für erheblichen Wirbel und galt fortan als schwer wiegendes Argument gegen die weitere Nutzung der Gentechnik. Dass die Schmetterlingsversuche in den folgenden Monaten von anderen Wissenschaftlern als methodisch falsch und nicht reproduzierbar kritisiert wurden, ging im Hintergrundrauschen der Medien unter. Als am 11. September 2001 eine sehr reale Bedrohung unübersehbar wurde, die viele Menschen zuvor verdrängt hatten, wurde es für eine Weile recht still um die bewährten Skandalthemen. Seltsamerweise waren es oftmals die gleichen Leute, die zuvor Gen-Mais oder Elektrosmog zur Menschheitsgefahr erklärten hatten, die auf einmal versuchten, den islamistischen Terror klein zu reden und ständig vor Überreaktionen warnten.

»Die Risikogesellschaft« hieß in den achtziger Jahren des vorigen Jahrhunderts ein äußerst einflussreiches Buch des Münchner Soziologen Ulrich Beck. Er konstatiert darin ein Versagen von Wissenschaft und Technik angesichts der wachsenden Umweltrisiken. Dabei ging er, wie viele andere damals, von einer ernorm gesteigerten Bedrohung aus. Immer mehr Katastrophen und stetig zunehmende Umweltverschmutzung würden Menschen, Tiere und Pflanzen immer stärker gefährden. Die Risiken, die man in den achtziger Jahren für besonders gravierend hielt, hießen Waldsterben, Atomkraft und Ressourcenverknappung. Heute weiß man, zwei davon existierten gar nicht: Als das Jahrzehnt der Waldpanik vorüber war, zeigten die Forststatistiken der europäischen Länder und der UN-Landwirtschaftsorganisation FAO, dass die Wälder Europas sich ausgedehnt hatten, statt, wie allgemein angenommen, zu kümmern und zu schrumpfen. Anfang der neunziger Jahre waren die Marktpreise für alle wichtigen Bodenschätze gefallen und der Menschheit standen mehr Ressourcen zur Verfügung als je zuvor. Die dritte Hauptgefahr, Atomkraft, erwies sich als hochgradig übertrieben. Die Reaktorkatastrophe von Tschernobyl – das Menetekel der achtziger Jahre – führte in Deutschland zu keinerlei gesundheitlichen Folgen. Nach Durchsicht der einschlägigen Studien resümierten der Statistikprofessor Walter Krämer und der Wissenschaftsredakteur Gerald Mackenthun:»Eine erhöhte Krebshäufigkeit in Deutschland lässt sich zehn Jahre nach dem Reaktorunfall nicht nachweisen.« Nach offizieller Bilanz des UN-Entwicklungsprogramms (UNDP) und der UNICEF erwiesen sich die Strahlenschäden in der Ukraine, Weißrussland und Russland um Potenzen geringer als damals prophezeit (siehe Kapitel »Die Schadensbilanz der Zukunftsfeinde«, Seite 152 f.).

Doch von solchen Tatsachen lassen sich die Deutschen ihr angsterfülltes, pessimistisches Weltbild nicht kaputtmachen. Heute wird die Welt angeblich von der Klimakatastrophe, der Gentechnik und der Globalisierung bedroht. Und mit der gleichen Inbrunst wie damals werden die Argumente dafür zurechtgebogen.»Die Risikogesellschaft der Gegenwart«, schreiben Krämer und Mackenthun,»ist eine Gesellschaft der abnehmenden Risiken bei wachsendem Risikobewusstsein und steigenden Sicherheitsansprüchen. Nicht in Technik und Wissenschaft besteht der Sündenfall des Menschen, sondern in Hybris und Dogmatismus.« In ihrem Buch »Die Panikmacher« beschreiben sie die deutschen Ängste als das Resultat eines historisch einmaligen Wohlstandsniveaus, kombiniert mit nahezu totaler staatlicher Absicherung.»Die moderne Aufregung um alle möglichen Gefahren und der Aufwand zu ihrer Beseitigung sind fast umgekehrt proportional zu den Gefahren selbst. Wir leben immer länger, unsere Atemluft wird reiner, unsere Flüsse sauberer, unsere Autos sicherer – aber die Panikmacher erzeugen das Gefühl des Gegenteils.« Diese »Panikmacher« orten Krämer und Mackenthun hauptsächlich unter den gut verdienenden Angestellten und Beamten der Bil-

dungs-, Sozial- und Medienberufe, also den Meinungsma-
chern der deutschen Gesellschaft:»Sie trommeln auf allen
Kanälen und überbieten sich mit Horrorvisionen. Sie kontrollieren große Teile der Medien, predigen auf unseren Kanzeln
und dominieren die bundesdeutschen Lehrerzimmer.« Und
sie erweisen sich als fast völlig resistent gegen neue Fakten
und sich verändernde Sachstände. Die Vertreter des bürgerli-
chen Establishments haben sich ihr pessimistisches Weltbild
zumeist im zarten Jugendalter angeeignet. Oftmals im Aufbe-
gehren gegen ein selbstgerechtes Elternhaus, in dem der Viet-
namkrieg und andere lästige Störfälle der Wirtschaftswunder-
zeit fein säuberlich von der sonntäglichen Kaffeetafel entfernt
wurden. Heute sind die kritischen Köpfe von damals genauso
selbstgerecht wie ihre Eltern, nur unter anderen Vorzeichen:
Die Welt wird immer schlechter und steht kurz vor dem Untergang. Und diesen Glauben lassen sie sich von niemandem
nehmen.

Also werden besonders in Deutschland fleißig Räte und Ko-
mitees eingerichtet, runde Tische und Mediationstreffen abge-
halten.»Wer Änderungen verhindern und Besitzstände verteidigen will, der macht runde Tische, das tut niemandem weh
und macht es allen recht«, sagt der Arbeitsökonom Erich
Staudt,»das erscheint furchtbar sozial, sichert Mehrheiten, bewahrt vor Risiken.« Eine Mehrheit in der Gesellschaft, die kon-
form denkt, fühlt und handelt, misstraut anderen Standpunk-
ten und neuen Ideen zutiefst. Warum sollte sie ins Unbekannte aufbrechen, wo sie sich doch im Vertrauten eingerichtet hat?
»Den Weg ins Zentrum geht gemeinhin nur jener mit Erfolg,
der über mehr oder weniger weite Strecken sogar den Wunsch
abgelegt hat zu ändern, was gemeinhin als ›correct‹ gilt«
erklärt Guy Kirsch, Ökonom an der Universität Fribourg. Die
anderen seien die»Randständigen, die Marginalen, die Nonkonformisten, die Asozialen, ja die Antisozialen«. Wer der
deutschen Vollkaskomentalität widerspricht, steht im Hand-

umdrehen im Ruf einer kapitalistischen Hyäne. Wer gentechnische Experimente macht, wird ruckzuck zum Doktor Frankenstein. Kein Volk der Welt schließt mehr Versicherungen ab als das deutsche. Und da man sich (eine echte Marktlücke) immer noch nicht gegen die Zukunft als solche versichern kann, sollen die Politiker durch weise Zukunftsplanung vorher festlegen, wie ein Fortschritt aussehen soll, der möglichst nichts Gewohntes infrage stellt und niemanden verunsichert. Sei's drum. Die Entwicklung der Zivilisation resultierte stets aus Konfrontationen, in denen Bürger den Bluff der Korrektheit und des Unzumutbaren durchbrochen haben. Wie das Leben so spielt, kommt plötzlich irgendein genialer Wissenschaftler oder eine pfiffige Unternehmerin daher und durchkreuzt die schöne Zukunftsplanung. Ohne vorher zu fragen, stößt der Störenfried eine Tür in die ungeplante Zukunft auf und bietet den Menschen neue Optionen an, die sie begeistert nutzen und dabei die schönen Blaupausen für die Welt von morgen ganz einfach vergessen.

Die Vergeblichkeit des Planens wird von zahlreichen Intellektuellen als Kränkung empfunden. Ein zukunftsoffenes Laissez-faire, argumentieren sie, sei eine Beleidigung des menschlichen Geistes, der doch zu vernünftigem, planerischem Handeln in der Lage sei. Wer die Möglichkeit der Zukunftsplanung bezweifle, spreche den Menschen diese Fähigkeit ab und stelle sie als Trottel hin, die blind und taub in ein ungewisses Schicksal tappen. Zukunftsoffenheit ist jedoch etwas anderes als Fatalismus. Wer dem Planungsgedanken misstraut, kann durchaus vorbereitet sein. Hier hilft ein Blick auf die natürliche Evolution. Die Entwicklung des Lebens wurde immer wieder durch Meteoriteneinschläge, Eiszeiten und andere gewaltige Katastrophen herausgefordert. Wer starb aus, wer konnte sich anpassen? Tiere, die in der Lage sind, möglichst viele Optionen ihrer Umwelt für sich zu nutzen, überleben sogar die krassesten Veränderungen. Tiere dagegen, die eng begrenzte ökologische Nischen bewohnen, auf ganz spezielles Futter angewiesen sind und stets gleich bleibende Klimabedingungen brauchen, haben es schwer, wenn ihre Umwelt sich rasch wandelt. Um viele Optionen nutzen zu können ist es gut, möglichst unabhängig zu sein, zum Beispiel eigene Körperwärme zu entwickeln, wie die Vögel und Säugetiere, die mit dem Kälteeinbruch am Ende der Saurierzeit gut zurechtkamen. Auch heute sind solche Arten am erfolgreichsten, die besonders flexibel sind. Der schöne Gesang der Amsel ertönt von Tannen und von Fernsehantennen. Sie nistet in Büschen und auf Rohrleitungen. Sie findet ihre Nahrung im Wald, auf ländlichen Misthaufen, städtischem Kurzrasen und in den Vogelhäuschen der Balkone. Würmer schmecken ihr besonders gut, doch auch Beeren oder Haferflocken verschmäht sie nicht. Einige Amseln ziehen im Winter nach Süden, andere bleiben hier. »Die Amsel hat keine ökologische Nische«, sagt der Zoologe Josef H. Reichholf. Auch wir Menschen sollten nicht versuchen uns in einer starren »ökologischen Nische« einzurichten, sondern besser nach dem Prinzip Amsel gut vorbereitet sein, wenn die Verhältnisse sich ändern. Die besten Voraussetzungen dafür sind Neugier, Wissensdurst und eine optimistische Grundhaltung.

Selbst wenn Zukunftsplaner alle Einflussgrößen des Fortschritts bedenken, selbst wenn große gesellschaftliche Mehrheiten sich über die anzustrebenden Ziele und die den Entscheidungen zugrunde liegenden Werte einig sind (was höchst unwahrscheinlich ist), wird sich die Evolution der menschlichen Gesellschaft dennoch nicht vorausberechnen lassen. Großer Beliebtheit erfreuen sich beispielsweise Expertenbefragungen wie das so genannte Delphi-Verfahren. Dahinter steckt nichts anderes als eine Meinungsumfrage unter etablierten Fachleuten oder Wissenschaftlern, die dann zur Grundlage für Zukunftsentscheidungen gemacht wird. Doch das ist so, als wolle man den Zentralfriedhof mit Hilfe seiner Bewohner reformieren. Es sind eben in der Regel nicht die anerkannten und etablierten Amts- und Lehrstuhlinhaber, sondern fast immer Einzelne oder Minderheiten, die Neuentwicklungen wagen, Risiken eingehen, Veränderungen suchen, Tabus brechen. »So wie der heilige Franz in Distanz zum Kirchenestablishment agierte, so starteten Bill Gates und seinesgleichen die IT-Revolution in einer Hinterhofgarage und nicht in den wohlbestallten Labors von IBM«, formuliert es Guy Kirsch. Neue Formen des künstlerischen Ausdrucks entstehen meist abseits der großen Kunstakademien. Neue Formen des gesellschaftlichen Umgangs haben sich nicht in den Schulen für gutes Benehmen, sondern in Wohngemeinschaften entwickelt. Außenseiter fallen eben durch das Raster der Delphi-Orakel. Im Grunde werden mit großem methodischem Aufwand Blinde von Blinden nach dem Weg in die Zukunft gefragt. Ein Rückblick in die neuere deutsche Geschichte zeigt, wie vergeblich solche Anstrengung ist. Mit gewaltigem Aufwand an Menschen und Material bespitzelte die Stasi die Bevölkerung, um jede verdächtige Regung sofort zu bemerken. Es gab zwar andere Geheimdienste, die brutaler und grausamer waren. Es gab jedoch keinen, der ein derart engmaschiges Überwachungsnetz gelegt hatte. Und der Erfolg? Im Herbst 1989 brach Mielkes Größenwahn innerhalb weniger Wochen zusammen. Denn seiner riesigen Kontrollmaschine fehlten die entscheidenden Parameter. Wäre er einfach mal im Leipziger Zoo spazieren gegangen, vielleicht hätte er gemerkt, was los ist.

3. Die erfolgreiche Mission der Gotteskrieger

Der religiös motivierte Terror vom 11. September 2001 führte bei vielen westlichen Intellektuellen nicht etwa zu einer Parteinahme für die Aufklärung. Im Gegenteil: Plötzlich will man vom Islam lernen und selbst wieder spiritueller werden. Je schlimmer die Gewalt der frommen Ignoranten, desto mehr sind bereit, sich ihnen zu unterwerfen.

»Tötet die Heiden, wo ihr sie findet, greift sie, umzingelt sie, lauert ihnen auf« (Sure 9.5). Einer von über hundert Koran-Versen, die sich gegen Ungläubige und Andersgläubige richten. Schon Voltaire war entsetzt über den religiösen Fanatismus aus dem Morgenland und schrieb unverhohlen, was er davon hielt. Er bezeichnete den Koran als »unverdauliches Buch, das bei jeder Seite den gesunden Menschenverstand erbeben lässt«. Die missionarische Gewalt dieser heiligen Schrift könne »kein Mensch entschuldigen, ... es sei denn, der Aberglaube hat ihm jedes natürliche Licht erstickt«.

Heutzutage hätte es Voltaire ziemlich schwer, jemanden zu finden, der so etwas druckt. Denn nach der Buddhismus-Welle in den neunziger Jahren ist der Islam zur neuen Schmusereligion westlicher Meinungsführer geworden. Der Startschuss dafür fiel am 11. September 2001. Zunächst fing alles ganz harmlos an: Kurz nach den Attentaten, als die Trümmer in New York und Washington noch rauchten, meldeten sich zahlreiche Stimmen zu Wort, die vor einer generellen Verurteilung des Islam warnten. »Wir dürfen uns von niemandem dazu verleiten lassen«, mahnte Bundespräsident Johannes Rau, »ganze Religionen oder ganze Völker oder ganze Kulturen als schuldig zu verdammen.« Edmund Stoiber besuchte demonstrativ eine Nürnberger Moschee. Auch Hans Küng nahm womöglich lauernde Anti-Islamisten präventiv ins Gebet: »Den Teufel in der

Gestalt des Islams an die Wand zu malen, wäre eine falsche Reaktion.« Doch niemand zeigte so eine Reaktion. Es gab keinerlei Ausschreitungen, Demonstrationen oder auch nur öffentliche Reden gegen Mohammedaner in Deutschland. Dafür aber jede Menge Verurteilungen der USA und Israels. Die Vereinigten Staaten seien selbst schuld an den Terroranschlägen, war landauf, landab zu hören, und Israel sei die Wurzel von Bin Ladens Hass. Auch NPD-Anhänger und andere Neonazis hetzten nicht gegen Ausländer muslimischen Glaubens (wie die ständigen Ermahnungen befürchten ließen), sondern im Einklang mit vielen sich links Fühlenden gegen Amerikaner und Juden.

Hinter den zahlreichen Warnungen vor möglicherweise aufkeimendem Anti-Islamismus stand anfangs die verständliche Sorge um die Sicherheit muslimischer Mitbürger. Doch nach ein paar Wochen war nicht mehr zu übersehen, dass die deutsche Bevölkerung durchaus intellektuell dazu in der Lage war, zwischen dem türkischen Gemüsehändler an der Ecke und dem Taliban-Regime zu unterscheiden. Jetzt reichte es nicht mehr, nichts gegen Muslime zu haben. Immer mehr gut Meinende forderten plötzlich auf, man möge den Islam besser verstehen lernen und mit den Moslems in Dialog treten. »Wir müssen zwischen Islamismus und Islam strenger unterscheiden«, forderte der Theologe Friedrich Schorlemmer und warnte zugleich vor »westlicher Arroganz«, die die Muslime demütige. Auch der Psychoanalytiker Horst Eberhard Richter diagnostizierte eine »arrogante Unkenntnis über die seelische Verfassung der arabischen Staaten«. In evangelischen und katholischen Gemeindesälen fanden nun immer mehr christlich-muslimische Dialoge statt oder sogar Gemeinschaftsgottesdienste. Zahlreiche Bundesbürger besuchten Moscheen, die in vielen Städten zum Tag der offenen Tür einluden. So weit, so gut. Natürlich sollte man eine der größten Glaubensgemeinschaften der Welt nicht ignorieren. Auch Ungläubige und

Andersgläubige brauchen Grundkenntnisse über den Islam, um eine Vorstellung von dieser Religion zu bekommen. Doch »mit einer Rhetorik der Beschwichtigung«, schrieben der Publizist Martin Altmeyer und Daniel Cohn-Bendit in einem gemeinsamen Text zum Umgang mit Glaubenskriegern, sei der »aggressive Islamismus kaum zu bannen«. Das Bild des »schutzbedürftigen Fremden« beherrscht im Westen den öffentlichen Diskurs. Die »Anerkennung des Anderen« bildet den Maßstab unserer Moral. »Umgekehrt«, so Altmeyer und Cohn-Bendit, »wird man das vom Islamismus, der sein Stereotyp vom verderbten Westen weiter pflegt und das Nichtislamische zugleich als das Gottlose befehdet, schwerlich sagen können.«

Nach den allgemeinen Aufrufen, sich nun intensiver mit dem Islam zu befassen, meldeten sich Dichter und Denker zu Wort, die den Islam als irgendwie besonders tiefe, authentische und edle Religion anpriesen. Auch die arabische Kultur wurde nun häufig als ganz arg liebenswert dargestellt. In Talkshows und Feuilletons diskutierten Islam-Experten, ob die Amerikaner ihren Krieg gegen die Taliban nicht aus Achtung vor dem Fastenmonat Ramadan unterbrechen sollten. Als einer der Ersten empfahl der sensible Feingeist Roger Willemsen »vom Orient zu lernen«, besonders »die Nachbarschaftlichkeit, die guten menschlichen und sozialen Kontakte«. Andere folgten. Immer wieder las man die Beteuerung, die Al Quaida hätte mit dem Islam rein gar nichts zu tun. Doch andererseits sollte man ihren Terror als Anlass nehmen, endlich den guten Kern dieser Religion zu entdecken. In einer Erklärung vom Kölner Büro des Verbandes Deutscher Schriftsteller wurde die »konstruktive Auseinandersetzung mit dem Islam« gefordert, »der als kulturelle Größe bisher weitgehend negiert wird. Gerade die so genannte ›zivilisierte‹ Welt hat einen Großteil ihrer ›Zivilisation‹ dem Islam zu verdanken«. Die Anführungszeichen bei ›zivilisiert‹ und ›Zivilisation‹ sollten vermutlich andeuten, dass hinter der Glitzerfassade des Westens die nackte Barbarei lauert. Aus Norwegen meldete sich Johan Galtung zu Wort, Träger des alternativen Nobelpreises und Gründer des Internationalen Friedensforschungsinstituts PRIO in Oslo. »Im Koran«, erklärte der Friedensforscher, »ist Gewalt zur Selbstverteidigung erlaubt. Ansätze für offensive Gewalt gibt es nicht. Also muss man zu verstehen versuchen, warum sich diese Leute beleidigt fühlen. Ich bin ganz sicher, das hat auch ökonomische Ursachen. Ein Keim der Motivation, das World Trade Center zu treffen, liegt darin, dass Handel für einen Moslem eine Totalbeziehung ist, während westliche Wirtschaftswissenschaftler in ihrem Kosten-Nutzen-Denken die Gewinnmaximierung lehren. Das ist vergleichbar mit der Unvereinbarkeit von Liebe und Prostitution. Das gibt den Muslimen das Gefühl, sich verteidigen zu müssen.« Da liegt der Gedanke nicht mehr fern, dass diese Hure New York doch irgendwie selbst schuld ist, weil sie nichts von wahrer Liebe versteht. Das hat sie nun davon.

Als er Mitte Oktober 2001 den Friedenspreis des deutschen Buchhandels entgegennahm, diagnostizierte Jürgen Habermas ganz zu Recht, die Attentate hätten »im Innersten der säkularen Gesellschaft eine religiöse Saite in Schwingungen versetzt«. Doch für den Philosophen war dies kein Anlass zu Analyse und Kritik dieser seltsamen religiösen Erweckung, für die ein paar Tausend Menschen geopfert worden waren. Im Gegenteil: Er legte nahe, dass die säkulare Gesellschaft wieder mehr Verständnis für Religionsgläubige aufbringen sollte. Falls sie sich »verletzt fühlen«, solle man ihnen mehr »Gehör schenken«. »Mehr Respekt vor der arabischen Welt«, forderte auch Alexander Gauland, konservativer Publizist und Herausgeber der *Märkischen Allgemeinen Zeitung*. »Indem wir Markt und Menschenrechte in unserem Sinne zu den unveräußerlichen Werten der einen Welt erklären«, erklärte er, »haben wir den Islam in die Rolle des Altmodischen, Abgestorbenen,

Überlebten gedrängt.« Solche Betrachtungen wurden im Herbst 2001 nicht nur in Deutschland ausgebrütet. Der amerikanische Sozialwissenschaftler Benjamin R. Barber warnte davor, den Menschen »einen säkularen Materialismus aufzudrängen, von dem sich vor allem religiöse Menschen um ihren Lebensraum gebracht sehen«. Sein Landsmann, der amerikanische Publizist Nathan Gardels, empfahl als Lehre aus dem 11. September der westlichen Welt eine Entwicklung zu mehr Spiritualität. »Gottlosigkeit und Weltoffenheit«, erklärte Gardels, »stellen eine Gefahr dar für eine Zivilisation, die sich auf den religiösen Glauben gründet, ein Zivilisation, in der das Beten wichtiger ist als das Einkaufen.« Beten statt Einkaufen, Tiefe statt Tand. Das sitzt. Nur dass bisher kein einziger oberflächlicher Konsumtrottel Moscheen in die Luft gesprengt hat, um mehr Platz für Einkaufszentren zu schaffen. »Pluralismus und Vielfalt«, fährt Gardels fort, »könnten als Gleichgültigkeit gegenüber den überlieferten Werten ausgelegt werden. Viele Konservative, angefangen beim Papst, glauben ebenso wie die frommen Muslime, dass Werterelativismus und Materialismus eine Bedrohung für die Seele des Westens seien und moralisches Chaos auslösen würden. Ein größeres Gleichgewicht zwischen spirituellem und materiellem Leben ist mit Sicherheit etwas, das der Westen vom Islam lernen kann.«

Warum sollen wir nach dem 11. September plötzlich vom Islam lernen? Ein Anlass könnte doch allenfalls sein, wenn plötzlich im Namen Allahs große soziale Taten oder erhabene kulturelle Leistungen vollbracht werden. Aber der Koran wird doch nicht dadurch bedeutungsvoller und denkwürdiger, dass ein paar gläubige Fanatiker auf einen Schlag mehrere Tausend Menschen umbringen? Wieso kann religiöser Terror plötzlich ein Argument sein, um nun bitteschön auch ein bisschen religiöser zu werden? In all den Jahren, in denen die IRA Bombenanschläge verübte, kam niemand auf die Idee, dass dies ein Grund sei, sich jetzt gefälligst auf die spirituelle Tiefe des

Katholizismus zu besinnen. Der islamistische Terror könnte doch viel eher zu etwas anderem anregen: Zum Beispiel mehr über das viele Leid auf der Welt nachzudenken, das durch religiösen Wahn entsteht. Oder froh darüber zu sein, dass es zumindest im Westen Aufklärung und Säkularisierung gegeben hat.

Martin von Creveld, Militärhistoriker in Jerusalem, rät stattdessen, endlich mehr Verständnis für die schaurigen Sitten religiöser Fanatiker aufzubringen. »Nach westlichen Maßstäben«, schrieb er, »behandeln die Taliban ihre Frauen abscheulich. Nach afghanischen Maßstäben hat diese Behandlung durchaus ihren Sinn.« Und er verrät uns auch, welchen: »Die Maßnahmen sollen dem Schutz der Frauen ebenso dienen wie der Verhinderung von Streitereien unter Männern.« Nicht ohne uns in einer Randbemerkung wissen zu lassen, »dass jede zweite Ehe in den entwickelten westlichen Ländern geschieden wird – nicht in Afghanistan«. Die Logik lautet also: Unterdrückung dient dem sozialen Frieden und festigt die Familie. So hätte man auch für die Nazis argumentieren können. »Wir Abendländer«, schreibt Henryk M. Broder, »haben keine Probleme, den Fanatismus von Christen und Juden zu verdammen, nur bei fanatischen Moslems neigen wir zu einer Haltung, wie man sie normalerweise gegenüber kleinen Kindern und erwachsenen Autisten annimmt: Sie wissen nicht, was sie tun, aber sie meinen es irgendwie gut.« Islamische Fundamentalisten kümmert solch wohl wollendes Verständnis wenig. Wenn sie nicht gerade im christlichen Gemeindesaal den Dialog der Religionen führen, reden und schreiben sie Klartext. »Es ist eine Pflicht für die Moslems«, heißt es in einem saudi-arabischen Schulbuch für die zehnte Klasse, »einander treu ergeben zu sein und die Ungläubigen als ihre Feinde zu betrachten.«

Zum Glück gingen nicht alle Intellektuellen auf Schmusekurs zu den Mullahs. Einige erinnerten daran, dass Bin Laden und seine Mörderbande nicht hauptberuflich böse und in ihrer Freizeit religiös sind, sondern dass ihre Verbrechen sehr direkt etwas mit Religion zu tun haben. Allein die Tatsache, dass Selbstmordattentate fast immer von tief gläubigen Menschen durchgeführt werden, legt doch einen Zusammenhang nahe. Wer nicht ans Paradies glaubt, hängt einfach mehr am Diesseits. Einer, der Widerspruch einlegte, war der Schriftsteller Hans-Christoph Buch. Er schrieb: »Die Beteuerung, die Mehrheit der Moslems sei gemäßigt und gewaltbereite Terroristen stellten innerhalb des Islam nur eine verschwindend kleine Minderheit dar, gewinnt durch gebetsmühlenhafte Wiederholung nicht an Überzeugungskraft. Fundamentalismus ist im islamischen Kulturkreis kein Randphänomen, sondern gehört zum Mainstream. Zum Dialog mit Andersgläubigen bereite Mullahs sind Ausnahmen und nicht die Regel.« Diesen Eindruck bestätigt auch der französische Islamwissenschaftler Mohammed Arkoun: »Mit seiner fehlenden inneren Kohärenz, seiner von historischen Zufällen und sonstigen Kontingenzen durchsetzten Entstehungsgeschichte und seinen fragwürdigen Überlieferungen konnte sich der Islam als Gesetzeswahrheit nur mit Methoden der totalitären Machtausübung behaupten. Also durch eine bedingungslose Mobilisierung des Geistig-Religiös-Imaginären, wo für jegliche Form von Zweifel, Einspruch, Streit, Ablehnung oder gar Widerstand kein Platz mehr war.« Aus Sicht des gebürtigen Algeriers ist der »Kampf nicht nur ein bedeutendes Thema, sondern das grundlegende Element, ja die Ursache sowohl für die Existenz des Korans als auch für seine Inhalte«. Erfreulich klare Worte fand auch Eckhard Fuhr, Feuilletonchef der *Welt*: »Was die Welt heute unsicherer macht, ist nicht Glaubensschwäche, sondern Glaubensstärke und der unbegrenzte Geltungsanspruch religiöser Weltdeutungen. Gemeinhin nennt man das Fundamentalismus. Im Angesicht dieser Bedrohung sollte man nicht zuerst den Religionsverlust des Westens beklagen, sondern sich mit Stolz daran erinnern, dass die Domestizierung des Religiösen zu den Fundamenten des Westens gehört. Es gibt kein Zuviel an Säkularisierung.« Der 11. September hätte ein Anlass sein können, sich darauf zu besinnen, dass es viele gute Gründe gibt, nicht religiös zu sein oder Religion als Privatangelegenheit zu betrachten. Es ist noch gar nicht so lange her, dass christliche Fundamentalisten Ketzer auf Scheiterhaufen warfen und Heiden gottgefällig erschlugen. Dies hat sich nicht dadurch geändert, dass die Aufklärer angesichts des Terrors sich im vorauseilenden Gehorsam unterwarfen. Sie boten ihnen die Stirn und ließen sich das Denken nicht verbieten. Offenbar hat aber ein Teil der westlichen Intellektuellen vergessen, dass man Freiheit nicht geschenkt bekommt. Stattdessen predigen sie Verständnis für militante Intoleranz. Demokratie und Menschenrechte sind gegen die Kräfte der Religion errungen worden. Wissenschaftliche und technische Fortschritte mussten teilweise gegen den erbitterten Widerstand frommer Mächte durchgesetzt werden. Die allermeisten heutigen Christen und Juden haben die Säkularisierung akzeptiert und pflegen ihren Glauben, ohne Machtansprüche und ohne ihn anderen aufzwingen zu wollen. Es gibt nicht den geringsten Grund, den Moslems diesen Lernprozess zu ersparen. Es wäre dagegen ein epochaler Rückschritt, irgendwelche Konzessionen an Islamisten zu machen. »Unser Ziel sollte es sein«, sagte der amerikanische Philosoph Richard Rorty, »den Planeten zu verwestlichen.« Was ist so schwer daran, zu erkennen, dass glaubensneutrale Demokratien bei aller Unzulänglichkeit doch offensichtlich menschenfreundlicher und zukunftsfähiger sind als jede Form islamischer Diktatur (islamische Demokratien gibt es bisher nicht)? Es gibt viele gute Gründe, sich der islamistischen Gegen-Aufklärung entgegenzustellen. Die besten hat Salman Rushdie im Oktober 2001 in der *New York Times* aufgelistet: »Die Meinungsfreiheit, das Mehrparteiensystem, den Rechtsstaat, Juden, Homosexuelle, die Rechte der Frauen, den Pluralismus, den Säkularismus, kurze Röcke, Tanzveranstaltungen, Bartlosigkeit, die Evolutionstheorie und den Sex.« Im Westen darf sich jeder daraus seinen liebsten aussuchen.

II. Die neuen Ideologien

1. Vorsicht Vorsorge

Eines der Grundprinzipien des demokratischen Rechtsstaates heißt:
Im Zweifel für den Angeklagten. Das Vorsorgeprinzip in seiner heu-
tigen Auslegung kehrt diesen Grundsatz um. Der gut gemeinte und
vernünftige Gedanke der Vorsorge ist in ein freiheitsfeindliches Kon-
zept verwandelt worden.

Die Zahl von tödlich verunglückten Bergsteigern sinkt rapide.
Dies teilt der deutsche Alpenverein mit und liefert auch gleich
die Erklärung dafür: »Die zunehmende Verbreitung des Han-
dys hat vielen das Leben gerettet.« Kamen 1997 noch 88 Ver-
einsmitglieder um, so waren es 1999 schon nur noch 57. Über
die Hälfte der Unfallmeldungen erfolgte dabei über Mobiltelefon. Die Rettungskräfte waren dadurch um durchschnittlich
eineinhalb Stunden schneller vor Ort. Auch bei Autounfällen,
Herzinfarkten oder Überfällen werden durch das Mobiltelefon
immer öfter wertvolle Minuten gewonnen. Selbst bei den Terroranschlägen in den USA vom 11. September spielte das Mobiltelefon eine lebensrettende Rolle. Mutige Passagiere des
Fluges United Airlines 93 erfuhren über das Handy von ihren
Angehörigen die wahren Absichten der Entführer. Sie vereitel-
ten daraufhin den geplanten Absturz über Washington. Die
Insassen flogen dennoch in den Tod, retteten aber womöglich
einer großen Zahl anderer Menschen das Leben. Erstaunlicherweise gibt es keine verlässlichen Zahlen darüber, wie viele
Menschen Jahr für Jahr durch das Mobiltelefon gerettet werden. Aber selbst bei vorsichtiger Schätzung dürften es weltweit
viele Tausend sein.

Die volle wissenschaftliche Aufmerksamkeit richtet sich stattdessen auf einen ganz anderen Aspekt. Bis heute wurden über 20 000 Studien und Fachartikel zu der Frage veröffentlicht, ob die von Mobiltelefonen oder den Sendemasten ausgehenden elektromagnetischen Felder gesundheitlich bedenklich sind. Laut der Weltgesundheitsorganisation WHO (fact sheet 193) gibt es derzeit jedoch keine wissenschaftlich begründeten und reproduzierbaren Beweise für ernste Gesundheitsgefährdungen durch den Mobilfunk (obwohl Umfang und Aufwand der Studien immer größer werden). Da ein Risiko aber niemals mit letzter Sicherheit ausgeschlossen werden kann, hält sich unerschütterlich der Verdacht, dass die Mobilfunkfelder Hirnströme verändern, das Krebsrisiko erhöhen, das Immunsystem schwächen oder Schlafstörungen verursachen könnten. So kämpfen bundesweit bereits 600 Bürgerinitiativen gegen neue Mobilfunkantennen. Der gesellschaftliche Widerstand gegen den Mobilfunk ist damit genauso flächendeckend wie sein Gebrauch durch die Gesellschaft. Eigentlich wäre eine rationale Abwägung der Auswirkungen des Mobilfunks auf die Volksgesundheit nicht allzu schwer. Auf der einen Seite stehen seine nachweisbaren und tausendfach lebensrettenden Verdienste. Auf der anderen Seite stehen lediglich nicht nachweisbare und nur vermutete Nebenwirkungen, konkret aber keine wirklichen Schäden an Menschen. Die gesellschaftliche Bilanz des Mobilfunks fällt damit eindeutig zu seinen Gunsten aus. Das hindert die Gegner von Mobilfunkanlagen und Antennen nun keineswegs daran, das so genannte »Vorsorgeprinzip« (auch »Vorsichtsprinzip«) als Argument gegen die Aufstellung solcher Anlagen anzuführen.

Das Konzept des Vorsorgeprinzips wird meist auf den deutschen Philosophen Hans Jonas zurückgeführt. Bekannt wurde er mit seinem 1979 erschienen Werk »Das Prinzip Verantwortung«, mit dem er die philosophischen und ethischen Grundlagen dafür legte. Jonas befürchtete, dass neue Hochtechnologien große Risiken aufwerfen, die das langfristige Überleben der Menschheit schlechthin infrage stellen könnten. Um das Leben künftiger Generationen zu sichern (die sich zwangsläufig noch nicht artikulieren können), solle der Staat stellvertretend Verantwortung übernehmen und zur Abwehr menschheitsbedrohender Gefahren schon handeln, bevor die Einschätzung der Wissenschaft völlig unumstritten sei. Hans Jonas hatte dabei potenzielle Großkatastrophen im Sinn, etwa Atom- oder Chemieunfälle oder auch einen Zusammenbruch der globalen Nahrungsversorgung.

Seitdem hat das Vorsorgeprinzip eine in dreifacher Hinsicht problematische Karriere hinter sich. Zum einen hat es inzwischen praktisch zu einer Umkehr der Beweislast geführt: Der Hersteller eines Produktes oder Anwender eines Verfahrens soll deren zweifelsfreie Unschädlichkeit beweisen, was faktisch unmöglich ist. Dieser Nachweis kann noch nicht einmal für ein Fahrrad oder ein Küchenmesser geführt werden. Nichts im Leben ist völlig frei von Gefahren. Der Chef des Umweltbundesamtes, Andreas Troge (CDU), empfiehlt aus Gründen der Vorsicht, »Nichtwissen als gegen uns gerichtet zu betrachten«. Man stelle sich einmal vor, die Menschen der Vergangenheit hätten sich an diese Empfehlung gehalten. Oder denken wir an einen schwer krebskranken Menschen. Diesem wird eine Behandlung angeboten, die mit schweren Nebenwirkungen einhergeht und keine Erfolgsgarantie bietet. Sie ist nur eine Hoffnung. Die Alternative wäre keine Behandlung.

Zum anderen ist die Eingriffsschwelle für das Vorsorgeprinzip ins Bodenlose gesunken: von menschheitsbedrohenden Gefahren hinab zu elektromagnetischen Feldern einer Mobilfunkantenne oder der chemischen Zusammensetzung einer Badeente. Schlussendlich wird das Prinzip vollkommen einseitig angewendet: Es werden nur die Risiken betrachtet, die ein neues Verfahren mit sich bringen könnte. Nicht ins Kalkül gezogen werden hingegen jene Risiken, die durch die Anwendung des Verfahrens künftig ausgeschlossen werden. Jedes neue Medikament hat Risiken und Nebenwirkungen. Es kann aber auch Krankheiten heilen und Menschenleben retten. Beides muss gegeneinander abgewogen werden. Der britische Forscher Julian Morris schreibt: »Wenn das Vorsichtsprinzip allgemeine Gültigkeit fände, dann erreichte man das Gegenteil des eigentlich Wünschenswerten: eine Zunahme der Risiken und Unsicherheiten, mit denen der Durchschnittsbürger in seinem Alltag konfrontiert ist. Indem es uns daran hindert, neue und sicherere Technologien zu nutzen, reduziert das Vorsichtsprinzip unsere Fähigkeit, auf die bestehenden Risiken angemessen zu reagieren.« (Von der Atomenergie über die Biotechnologie bis hin zur Medizin werden in diesem Buch dafür viele Beispiele beleuchtet.)

Im Falle der Mobilfunkantennen erließ beispielsweise der Münchner Stadtrat in vorauseilendem Gehorsam um ein Vielfaches strengere Grenzwerte, als diese in Deutschland von der Strahlenschutzkommission empfohlen und vorgeschrieben sind. So genannte sensible Gebäude wie Schulen und Kindergärten und deren Umgebung sind von vornherein tabu. Die Botschaft befördert prompt neue Ängste: Es ist also doch etwas dran an der Gesundheitsgefährdung. Es entsteht eine für den Umgang mit neuen Techniken geradezu prototypische Angstspirale. Ein anderes Vorgehen, so der Münchner Umweltreferent, sei »emotional nicht vermittelbar«. Kurz gesagt: Ein Gerücht genügt, um eine neue Technologie entscheidend zu behindern oder gar ins Abseits zu befördern.

In einem Memorandum zur Innovationspolitik der den Grünen nahe stehenden Heinrich-Böll-Stiftung heißt es: »Darum sind beispielsweise Vorbehalte gegen Nahrungsmittel mit gentechnisch veränderten Bestandteilen, auch wenn sie wissenschaftlich unbegründet erscheinen, zu respektieren. Der Respekt vor unterschiedlichen Identitäten und unterschiedlichen Bewertungen, insbesondere wenn sie die Lebensweisen tief greifend verändern, ist unerlässlich.« Hier wird in schlichten Worten der endgültige Abschied vom Zeitalter der Aufklärung verkündet. Alle Wissenschaft muss hinten anstehen, wenn nur einer oder eine laut genug schreit: »Ich hab Angst.« Und das kann lustig werden. 35 Prozent der Europäer sind vorsichtshalber der Meinung, normale Tomaten enthielten keine Gene, nur in gentechnisch veränderten lauere das Teufelszeug. Fast jeder vierte Deutsche glaubt, dass sich die Sonne um die Erde dreht (laut einer EU-Umfrage »Europäer, Wissenschaft und Technologie«). Jeder zweite glaubt, BSE sei eine Folge von Hormonen im Tierfutter. Abergläubische und Unwissende sind leichter zu regieren als aufgeklärte Bürger, das wussten schon die Priester und Herrscher vergangener Zeiten. Die Angst des Menschen vor der Technik ist nichts Neues und begegnet uns bereits in der griechischen Mythologie. Prometheus raubte Zeus das Feuer und brachte es den Menschen. Dies erhob die Menschen über die Tiere. Nach dem Vorsorgeprinzip hätte er dies aber niemals tun dürfen. Die Nutzbarmachung der Verbrennungstechnik rief auch damals sofort Mahner auf den Plan. Nach der Interpretation des Dichters Hesiod verbesserte das Feuer nicht die Situation, sondern provozierte die Rache der Götter. Und die kam unter anderem in Gestalt der liebreizenden Pandora mit ihrer Büchse voller Übel (die eigentlich ein Tonkrug war), die sie über uns ausleerte. Ein paar tausend Jahre später lässt sich dieses alte Motiv mühelos in der Auseinandersetzung um die Atomenergie oder die Gentechnologie wiedererkennen.

Jenseits seiner Anziehungskraft für Technophobe aller Art wächst sich das Vorsorgeprinzip jedoch zu einer »juristischen Bombe« aus, so der französische Nationalökonom Henri Lepage. Er hält die Konsequenzen für fatal, die aus der Einführung des Vorsorgeprinzips in die allgemeine Rechtsprechung hervorgehen. Die Europäische Kommission hat sämtlichen Mitgliedstaaten empfohlen, das Prinzip systematisch anzuwenden. Der europäische Gerichtshof hat den Terminus bereits ganz explizit in einer Entscheidung zu gentechnisch verändertem Mais bemüht und damit anerkannt. Das Prinzip findet auch in immer mehr internationalen Abkommen Eingang und ist auch schon in einigen Regularien der Welthandelsorganisation festgeschrieben worden. Damit eröffnet sich zunächst einmal ein Einfallstor für Protektionismus aller Art: Egal ob es um asiatische T-Shirts oder amerikanischen Mais geht, jederzeit kann das Vorsorgeprinzip bemüht werden, um sich unliebsame Konkurrenz vom Hals zu halten. Innerhalb der Europäischen Union mutiert es zu einem Veto-Instrument. Es genügt beispielsweise, wenn eine Minderheit von Ländern an ihren Vorbehalten gegen angeblich krankmachende Weichmacher in Kinderspielzeug festhält, um diese Produkte europaweit zu ächten. Henri Lepage schreibt:»Ein völlig unbewiesenes Gerücht allein reicht aus, um ein Produkt zu verbieten, das bisher sämtliche vorgeschriebenen Sicherheitstests erfolgreich durchlaufen hat.« Aus dem Vorsorgeprinzip werde so ein reines Verhinderungsinstrument.

Eines der Grundprinzipien des demokratischen Rechtsstaates heißt: Im Zweifel für den Angeklagten. Das Vorsorgeprinzip kehrt die Beweislast um: Im Zweifel gegen den Angeklagten. Und genau da liegt die Bombe begraben. Wer sagt denn, dass das Vorsorgeprinzip lediglich gegen Verfahren oder Produkte angewandt werden kann? Es sind viele Fälle denkbar, in denen es sich gegen Personen richtet, die Grenze ist fließend. Schon heute werden von Gerichten große Regressansprüche zugebilligt, wenn sich beispielsweise der Kunde eines Schnellrestaurants beim ungeschickten Hantieren mit einem Pappbecher mit heißem Kaffee verbrüht. Henri Lepage schreibt: »Wenn zum Beispiel ein kleiner Junge am 14. Juli (französischer Nationalfeiertag) Knallfrösche zündet und diese unglücklicherweise das Bürgermeisteramt in Brand setzen, sollte man dann nicht gleich den unglücklichen Chinesen haftbar machen, der vor Tausenden von Jahren das Pulver erfunden hat?«

Der Begriff der Schuld wird damit vom individuellen Fehlverhalten abgetrennt. »Wenn man in einem solchen Szenario die Verantwortung für irgendetwas angetragen bekommt, hat man einfach Pech«, folgert der Franzose. »Doch wenn Verantwortung sich auf Pech reimt, dann ist sie auch etwas, was sich – entgegen jeder philosophischen und rechtlichen Tradition des Westens – dem individuellen Einfluss entzieht. Sie wird zum Fatum, zum Schicksal.« Und Lepage fügt hinzu: »Dann sind wir auf dem Weg in ein anderes Universum.« Mit dieser Entwicklung werde eine Grundlage der freien Gesellschaft ausgehöhlt. Es kann dann jemand aufgrund von Informationen verurteilt werden, die er zum Zeitpunkt der beklagten Handlung überhaupt nicht haben konnte. Die Zuschreibung einer Schuld wird zu etwas Künstlichem, zu einer Art willkürlicher Scheinjustiz. Man bewegt sich auf der verhängnisvollen Spur der Hexenjagd.

Auch der Bundesverfassungsrichter Winfried Hassemer sieht die Gefahr wachsender Willkür des Staates und beklagt entsprechende Tendenzen in der Entwicklung des deutschen Strafrechts. Der Jurist sieht beispielsweise im Umweltstrafrecht »Neukriminalisierungen außerhalb eines Täter-Opfer-Bereichs« sowie eine »flächendeckende Vorfeldkriminalisierung, bevorzugt über abstrakte Gefährdungsdelikte«.

Die Hersteller oder Verkäufer von neuen Produkten und Verfahren stehen immer häufiger mit einem Bein im Gefängnis, ohne sich irgendeines konkreten Vergehens schuldig gemacht zu haben. Der Versuch sich abzusichern nimmt immer groteskere Formen an. Ein besonders amüsantes Beispiel liefert der Katalog des Versandhauses »Manufaktum«, das sich auf handwerkliche und traditionelle Produkte spezialisiert hat. So bietet man eine Sammlung von Saatknollen verschiedener alter Kartoffelsorten zum Eigenanbau im Garten an. Dies ist aber aufgrund eines dichten Gestrüpps gesetzlicher und behördlicher Normen aus Umwelt- und Gesundheitsgründen praktisch verboten. Das Angebot gilt deshalb »nur für die Vitrine« und hat folgenden Wortlaut: »Zur Aussaat und Vermehrung bieten wir Ihnen diese seltenen Knollen nicht an (denn dann wären sie Pflanzengut, was sie aber nicht sein dürfen), zur Verspeisung bieten wir sie Ihnen auch nicht an (denn dann wären sie Lebensmittel, was sie aber infolge mangelnder Sortenreinheit und einheitlicher Kocheigenschaften auch nicht sein dürfen). Lassen Sie sie daher weder in einen Kochtopf noch in ein gut vorbereitetes Kartoffelbeet fallen – Letzteres vor allem dann nicht, wenn Sie sie einige Wochen vor dem Legen zwischen den Augen geteilt haben sollten, denn dann wachsen noch viel mehr daraus, und das darf nicht geschehen.« Schön, dass es immer noch Menschen gibt, die mit Witz und Humor die Bürokratie unterlaufen. So zu widerstehen, heißt vom braven Soldaten Schwejk lernen.

Mit den Attentaten vom 11. September bekommt der Gedanke der Prävention nun eine unerwartete Wendung. Es stehen plötzlich nicht mehr die möglichen Unfallrisiken einer Technologie an und für sich im Zentrum der Besorgnis, sondern eine viel größere Gefahr: Terroristen oder Regime, die mit solchen Techniken willentlich die Menschheit bedrohen könnten. Wer wollte beispielsweise ausschließen, dass Saddam Hussein seine Nachbarn mit chemischen oder bakteriologischen Waffen angreift? Die Proliferation von atomaren, biologischen und chemischen Kampfstoffen könnte weiter fortgeschritten sein als bislang angenommen. Die Sicherheitsdoktrin der USA läuft darauf hinaus, bei Gefahr im Verzug auch ohne letzte Beweise präventiv in einem souveränen Land zu intervenieren. Das ist nichts anderes als lupenreines Vorsorgeprinzip, gewissermaßen Hans Jonas pur. Nur wird es, Ironie des Schicksals, jetzt von den Europäern und allen voran vom grünen deutschen Außenminister vehement abgelehnt. Dabei beherzigt Präsident Bush nichts anderes, als was gerade grüne Politiker auf anderen Gebieten seit Jahren predigen und praktizieren. Sowohl Europäer als auch Amerikaner eröffnen mit ihrem jeweiligen Lieblingsthema das Tor zur Willkür, ohne dabei die grundlegenden Probleme, die sich damit für den Rechtsstaat und die Freiheit ergeben, zu bedenken oder gar einzuhegen.

Eine Entwicklung, die sich im Übrigen auch schon in den Alltag der westlichen Demokratien einfrisst. Man denke nur an die zahlreichen Menschen, die – im Zweifel gegen den Angeklagten – öffentlich dazu genötigt werden, ihre Unschuld zu beweisen. Das ist in den Fällen, in denen es sich um Verdächtigungen beispielsweise wegen Kokainmissbrauchs handelt, zumindest noch möglich. Egal ob Naddel Abd el Farrag, das schöne »Partyluder«, oder der »eiserne Richter« (und Hamburger Innensenator) Roland Schill – nur eine Haarprobe konnte die jeweilige Hexenjagd stoppen. Dem Fall des Richters Schill kommt dabei insofern eine besondere Dimension zu, als die Anschuldigungen von einem Richter des Bundesverfassungsgerichtes, Wolfgang Hoffmann-Riem, gemacht wurden (offenbar verläuft der Konflikt um Freiheit und Fortschritt auch mitten durch dieses Gremium). »Das Gerücht, Sie könnten mit Kokain in Verbindung stehen, geht schon seit längerer Zeit in der Stadt um«, schrieb der in einem offenen Brief an Schill und verband sein Schreiben mit der Aufforderung, die »Vorwürfe zu entkräften«. So etwas von einem Repräsentanten des höchsten deutschen Gerichtes grenzt an rechtsstaatlichen Selbstmord und ist eine Einladung zu weiterem munteren Halali. Wie soll beispielsweise jemand seine Unschuld beweisen, dem man Kindesmissbrauch vorwirft? Entsprechende von paranoiden Psychologen und Betreuern angestoßene Fälle haben sich vor deutschen Gerichten bereits mehrfach abgespielt. Großes Aufsehen erregte Mitte der neunziger Jahre beispielsweise der so genannte Montessori-Pro-

zess, während dessen ein Mann sich über vier Jahre einer Anklage wegen Kindesmissbrauchs erwehren musste. Als sich
herausstellte, dass die Aussagen der Kinder suggeriert worden
waren, wurde er schließlich freigesprochen.»Von einem derart ungeheuerlichen falschen Verdacht erholt sich kein
Mensch«, schrieb Gerhard Mauz vom Nachrichtenmagazin
Der Spiegel, »sein Leben ist zerstört.« Der Gerichtsreporter
kommentierte weiter:»In der Strafjustiz ist alles möglich. Von
einigem meinte man, das könnten nur Gerichte einer Diktatur. Und nun muss man entdecken, dass Frauen und Männer
blindlings zu Hexen und Hexern erklärt werden und dass kein
Paragraph der Strafprozessordnung sie schützt.« Wer seine
Unschuld nicht beweisen kann, hat dann eben einfach Pech
gehabt. Der Schritt zur vorsorglichen Inhaftierung ist nicht
mehr weit.

2. Das Leben ist nicht nachhaltig

*Die Forderung einer nachhaltigen Entwicklung kommt so harmlos
und selbstverständlich daher, dass sie jedermann an der Haustür
unterschreiben würde. Doch Vorsicht: Das Leitbild beinhaltet eine
im Kern abgrundtief pessimistische Vorstellung von der Fähigkeit
der Menschen, ihre Probleme zu lösen. Es dient als neuer Tarnbegriff für staatliche Bevormundung und Regulierung.*

Ein Begriff eint die Nation: Nachhaltigkeit. Im Abschlussbe-
richt der Enquete-Kommission zum Schutz von Mensch und
Umwelt bekennen sich die Abgeordneten aller im Bundestag
vertretenen Parteien und ihre Experten einhellig zum »Prinzip
der Nachhaltigkeit«. Und dies ohne Minderheitenvotum, ein
in der Parlamentsgeschichte äußerst seltener Fall. »Nachhal-

tigkeit und politische Kultur sind Schlüsselbegriffe unserer Politik der Mitte«, sagte Gerhard Schröder auf dem SPD-Kongress »Die Mitte in Deutschland« in Berlin. Der Bundeskanzler hat 2001 eigens einen »Rat für nachhaltige Entwicklung« berufen. Persönlichkeiten und Experten wie Landesbischöfin Margot Käßmann (evangelisch), Misereor-Chef Josef Sayer (katholisch), der Babykost-Hersteller Claus Hipp (künftige Generationen?) und der Deutsche-Bahn-Vorstand Roland Heinisch (nachhaltiges Defizit?) sollen den Weg in die Zukunft weisen, unterstützt von Gremien-gestählten Berufsfunktionären aus Umwelt- und Verbraucherverbänden. Sie kamen sogleich auf eine prima Idee: eine Weltkommission zur nachhaltigen Entwicklung und Globalisierung. Außerdem tagt in Berlin noch das »Green Cabinet«. Die Runde von Staatssekretären hat 2002 eine »nationale Nachhaltigkeitsstrategie« vorgestellt. Sonntagsreden, Parlamentsanträge und Eingaben um Forschungsgelder sollten heutzutage mindestens einmal das Wort »Nachhaltigkeit« enthalten. Zwar haben nur 13 Prozent der Deutschen laut einer Studie des Bundesumweltministeriums den Begriff »Nachhaltigkeit« schon einmal gehört. Wurde er ihnen dann aber mitgeteilt, waren sogleich 83,5 Prozent dafür. Mit der Nachhaltigkeit ist das wie mit dem lieben Gott: Keiner weiß so genau, was er sich darunter vorzustellen hat, aber alle sind sich einig, dass man nicht darauf verzichten kann. Und genau wie vom lieben Gott wird auch von der Nachhaltigkeit jeweils das verlangt, was man gerade für wünschenswert hält. Die Umweltverbände fordern nachhaltigen Konsumverzicht, die deutsche Industrie nachhaltiges Wachstum, die Gewerkschaften nachhaltige Lohnerhöhungen. Es ist für jeden etwas dabei beim Nachhaltigkeits-Shopping. Den Vogel schießt der »Bundesverband der Verbraucherzentralen und Verbraucherverbände« mit dem Begriff vom »nachhaltigen Konsum« ab, den wir mit ablehnender Zustimmung begrüßen möchten. Nachhaltigkeit ist so gesehen eine Leerformel für das Wahre,

Schöne und Gute. Ein Heilsversprechen, gegen das nicht viel einzuwenden ist, solange man es in der Kirche belässt. Bedauerlicherweise ist dies nicht der Fall. Das Glaubenbekenntnis hat sich in Richtung sanktionierter Staatsdoktrin auf den Weg gemacht. Anstatt es bei einer konsensstiftenden Leerformel zu belassen, soll das Nachhaltigkeitsziel in eine Politikmaxime mit konkreten Vorgaben, messbaren Parametern und detaillierten Strategien verwandelt werden. Sie wird so zu einer neuen Variante einer überholten Sozialphilosophie, die ihre Aufgabe in der Annahme idealer Bedingungen und in der Konstruktion utopischer Wirtschafts- und Gesellschaftsordnungen sieht. Die Individuen kommen in diesem Konzept nur als Rädchen in einem von Bürokraten und Räten gesteuerten Prozess vor. Energieversorgungs- und Wertesysteme sollen vom grünen Tisch aus umgebaut werden. »Nachhaltigkeit ist natürlich nur ein neuer Tarnbegriff für Regulierung«, sagt der Essener Philosoph Norbert Bolz. Anstatt die Zukunft als ergebnisoffenes Entdeckungsverfahren zu sehen, das ständig neues und allgemein verwertbares Wissen entstehen lässt, wird die Idee einer besseren Welt nach Plan damit wieder salonfähig. Nicht mehr die Lösung des offenkundig drängendsten nächsten Problems wird angestrebt, ebenso wenig wie tastender Fortschritt durch Versuch und Irrtum, sondern eine global gesteuerte Ressourcenbewirtschaftung. Sie soll im Hinblick auf einen hypothetischen paradiesischen Endzustand erfolgen.

Die populäre Ansicht, dass es sich beim Prinzip der Nachhaltigkeit gleichsam um ein ehernes Gesetz der Natur handele, entpuppt sich schon auf den ersten Blick als Irrtum. Der Begriff kommt ursprünglich aus dem Waldbau und meint dort, dass man nicht mehr Holz einschlagen solle, als nachwächst oder aufgeforstet wird. Dies ist zunächst einmal kein natürliches, sondern ein ökonomisches Prinzip. Preußische Forstmeister verhalfen ihm im 18. Jahrhundert erstmals zur Geltung. Die

Natur selbst hat keine Ahnung von Nachhaltigkeit, weil sie nämlich nicht Betriebswirtschaft studiert hat. Sie kennt kein Gleichgewicht. Wald dehnte sich im Verlauf der Erdgeschichte immer wieder aus oder schrumpfte. Auf dem Höhepunkt der letzten Eiszeit umfasste der tropische Regenwald nur einen winzigen Bruchteil seiner heutigen Fläche. Hätte sich die Natur vor ein paar Millionen Jahren entschieden nachhaltig zu sein, dann dominierten heute noch die Dinosaurier den Planeten und der Mensch hätte niemals seine Chance bekommen. Die Natur wäre statisch und eine Evolution unmöglich.

In den achtziger Jahren führte dann die Weltnaturschutzorganisation IUCN den Begriff der »nachhaltigen Entwicklung« (»Sustainable Development«) ein. Dahinter stand der schlüssige Gedanke, dass ein erfolgreicher Naturschutz in armen Ländern nur möglich sei, wenn die Menschen Wälder und Tiere in einem beschränkten Umfang nützen könnten (»Sustainable Use«). Statt einen Zaun um gefährdete Gebiete zu machen und die Anwohner auszusperren, sollte im nachhaltigen Sinne Holzeinschlag und Jagd möglich sein. Gerade in Not leidenden Regionen mit reichhaltigen Naturschätzen eine vollkommen richtige Strategie: Denn nur wer Nutzen aus der Natur zieht, hat ein Interesse sie zu bewahren. Das Konzept der nachhaltigen Nutzung stieß interessanterweise bei vielen Umweltschützern in den Industrieländern auf heftigen Widerstand, denn Bäume absägen und Elefanten totschießen galt grundsätzlich als Frevel. Doch als man die Chance witterte, mit dem Begriff der Nachhaltigkeit die Wirtschaft der Industrienationen selbst an die Kandare zu nehmen, gab es kein Halten mehr. Was für das Management von Tropenwäldern oder Elefantenherden galt, sollte jetzt auch für die Produktion von Autos oder Waschmaschinen, für Urlaubsreisen und Aktienfonds, die Müllabfuhr und den Pizzaboten richtig sein. Selbst Forschung und Bildung sollen dem Primat der Nachhaltigkeit unterworfen werden. Aus einem progressiven Naturnutzungskonzept wurde so – Simsalabim – eine planwirtschaftliche Strategie gegen das Wachstum und den freien Markt. Ein Geschenk des Himmels für alle Bremser dieser Welt. (Weil »Bremser« so negativ klingt, nennen sie sich lieber »Entschleuniger«.)

Nachhaltigkeit bedeutet gemäß der Ursprungsidee die Erhaltung eines Bestandes. Entwicklung heißt im Kontext der Menschheitsgeschichte hingegen die permanente Veränderung des Bestehenden. Nachhaltige Entwicklung wäre also eine Zukunft ohne Veränderung. Die Prinzipien der preußischen Forstwirte auf die künftige Entwicklung der menschlichen Gesellschaft zu übertragen, heißt schlicht einen Deckel auf die Zukunft zu legen. Diogenes philosophierte in einem Fass, das war aber nach vorne offen. Das Weltbild der Nachhaltigkeit kreist hingegen in einer geschlossenen Konserve. Seinem Siegeszug steht dies offenbar nicht im Wege. »Konzept Nachhaltigkeit. Fundamente für die Gesellschaft von morgen« heißt ein Bericht der Enquete-Kommission des Deutschen Bundestages. Und er zitiert brav Regeln der Konservierung als Leitbild für die Zukunft:

1. Die Nutzung einer erneuerbaren Ressource darf nicht größer sein als ihre Regenerationsrate.

2. Die Freisetzung von Stoffen darf nicht größer sein als die Aufnahmefähigkeit der Umwelt.

3. Die Nutzung von nichterneuerbaren Ressourcen muss minimiert werden. Ihre Nutzung soll nur in dem Maße geschehen, in dem ein physikalisch gleichwertiger Ersatz in Form erneuerbarer Ressourcen geschaffen wird.

4. Das Zeitmaß der menschlichen Eingriffe muss in einem ausgewogenen Verhältnis zum Zeitmaß der natürlichen Prozesse stehen, sei es der Abbauprozesse von Abfällen, der Regenerationsrate von erneuerbaren Rohstoffen oder Ökosystemen.

Jeder Punkt für sich genommen ist nicht mal falsch. Als allgemeiner Appell an die Vernunft und den haushälterischen Umgang mit Ressourcen lassen wir uns die Auflistung durchaus gefallen. Problematisch wird es aber in dem Moment, in dem alle gesellschaftlichen Entscheidungen allgemeinverbindlichen »Nachhaltigkeitsregeln« unterworfen werden sollen. Denn: Die Zukunft würde dann zu einer Energiesparvariante der Gegenwart degradiert.

So funktioniert das Leben aber nicht. Es war nie nachhaltig, es ist nicht nachhaltig und es wird nie nachhaltig sein. 98 Prozent aller jemals auf der Erde existenten Arten sind ausgestorben, bevor der Mensch überhaupt auf der Bildfläche erschien. Schöne Landschaften wie die Lüneburger Heide, die heute unter Naturschutz stehen, verdanken ihre Existenz gerade nicht nachhaltigem Wirtschaften, sondern extremer Beweidung und Abholzung. Viele Orchideen und Enzianarten, Heidekraut und Silberdistel, die heute unter strengstem Schutz stehen, wachsen besonders gern auf ausgelaugten Böden, die durch Übernutzung entstanden sind. Die Tatsache, dass der Wald in Mitteleuropa nicht gänzlich abgeholzt wurde, verdankt er der Entdeckung der Kohle als Brennstoff und ihrer nicht nachhaltigen Ausbeutung. Die Erfindung der Dampfmaschine ermöglichte ihre Förderung aus großen Tiefen. Den Umstand, dass es heute überhaupt noch große Walarten gibt, schulden wir der Substitution ihres brennbaren Körperfetts durch die ganz und gar nicht nachhaltige Förderung von Erdöl. Die modernen freiheitlichen Gesellschaften und ihr Wohlstand beruhen auf der individuellen Fähigkeit des Menschen, sich sich ständig ändernden Prozessen anzupassen, die er im Ganzen weder erkennen noch je planen kann. »Die [oben zitierten] Managementregeln können in ihrer Abstraktheit dazu verleiten, uns Sorgen um ungelegte Eier zu machen«, schreibt der Umweltpublizist Edgar Gärtner. »Sie legen uns beispielsweise nahe, den Einsatz des knapper werdenden Rohstoffes Kupfer streng zu rationalisieren, damit unsere Enkel noch telefonieren kön-

nen.« Es zeichnet sich freilich jetzt schon ab, dass Glasfaserka-
bel und Funktelefone die Kupferkabel überflüssig machen
werden. Die Krisen, in denen die Menschen an die Grenzen
des Wachstums stießen, konnten immer nur durch Veränderung und neuartigen Einsatz von Technik gelöst werden. Und
anders wird das auch morgen nicht funktionieren. Die Auffas-
sung, man müsse das Handeln der Menschheit einer pseudo-
naturalistischen Bestandswahrung unterwerfen, geht ganz
und gar an den dynamischen Herausforderungen der Zukunft
vorbei.

Die bekannteste Definition von Nachhaltigkeit, die im Hinblick auf die offensichtlichen Widersprüche des Konzepts in
weiches Wachs gegossen wurde, stammt von der »Weltkommission für Umwelt und Entwicklung« (»Brundtland-Kommission«) der Vereinten Nationen aus dem Jahre 1987. Danach ist eine Entwicklung nachhaltig, wenn sie »die Bedürfnisse der gegenwärtig lebenden Menschen befriedigt, ohne die
Fähigkeit künftiger Generationen infrage zu stellen, ihre eigenen Bedürfnisse zu befriedigen.« Prima, das würde jeder von
uns an der Haustür unterschreiben. Andererseits sind wir
schon ein wenig neugierig, welche unserer Bedürfnisse dem-
nach gerechtfertigt sind. Eine vollwertige Mahlzeit pro Tag?
Oder drei? Bei McDonald's oder Bocuse? Darf's auch eine
Wohnung sein und ein Anzug von Armani? Steht uns ein Ur-
laub zu, womöglich gar in den USA? Ein Mercedes oder nur
ein Fahrrad? Die Brundtland-Kommission hüllt sich dazu in
Schweigen. Ist ja klar, warum: Praktisch jede Beschränkung
kann aus Rücksicht auf künftige Generationen als notwendig
hingestellt werden. Es gibt kein einziges Verbot, das durch diese Klausel wirksam ausgeschlossen wäre, und auch kein Per-
sönlichkeitsrecht, das geschützt würde. Das ist der Geist, dem
sommerliche Duschverbote und Mallorca-Urlaubssperren entspringen (zur Erinnerung: Beides wurde in der Vergangenheit
schon von den Grünen vorgeschlagen). Folgerichtig schrieb

die grüne Partei in ihr neues Grundsatzprogramm 2002 hinein, die »Handlungsfreiheit des Einzelnen« solle von der »Handlungsmaxime der Nachhaltigkeit« eingeschränkt werden. »Bestimmte Angebote wird es nicht mehr geben. Die freie Entscheidung jedes Einzelnen ist ein Mythos. Die Verfügbarkeit ist das Entscheidende«, macht sich auch Edda Müller, Vorstand des Bundesverbandes der deutschen Verbraucherzentralen, die Forderung nachhaltiger Beschränkungen der individuellen Freiheit zu eigen. Die »nationale Nachhaltigkeitsstrategie« der Bundesregierung enthält 21 »Schlüsselindikatoren« für die Bewertung der Nachhaltigkeit. Sie reichen von der Energieproduktivität bis zum Flächenverbrauch, von der Staatsverschuldung bis zum Anteil des ökologischen Landbaus. Der zentrale Indikator für die gedeihliche Zukunftsentwicklung einer Gesellschaft kommt in diesem Konzept bezeichnenderweise überhaupt nicht vor: der Grad der Freiheit. Der Ökonomie-Nobelpreisträger Amartya Sen schildert die alles entscheidende Rolle in einem einfachen Beispiel: »In keinem unabhängigen Land mit einer demokratisch gewählten Regierung und einer freien Presse hat jemals eine Hungersnot gewütet.« Hungersnöte seien vielmehr Charakteristikum autoritärer Gesellschaften, despotischer Regime, primitiver Stammesgesellschaften oder moderner technokratischer Diktaturen.

Auch der große freiheitliche Denker Friedrich August von Hayek hat aufgrund der totalitären Erfahrungen des vorigen Jahrhunderts vehement vor scheinbar weltbeglückenden Konzepten gewarnt, unter anderem in seinem Buch »Der Weg zur Knechtschaft«. Wenn durch Zwangsgewalt von Regierungen eine »positive« Gerechtigkeit erzielt werden solle, zerstöre dieses langfristig die individuelle Freiheit. Und zwar ganz einfach deshalb, so der Ökonom und Hayek-Schüler Kurt Leube, Research Fellow an der Stanford University, »weil diese Ideologie ein Einverständnis über die wünschenswerten Ziele einer Verteilung voraussetzt, das jedoch in einer Gesellschaft freier Menschen, die weder einander noch dieselben Tatsachen kennen, unerreichbar bleibt«. Und was innerhalb der gegenwärtigen Generationen ausgeschlossen ist, kann schon gar nicht im Bezug auf Generationen funktionieren. Welche Generation meinen wir überhaupt? Die in 50 Jahren, in 100 Jahren, in 1000 Jahren oder in 100 Millionen Jahren? Wird es dann überhaupt noch Menschen geben? Und wenn ja, was sollen wir ihnen aufheben? Kohle? Erdöl? Glaubt jemand im Ernst, dass sie noch mit Heizöl hantieren? Entweder Ressourcen sind endlich oder sie sind es nicht. Wenn wir bestimmte Rohstoffe tatsächlich für die Nachwelt aufbewahren wollten, dann müssten wir schlichtweg aufhören sie zu konsumieren. Was ist vorzuziehen: zehn Millionen Familien für die nächsten 100 Jahre gut zu versorgen oder 100 Familien für die nächsten zehn Millionen Jahre? Sollen die Armen von heute etwa zugunsten der Reichen von morgen verzichten? Könnte es nicht auch sein, dass die Menschen in 100 Jahren reicher sind als wir heute, genau wie wir reicher sind als unsere Großeltern? (Vieles spricht dafür.)

Um ein fiktives, sozial gerechtes ökologisches Paradies zu verwirklichen, bemüht die Studie »Zukunftsfähiges Deutschland« (1995) des Wuppertal-Instituts das Konzept des »Umweltraumes«. Darunter verstehen die Autoren dieser Nachhaltigkeits-Bibel ein ökologisches Nutzungskonzept, das von weltweit gleichen Pro-Kopf Zugriffsrechten auf physische Ressourcen ausgeht. Dabei kommt dann zum Beispiel heraus, dass ein Bundesbürger jährlich für maximal 2,3 Tonnen Kohlendioxidemissionen verantwortlich sein darf. Dies erfordere gegenüber heute eine Verringerung um 80 Prozent im Interesse einer global gerechteren Verteilung sozialer und materieller Lebenschancen. Das klingt sympathisch, ist in einer arbeitsteiligen Welt aber eine Milchmädchenrechnung. Das Beste für die Wuppertaler Statistik wäre, wenn die Deutschen komplett ihre Industrie abschalten und kollektiv das Atmen einstellen würden. Bedauerlicherweise würde durch diese heroische Tat kein Kind auf der Welt weniger verhungern, kein junger Mensch einen Ausbildungs- oder Arbeitsplatz erhalten. Es würde kein Baum weniger gerodet, keine Art gerettet. Ganz im Gegenteil: Viele physische Ressourcen werden ja gehandelt und bezahlt. Die Armen würden noch ärmer, weil sie uns noch nicht einmal mehr ihre Rohstoffe verkaufen könnten (geschweige denn technische oder finanzielle Unterstützung erwarten dürften). Ein Prozent weniger Inlandsprodukt in den Industrienationen heißt für die Entwicklungsländer 60 Milliarden Dollar Exportausfall. Dies würde dann heute bereits den Zustand herbeiführen, vor dem wir künftige Generationen bewahren wollen.

Die Forderung nach Egalisierung, man könnte es auch Gleichschaltung aller Menschen nennen, dürfte weder den gewünschten Erfolg zeitigen noch freiwillig befolgt werden, wofür es historische Parallelen gibt. Im »zukunftsfähigen Deutschland« begegnet man diesem Umstand mit Beschönigungslyrik: »Wohlstand light« heißt die Devise, beispielsweise indem die neuen Menschen »das Vergnügen entdecken, Kaufoptionen systematisch nicht wahrzunehmen«. Die vorgeschlagene »Eleganz der Einfachheit« orientiert sich unter anderem an den Navajos, bei denen nur »236 Gegenstände« bekannt gewesen seien, während der entartete deutsche Durchschnittshaushalt »10000 Dinge zur Verfügung hat«. (Übersehen wird, dass die Navajos nur halb so lange lebten wie wir, ihr Dasein also ziemlich unnachhaltig war.) »Die Menschen sollen nicht nur folgen müssen, sie möchten auch wollen dürfen«, heißt die Umschreibung für fürsorglichen Zwang (in einer Festschrift zum zehnjährigen Jubiläum des Instituts). Sogar der gute alte Einheitslohn wird aus der Kiste geholt und firmiert nun als »ein demokratisches statt oligarchisches Leitbild der Einkommensverteilung«.

Das muss auch Gregor Gysis Truppe gelesen haben, jedenfalls freut sich die PDS im Programmentwurf 2001:»Sozialismus heißt nachhaltiges Wirtschaften.« Zur Begründung heißt es:»Die Organisation des gesellschaftlichen Lebens darf nicht mehr Ressourcen verbrauchen, als solche wieder nachwachsen.« In Wirklichkeit sei längst eine Weltökonomie denkbar, die»in sich ruht, die kein weiteres Wachstum erforderlich macht«. Und der Weg dorthin ist auch klar:»Die Forderung nach Zukunftsfähigkeit und Nachhaltigkeit ist im Grunde nur über eine demokratisch geplante, also über eine sozialistische Wirtschaftsweise verwirklichbar.« Im roten Rathaus sitzen lauter echte Navajos:»Sozialismus heißt Genuss und Muße statt Stress und Hektik!« Der Zustand der Verwirrung breitet sich in epidemischem Maße aus, denn auch bei der Konkurrenz im Adenauerhaus kreist die Nachhaltigkeits-Pfeife.»Aus der Umweltpolitik kennen wir den Begriff der Nachhaltigkeit«, schreibt CDU-Parteichefin Angela Merkel und folgert:»Er muss auf alle Politikbereiche angewendet werden. Nachhaltigkeit in der Finanzpolitik, der Wirtschaftspolitik und in der Sozialpolitik.«

Mangels eigener politischer Ideen und im Wettbewerb um wohlfeile moralische Pluspunkte haben sämtliche politischen Parteien eine fragwürdige Ideologie aufgesogen und abgekupfert.»Wissenschaftlicher Fortschritt soll zwar angestrebt werden, man betrachtet ihn jedoch mit Ambivalenz und fordert eine Ausrichtung auf Nachhaltigkeit, eine Verlangsamung und ethische Reglementierung durch Gremien, Pfarrer und Sozialwissenschaftler«, schreibt Andreas Hofbauer in der Zeitschrift *Novo*.»Dahinter steckt die Vorstellung, dass mehr Wissen und eine Ausweitung der Handlungsmöglichkeiten und der Naturbeherrschung im Grunde nicht erstrebenswert sind, sondern dass es vor allem darum gehen sollte, Technik zu besänftigen, um Eingriffe in die Natur, Stoffströme und Energieverbrauch zu minimieren.« Das Leitbild ist eine im

Kern abgrundtief pessimistische Vorstellung über die Fähigkeit der Gesellschaft, ihre Probleme zu lösen. Es ist antihumanistisch und entwicklungsfeindlich und damit wie geschaffen für die Perspektivlosigkeit der aktuellen Politik. In einer Art nachhaltigen Mumifizierung soll im Grunde alles so bleiben, wie es ist.

Dem Menschen wird mehr und mehr seine für ihn charakteristische Zukunftsfähigkeit, sein Potenzial zur Veränderung und zur Entwicklung zum Besseren hin abgesprochen. Er soll auf einen Horizont niedriger Erwartungen eingestimmt werden. Er soll domestiziert, sein Forscher- und Tatendrang gezügelt werden. Kurz: Er soll zum nachhaltigen Untertan erzogen werden. Der Sachverständigenrat für Umweltfragen wird in seinem Bericht 2000 ganz deutlich: »Im Kern wird es darum gehen, desinteressierte oder gar widerständige Akteure in einer Weise mit Problemlagen und Handlungschancen zu konfrontieren, die einen Konsens für anspruchsvolle Ziele fördert.« Wenn staatliche Institutionen solche Töne anschlagen, müssten eigentlich alle demokratischen Warnlampen angehen. »Entweder man entscheidet sich als verantwortungsvoller, aus Einsicht in das allgemeine langfristige Interesse der Menschheit handelnder Bürger, das zu tun, was man tun soll. Oder man orientiert sich unverantwortlicherweise nur an eigennützigen kurzfristigen Interessen und grenzt sich damit selbst aus der Gemeinschaft vernünftig handelnder Bürger aus«, sagt Vera Lengsfeld (CDU), eine der wenigen dem Nachhaltigkeitskonzept gegenüber offen skeptischen Bundestagsabgeordneten. Frau Lengsfeld weiß als ehemalige DDR-Bürgerrechtlerin, wovon sie spricht: »Damit könnte man die Nachhaltigkeitsforderung als eine Fortsetzung kommunistischer Zwangsbeglückungsfantasien mit modernen Mitteln betrachten.« Auch der wissenschaftliche Sozialismus habe als Theorie begonnen, die Anklang bei einer kleinen Intelligenzija-Gemeinde fand, aber keine große

Resonanz bei den Menschen. Bis er dann gewaltsam die Massen ergriff.

Von Unternehmen gegründete Institutionen wie der »World Business Council for Sustainable Development« oder das »Forum nachhaltige Entwicklung« der deutschen Wirtschaft entspringen dem offensichtlichen Bemühen, »everybody's darling« sein zu wollen. Doch der Versuch, Nachhaltigkeit in ein offenes und wachstumsfreundliches Konzept umzudenken, wird nicht verfangen. Statt dessen macht man eine bedenkliche Ideologie und ihre Propheten erst richtig salonfähig. Vielleicht will man aber auch nur die Gegensätze verschleiern. Das ist nicht besonders klug. Die Prinzipien einer freiheitlich verfassten Gesellschaft und die verordnete Umsetzung von Nachhaltigkeit schließen sich weitgehend aus. Die Deutungshoheit über das, was »Sustainable development« bedeutet, obliegt ganz eindeutig den Marktfeinden und Kapitalismuskritikern. »Reichtum ist giftig«, überschreibt die Wochenzeitung *Die Zeit* Anfang 2002 eine Sammelbesprechung der neusten Literatur zum Thema Nachhaltigkeit. Elmar Altvater, Politikwissenschaftler und Mitglied der »Enquete-Kommission des Deutschen Bundestages zur Globalisierung der Weltwirtschaft«, betrachtet die offenen Gesellschaften der Industrieländer schlichtweg als ungeeignet, die Probleme zu lösen: »Nachhaltigkeit in der kapitalistischen Industriegesellschaft – das ist wie die Neuauflage der Konstruktionsversuche eines Perpetuum Mobile.« Wer an die Freiheit und den daraus resultierenden Fortschritt glaubt, sollte sich vom grassierenden Nachhaltigkeitsfieber nicht anstecken lassen. Die Idee dahinter ist entweder eine selbstverständliche Binsenweisheit oder totalitär.

Welch seltsame Blüten das mittlerweile treibt, entnehmen wir einer Zeitschrift der Deutschen Gesellschaft des Club of Rome. Darin macht man sich über Nachhaltigkeit in Medien und Bildung Gedanken und kommt zu folgenden Schlüssen:

»Informationen und Bildungsinhalte sind im Sinne einer nachhaltigen Entwicklung der Erde und der Menschen erst dann sinnvoll, wenn sie eine wirtschaftliche Entwicklung von Menschen, Familien und Regionen fördern, zur Umweltverbesserung beitragen und die sozialen Belange berücksichtigen. Alle gleichzeitig und gleichwertig.« Don Quichote? Hamlet? Die Leiden des jungen Werther? Bei Durchsicht unseres Bücherregals fiel uns auf, dass bedauerlicherweise fast die gesamte Weltliteratur in diesem Sinne nicht nachhaltig ist.

III. Die alten Kameraden

1. Nationale Sozialisten gegen Globalisierung

Die weltanschauliche Schnittmenge von Rechten und Linken wächst. Beim Kampf gegen die Globalisierung herrscht an den radikalen Rändern immer mehr inhaltliche Einigkeit. Einer der Köche dieses Gesinnungseintopfs heißt Horst Mahler.

Die Galerie der Globalisierungsfeinde umfasst ganz unterschiedliche Köpfe: den Bauern José Bové und den Literaten Günter Grass, Bernard Cassen von »Le Monde Diplomatique« und Jean Marie Le Pen von »Front Nationale«, Jeremy Rifkin und Pat Buchanan, Jörg Haider und Viviane Forrester. Beflügelt vom Echo der Medien und überzeugt von der moralischen Überlegenheit des eigenen Standpunktes kümmern sie sich selten um ökonomische Fakten. »Die Globalisierung«, erklärte Günter Grass, »vollzieht sich überall auf Kosten und zu Lasten der Menschen. Kurzum, eine dramatische Zunahme von Armut und Elend für weite Teile der Welt.« Damit behauptet er das glatte Gegenteil der messbaren ökonomischen und sozialen Tatsachen. Deshalb ein paar Fakten: Nach dem Zweiten Weltkrieg hatten 45 Prozent der Menschen in den Entwicklungsländern nicht genug zu essen. Am Ende des 20. Jahrhunderts waren es 18 Prozent. Die landwirtschaftliche Produktion pro Kopf der Bevölkerung stieg von 1961 bis 2000 um 52 Prozent und dies trotz des rasanten Bevölkerungswachstums. Die Lebenserwartung stieg im letzten Viertel des 20. Jahrhunderts im globalen Durchschnitt von 55 auf 67 Jahre. Die Kindersterblichkeit wurde um die Hälfte reduziert. Zwischen 1980 und 1997 entstanden knapp 800 Millionen neue Arbeitsplätze. »Generell gesehen sind die Völker der Welt heute gesünder, besser ernährt und besser ausgebildet« (World Bank Atlas 1999). Ländervergleiche der ökonomischen Daten ergeben: Je mehr Freihandel, desto höher das Wachstum und die Einkommen der Bürger. Doch nicht nur das: In Ländern mit hoher ökonomischer Freiheit gibt es auch weniger Arme, geringere soziale Unterschiede und weniger Korruption als in solchen mit staatlich gelenkter Wirtschaft (Economic Freedom of the World, 2001 Annual Report). Überall, wo die Regierungen ihren Staatsbürgern wirtschaftliche Freiheit gewährten und die Teilnahme am Weltmarkt ermöglichten, stieg der Wohlstand. Manchen früheren Entwicklungsländern geht es heute besser als ihren ehemaligen Kolonialherren. Trotz Mexikokrise, Asienkrise, Russlandkrise und Argentinienkrise ist der Lebensstandard in den kapitalistischen Ländern des Südens gewaltig gestiegen. Die Berichte des UN-Entwicklungsprogramms belegen: Noch nie haben sich so viele Menschen aus der Armut befreit wie im vergangenen Vierteljahrhundert. Diese erfreuliche Entwicklung hat eine Ursache: die Globalisierung. Nationale Grenzen bedeuten immer weniger, die freie Wahl des Individuums dagegen immer mehr. War die erste Hälfte des 20. Jahrhunderts noch von grausamen Tyrannen und ihren Ideologien beherrscht, so breiteten sich in der zweiten Hälfte, dank der Globalisierung, Freiheit und Demokratie aus.

Dass die ehemals Kolonisierten plötzlich mit am Tisch sitzen, ihre Kreativität, ihren Unternehmergeist und ihre Arbeitskraft einbringen, hat viele Menschen in Europa und Nordamerika verunsichert. Besonders in den stark reglementierten Wirtschaftssystemen Westeuropas gerieten veraltete und oftmals staatlich subventionierte Industrien unter den Druck des Weltmarktes. In einigen Ländern stieg dadurch die Arbeitslosenzahl. Dies hat eine Bewegung aus Protektionisten und jungen Sozialisten entstehen lassen, die in Deutschland, Frankreich, Italien und einigen anderen Staaten sehr viel öffentliche

Aufmerksamkeit genießt. In mediengerechten Straßenkampfinszenierungen ist es den Globalisierungsgegnern gelungen, gewählte Regierungsvertreter als volksferne Verschwörer erscheinen zu lassen und sich selbst als legitime Vertreter der Menschheit. Ihr Protest richtet sich gegen den grenzenlosen Fluss von Kapital, Technik und Waren, die wachsende Mobilität der Menschen und die Vermischung der Kulturen. »Sie wollen die Menschen daran hindern, frei zu wählen«, schreibt der schwedische Ökonom Mauricio Rojas. »Sie möchten am liebsten darüber bestimmen, welche Nahrung wir essen dürfen, welche Filme wir sehen und welche Musik wir hören dürfen oder wie und wo wir unsere Rente ansparen, wohnen, arbeiten oder überhaupt leben sollen. Die so genannten Globalisierungsgegner vertreten viele unterschiedliche Ideologien, aber alle diese basieren auf einem tiefen Misstrauen gegenüber der individuellen Freiheit und der offenen Gesellschaft, die diese Freiheit ermöglicht.«

Die antifreiheitlichen Ressentiments der Globalisierungsgegner sind uralt. »Unter Historikern ruft die Globalisierung ein starkes Déjà-vu-Erlebnis hervor«, schreibt Harold James, Professor für Geschichte an der Princeton University. »Das haben wir vor 100 Jahren schon einmal erlebt: Auch damals gab es große Errungenschaften, materiellen Fortschritt, Schwindel erregende neue Technologien wie das Automobil, das Telefon, die Schreibmaschine – und Proteste gegen eine Welt, die sich der Kontrolle traditioneller politischer Institutionen entzog. Auf diese Entwicklung reagierten damals wie heute vor allem die reichen, industrialisierten und weniger die armen, an den Rand gedrängten Länder. Es waren die hoch entwickelten Länder, die Schutzzölle gegen die ›unfaire‹ ausländische Konkurrenz einführten. Um die ungeordneten Kapitalflüsse zu lenken, wurden Zentralbanken etabliert. Die Migrationspolitik wurde restriktiver, große Einwanderungsländer begannen über eine Selektion der Einwanderungswilligen zu diskutieren. Nach dem Ersten Weltkrieg wurde der Integrationsprozess gebremst und kam nach der Weltwirtschaftskrise völlig zum Erliegen.« Auch damals wurde die Globalisierung von Linken und Rechten bekämpft. Kommunisten, Faschisten und Nationalsozialisten predigten die Abschottung der Nationalstaaten als Bollwerk gegen fremde Waren, ausländische Unternehmen und Einwanderer. Wie heute breitete sich der Anti-Globalisierungs-Populismus in Windeseile aus. Man kann nur hoffen, dass er diesmal weniger erfolgreich sein wird.

Einen alten Kämpfer gegen die Globalisierung haben wir uns einmal näher betrachtet. Seit über drei Jahrzehnten zieht er gegen Kapitalismus und Liberalismus zu Felde. Ein paar Jahre lang führte er diesen Kampf sogar mit der Waffe in der Hand. Er hat ganz links angefangen, ist ganz rechts gelandet und verkörpert geradezu idealtypisch den Geist des Antikapitalismus und Antiliberalismus, der die Proteste durchzieht. Sein Name: Horst Mahler. FDJ, Burschenschaft, SPD, SDS, APO, PLO (Jordanien), RAF, JVA (Moabit), KPD, FDP, NPD: die wechselnden Mitgliedschaften dieses Mannes lesen sich wie ein Warenhauskatalog für Weltanschauungen. Offenbar leidet er unter chronischem Bekenntniszwang und hält es keine drei Tage ohne Parteibuch aus. Warum über Horst Mahler schreiben? Gehört so einer nicht in die Schublade für erledigte Fälle, Abteilung politische Pathologie? Wertet man ihn nicht unnötig auf, indem man auf seine Propaganda überhaupt eingeht? Wir finden, aus seinen früheren und heutigen Bekenntnissen kann man etwas Wertvolles lernen. Wie eine treffende Karikatur macht Mahler die enge Verwandtschaft rechter und linker Vorurteile sichtbar.

Meistens wird der frühere APO- und heutige NPD-Anwalt als Spezialist für extreme politische Kehrtwendungen abgehandelt. Journalistische Porträts beschreiben ihn in der Regel als Renegaten, der heute das Gegenteil von dem behauptet, was er gestern gepredigt hat. Doch das stimmt nicht. Zwar hat er ein paar Worthülsen ausgetauscht und ein paar Akzente in seiner politischen Mission verschoben. Doch im Grunde ist er sich immer treu geblieben. Auch Mahler selbst sieht es so. Er empfindet seine politische Laufbahn als gradlinig und nicht gebrochen. Und darin hat er ausnahmsweise einmal recht. Er war schon immer ein glühender Reaktionär, früher auf dem linken und heute auf dem rechten Ticket. Früher waren Lenins Werke seine Bibel, heute ist es die Bibel selbst, ergänzt durch Hegel und »Die Globalisierungsfalle«. Seine Ressentiments sind die gleichen geblieben und seine Teufel auch: Amerika, der Kapitalismus, der Liberalismus. »Dieses denkende Ich«, beschreibt Mahler seinen Werdegang, »verändert sich unaufhörlich, indem es Gedanken hervorbringt, und ist gleichwohl immer dasselbe.« Er war, ist und bleibt ein Feind der individuellen Freiheit. Denn Mahler hat immer den Staat vergöttert.

Wie alle Fanatiker ist Mahler mit bleischwerer Humorlosigkeit geschlagen. Als ein Interviewer ihn mit Fritz Teufels Satz »Im Grunde waren wir alle Haschrebellen« konfrontierte, reagierte er steif wie ein preußischer Beamter: »Ich kenne nicht die begriffliche Ausfüllung dieses Wortes Haschrebellen, die Fritz Teufel zugrunde legt. Ich habe jedenfalls nie gehascht. Für meine Person kann ich das nicht bestätigen.« Die Revolte der sechziger und siebziger Jahre hatte eine lebendige, fröhliche Seite, die ihm vollends entgangen ist: experimentelle Neugier, Spaß an Regelverletzungen, Lust auf Freiheit. Solche Gefühle blieben Horst Mahler stets fremd. Er fühlte sich im Jahre 1968 zu weitaus Höherem berufen als Sex and Drugs and Rock 'n' Roll. Der individualistische Befreiungsimpuls war ihm von vornherein zuwider, er betrachtete ihn als »Teilstrom der Bewegung, der seinen Ausgang bei der Kommune 1 und der Frankfurter Schule genommen hat«. Mit diesen subversiven Freigeistern wollte der ordentliche Jurist lieber nichts zu tun haben. Er schwamm besser in dem »anderen Teilstrom«, und der speiste sich, so Mahler, »aus den geistigen Arsenalen des Marxismus-Leninismus. Seine Protagonisten wollten dem Volke dienen. Für sie war das Kollektiv alles, der Einzelne nichts. Dadurch waren sie dem Begriff der Volksgemeinschaft näher als die Individualisten, die stets zum Kosmopolitismus hinneigen, dessen Wahrheit der Globalismus, also die Despotie der Spekulanten ist. Ich habe stets – auch als RAFler – die marxistisch-leninistische Denkgewohnheit gepflegt. Die Realität des Kollektivs ist dem Gedanken der Volksgemeinschaft näher als der durchgeführte Individualismus.«

Hier spricht ein deutscher Idealist und Hegelianer: Das Kollektiv, die Volksgemeinschaft, der Staat sind höchstes Ziel allen menschlichen Strebens. Mahler will ganz hoch hinaus: »Der Staat, so wie Hegel ihn sieht, in dieser Übereinstimmung mit mir selbst, ist das Dasein Gottes in der Welt. Hegels ganzes Staatsdenken geht gegen den Liberalismus.« Und an anderer Stelle: »Sieht man genauer hin, erkennt man, dass auch der Nationalsozialismus eine Spielart des Kollektivismus war. Darin war er dem Kommunismus ähnlich.« Dass der SDS 1968 nicht »Ausländer raus!« skandierte, liegt laut Mahler nur daran, dass »die Überfremdung als solche damals noch nicht ins Bewusstsein der Menschen gedrungen ist«. Sonst hätte er wohl »auch damals schon Partei ergriffen, für meine von innerer Vertreibung betroffenen Landsleute«.

Andere Zeitzeugen haben die 68er-Rebellion ganz anders erlebt. »Es ist Wahnsinn, das ist eine geschichtliche Lüge, schlicht und ergreifend«, sagt der Ex-Kommunarde und Ex-Terrorist Bommi Baumann über Mahlers Rückschau auf den angeblich »nationalen Sozialismus« der Studenten. »Deutsche Kultur war uns scheißegal, wir haben Rock 'n' Roll gehört. Also mich hat doch Little Richard mehr interessiert als Richard Wagner.« In gewisser Weise sind wohl beide Erfahrungen wahr: Sie beschreiben die fröhliche und die düstere Seite der linken Subkultur der sechziger und siebziger Jahre. Die einen kifften, vögelten und hörten Little Richard, die anderen rauchten Rothändle auf Kette und diskutierten nächtelang über Lenin und Mao. Übergänge waren fließend. Es gab damals eben nicht nur antiautoritäre Progressive, sondern auch Marxisten-Leninisten, die später bei den totalitären K-Gruppen landeten, oder eben, wie Mahler, bei der RAF. Das wird heute vergessen, wenn man entsetzt auf Mahler und andere Ex-APO-Größen blickt, die zu nationalen Sozialisten degeneriert sind.

Mahler dachte immer konsequent reaktionär. Er verachtete die Freiheit und war besessen von einer höheren Mission: dem Kampf gegen Amerika. In den USA lokalisierte sowohl der frühere linke als der heutige rechte Mahler die Weltzentrale des Kapitalismus und Liberalismus. Als NPD-Anhänger hat er lediglich noch Judenhass beigemischt. Aber nicht mal das ist neu. Schon als RAF-Kämpfer ließ er sich bei palästinensischen Guerillas in Jordanien ausbilden, die »die Juden ins Meer treiben« wollten. Im Ausbildungscamp kam noch ein weiteres Leitmotiv der Mahlerschen Geisteshaltung zum Ausdruck: Gewalt-Faszination. Sie ist für Intellektuelle nicht untypisch, die unter dem Komplex leiden, schwächliche »Kopfmenschen« zu sein. Mahler, so ein Zeitzeuge, spielte sich in Jordanien sogar als Vorsitzender eines »Volksgerichtshofes« auf. Dieser verhängte ein Todesurteil über einen potenziellen Verräter in der eigenen Gruppe. Mahler streitet dies heute allerdings ab und behauptet, Baader und Meinhof seien die furchtbaren Richter gewesen. Der geplante Fememord wurde in letzter Minute von den Palästinensern verhindert.

1968 rief Mahler protestierenden Studenten zu, dass in einer Revolution eben wie im Straßenverkehr mit Opfern zu rechnen sei. »Die neue Straßenverkehrsordnung« hieß später der ironische Titel eines Grundsatztextes der RAF. 1972 lautete sein Schlusswort vor Gericht als angeklagter Terrorist: »Mit den Bütteln des Kapitalismus redet man nicht, auf die schießt man.« Heute formuliert er seine Gewaltfantasien etwas vorsichtiger. Den Klartext überlässt er lieber seinem Freund und Koautor Reinhold Oberlercher. Der war zu APO-Zeiten ein linker Studentenführer in Hamburg. Vor Fernsehjournalisten erläuterte Oberlercher ohne Scheu, wie im zukünftigen Vierten Reich »die Frage der Entausländerung technisch durchgeführt wird«. Nichtdeutschstämmige und Juden sollten das Aufenthaltsrecht aberkannt bekommen. Wenn sie sich dann weiterhin illegal im Lande aufhielten, sei ihr Vermögen einzuziehen. Für die, die dann immer noch nicht flüchten, empfiehlt der Anhänger »des deutschen Sozialismus und der deutschen Nation« folgende Behandlung: »Na ja, also ich bitte Sie, dann sitzen sie erst mal in einem deutschen Zuchthaus.« »Die Motivation«, so Mahler in einem Interview, »bei den Jungen, die damals zur Waffen-SS gegangen sind, und bei denen, die dann zur RAF gegangen sind, hat was Gemeinsames, eine Idee. Wo man sagt: Die müssen wir in der Welt durchsetzen, gegen Widerstände, gegen Feinde.«

Rot und braun sind keinesfalls so gegensätzlich, wie es linke Antifaschisten gern hinstellen. Nicht nur Hitler und Stalin, auch Tausende ihrer Anhänger haben kollaboriert und nicht selten je nach Lage das Parteibuch gewechselt. »Ich bin ein deutscher Kommunist«, schrieb Joseph Goebbels im Jahre 1925. »Kommunisten« und »Nationalsozialisten« seien »aus dem gleichen Holz geschnitzt«. Wie Recht er darin hatte. Wenn Mahlers juristische Sicherungen gelegentlich durchbrannten, schwadronierte er von den »Abgründen des Judaismus, der die finanzielle Aussaugung der Völker sowie deren Vernichtung als Gebot predigt«. Den Terroranschlag auf das World Trade Center in New York, bei dem Tausende Menschen ums Leben kamen, begrüßte er mit den Worten, dies sei das »Ende des Jahwe-Kults und des Mammonismus«. Meistens verpackt er seinen Judenhass jedoch etwas geschickter und benutzt den Tarnbegriff »amerikanische Ostküste« als Code für die Juden in den Vereinigten Staaten: »Der Feind des deut-

schen Volkes – so wie aller Völker der Welt – ist die Krake, das
anonyme Geflecht des globalen Spekulationskapitals, das seinen Stützpunkt an der US-amerikanischen Ostküste hat und
von dort aus die Welt kontrolliert. Wer sich ein Bild von dieser
Krake machen will, sollte die Bücher von Hans-Peter Martin
und Harald Schumann, ›Die Globalisierungsfalle‹, und von
George Soros, ›Die Krise des globalen Kapitalismus‹, lesen. Das
ist Pflichtlektüre für jeden Patrioten.« Wer hätte das gedacht:
Horst Mahler bezieht sein Weltbild aus Kultbüchern der zeit-
geistigen Anti-Globalisierungskämpfer, die sich selbst als links
definieren. Wie sie sieht er überall »Unterernährung, Umweltzerstörung und Überbevölkerung« und empfiehlt dagegen »die
nationalrevolutionäre Überwindung des Globalismus«. Da sage
noch einer, der Mann sei sich nicht treu geblieben. Lässt man
das Wörtchen »national« mal beiseite, klingt alles ganz ähnlich
wie bei Hans-Christian Ströbele, seinem ehemaligen Genossen
aus dem »Sozialistischen Anwaltskollektiv«, der sich zum linken Globalisierungsgegner entwickelte.

Auf einem NPD-Parteitag begann Mahler seine Rede mit Zi-
taten aus dem linksradikalen Kampfblatt *Jungle World*. Die
Weltgemeinschaft befinde sich in einem »zentralen Konflikt«
mit den Vereinigten Staaten. Die »mentale Identität« schlechthin stehe auf dem Spiel. Mahler möchte eine gemeinsame Bewegung schaffen, in der sich Nazis, Linksradikale und Konservative versöhnen, um gemeinsam gegen Globalisierung und
Liberalismus zu kämpfen. Vielleicht sind morgen schon islamische Fundamentalisten mit im Boot. Auf Mahlers Website
erklärte eine rechtsradikale Gruppe: »Der Luftkrieg des noch
unbekannten Todeskommandos hat das Herz dieses Unge-
heuers getroffen und für einen Tag gelähmt.« Die Anschläge
auf die USA seien »ein Befreiungskrieg«, »eminent wirksam
und deshalb rechtens«. Mahler selbst raunte, »der Geist (Hegels?, die Verf.) hat den Arabern den Dolch geführt«. Freund Le
Pen aus Frankreich ist schon einen Schritt weiter. Der Führer

der Front National erklärte, nicht die Ausländer seien das Problem, sondern nur die internationalen kosmopolitischen Unternehmen. Dafür hätte er von den Demonstranten in Seattle, Göteborg und Genua durchaus Applaus bekommen können. Im April 2001 mobilisierten Neonazis gegen Atommüll-Transporte. »Alle Nationalisten« wurden in Flugschriften und via Internet aufgefordert, sich mit den Castor-Gegnern im linken politischen Spektrum »hemmungslos zu solidarisieren«. Auch beim Thema Umwelt haben die Übereinstimmungen zwischen Linksradikalen und Rechtsradikalen beachtlich zugenommen. »Das Wesen der Moderne ist die äußerste Gefährdung der Gattung durch sich selbst«, warnt Mahler. Von der ökologischen Plattform der PDS tönt es ebenso pathetisch: »Die Zivilisation rast auf eine ökologische Richtstatt zu.« Dies erfordere eine »ökosoziale Rettungspolitik gegen die Totalkrise«. Wie Mahler fordern auch die PDS-Ökos eine »umfassende kulturelle Volksbewegung« und den »Auszug aus den euroamerikanischen Wohlstandsburgen«, in denen »Wohlstand, Wachstum und Fortschritt zu Götzen geworden« sind. Da hilft eigentlich nur noch eines: »Widerstand gegen die Barbarei des Marktes« (Viviane Forrester), oder, wie es eine NPD-Broschüre vorschlägt: »Den bestehenden Widerspruch zwischen Ökonomie und Ökologie durch eine bedarfsorientierte Wirtschaft lösen, das Produktionsvolumen dem tatsächlichen Bedarf anpassen und somit die natürlichen Ressourcen sichern.« Wie sich die Utopien doch gleichen.

Obwohl die meisten Globalisierungsgegner gern so tun, als hätten sie ein Mandat von den Armen in der Dritten Welt, lassen sie gelegentlich die Katze aus dem Sack, wenn sie tatsächlich einmal konkret gefragt werden (was leider viel zu selten geschieht). Die Wunschvorstellung des französischen Bauernführers und Idols der Globalisierungsgegner, José Bové, lautet so: »Es sollte allen Ländern erlaubt sein, Schutzzölle auf Agrarprodukte zu erheben.« Also Protektionismus pur. Doch durch solchen Protektionismus werden gerade die Ärmsten vom Weltmarkt ausgeschlossen. Das wenige, was sie herstellen oder ernten, wird damit an den Grenzen Europas und Nordamerikas durch Zollmauern weiter draußen gehalten. Auf typische Produkte aus Entwicklungsländern, wie Schuhe und Textilien, werden zwischen 15 und 30 Prozent Zoll erhoben, auf Obst und Gemüse sogar bis zu 550. Das ist nicht nur ungerecht, sondern das Gegenteil von Freihandel und Globalisierung. Bové weiß es natürlich besser: »Die meisten Kleinbauern Südamerikas sind mit uns einer Meinung: Sie wollen für den Bedarf im eigenen Land produzieren.« Na prima: Die Kleinbauern in Südamerika sollen schön klein bleiben und Europas Bauern sollen weiterhin mit Steuergeldern subventioniert und mit Zöllen vor der ausländischen Konkurrenz behütet werden. Der angeblich linke Revolutionär Bové denkt da nicht weniger reaktionär als Gerd Sonnleitner, der Chef des deutschen Bauernverbandes.

Gemeinsamer Feind dieser anachronistischen Rechts-Links-Koalition ist der böse Allzweckbuhmann Neoliberalismus. Wo immer Mahler ihn erblickt, erwacht in ihm der Schnellrichter, und er verurteilt den »aggressiven Liberalismus«, den »Globalismus«, den »kosmopolitischen Zynismus«, den »American Way of Life«, die »atomisierte liberale Gesellschaft«. Seine Anklage: »Nie haben sich Menschen so ausgehöhlt und so nichtswürdig gefühlt wie die Menschen in der ›westlichen Wertegemeinschaft‹, die schon deshalb keine Gemeinschaft ist, weil sie keine Werte wirklich anerkennt.« Und wie konnte es dahin kommen? Die Liberalen haben seiner Ansicht nach nicht nur den Staat geschwächt, sondern auch Gott gelästert, denn »der Staat ist der Hüter des Glaubens an Gott«. Deutsche Christen seien »in der Anbetung des Mammons längst zu Juden geworden«. Liberalismus stützt sich auf die Aufklärung, weshalb Mahler auch das ganze »wissenschaftliche Weltbild« anwidert: »Das von der Moderne erfundene wissenschaftliche Weltbild ist eine einzige Ansammlung von Zweifelhaftigkeiten, weil die Logik, die ihm zugrunde liegt, selbst dem Zweifel ausgesetzt ist.« Ein guter Volksgenosse kennt hingegen keinen Zweifel. Während Mahler früher Kommunismus und Klassenkampf als die probaten Mittel erschienen, um diese »Dekadenz« zu beenden, so schwebt ihm heute eher eine »Rosskur« vor, die zu einem »straffen Regiment« führt. Aber im Großen und Ganzen läuft es auf dasselbe hinaus: »Betriebe in staatliche Regie«, »Arbeitsdienst«, »Kriegswirtschaft«, »Lebensmittelkarten«. Irgendwie scheint ihn seine Nachkriegskindheit sehr geprägt zu haben. Ein neuer »nationaler Wiederaufbau« nach Mahlers Muster soll »Tradition, Religion und Nation« wieder erstarken lassen. Armer Horst Mahler, der sich an solchem braunen Tobak berauschen muss. Hätte er 1968 doch nur mal zum Joint gegriffen und eine Little-Richard-Scheibe aufgelegt. Vielleicht wäre ja ein »Liebling Kreuzberg« aus ihm geworden.

2. Wir wollen unsern alten Kaiser Erich wieder haben

Die Lage im Osten ist besser als die Stimmung. Gregor Gysi und die PDS profitieren von der Unzufriedenheit und untergraben die Zukunftsfähigkeit Ostdeutschlands. Eigeninitiative und Selbstverantwortung sollen wieder bei der Partei abgegeben werden.

Mecklenburg-Vorpommern ist schön. Die historischen Innenstädte von Schwerin und Wismar wurden so prächtig restauriert, dass sie sogar Lübeck in den Schatten stellen. Die neu erblühten Ostseebäder melden Jahr für Jahr mehr Feriengäste. Ökobauern bewirtschaften mehr Fläche als in jedem anderen Bundesland. Drei Nationalparks zählen zu den Kleinoden des

deutschen Naturschutzes. Und die liebliche Landschaft berei-
tet bayerischen Fremdenverkehrsbüros ernsthafte Sorgen.
Dennoch ist die Stimmung in Mecklenburg-Vorpommern
schlecht. Sperrt man dort die Ohren auf, wird auf Schritt und
Tritt genörgelt und gemeckert. Viele junge Leute sehen ihre
Zukunft in Westdeutschland, und viel zu viele sind auch schon
dorthin gezogen. Ein großer Teil der älteren Bevölkerung hat
die PDS in die Regierung gewählt, ein kleiner Teil der jüngeren sympathisiert mit den Hassparolen der Neonazis. An Wo-
chenenden machen betrunkene junge Männer die schönen Al-
leen unsicher und rasen mit dem GTI in den frühen Tod.

Warum so schlechte Laune? In seinem Buch »Arbeiten wie
bei Honecker, leben wie bei Kohl« versuchte der Autor Thomas Roethe die Gemütslage in den neuen Bundesländern zu
erklären. Er beschreibt das psychosoziale Fundament der DDR
als heimlichen Gesellschaftsvertrag zwischen Parteibonzen
und Volk: Ihr lasst uns in Ruhe, dafür lassen wir euch in Ruhe.
Wer linientreu war und nicht aufmuckte, konnte ein recht be-
hagliches Leben führen, in dem Leistung keine große Rolle
spielte. Man war gefangen, aber man hatte es gemütlich. Daher, so Roethe, reagieren viele DDR-sozialisierte Menschen
mit Angst oder Aggression auf ein neues Gesellschaftssystem,
welches – zumindest idealtypisch – auf Leistung, Selbstverantwortung und Eigeninitiative basiert. Der so entstandene Frust
spülte die PDS und rechtsextreme Dumpfbacken nach oben.
Kohl und Schröder versuchten mit bisher zirka einer Billion (!)
Euro die Stimmung ein bisschen zu heben. Vergeblich. Die
Wirkung dieser größten Finanzhilfe, die jemals einer Gesellschaft zur Verfügung gestellt wurde, blieb bescheiden. Über
die Hälfte davon wurde konsumtiv verbraucht. Der von westlichen und östlichen DDR-Nostalgikern gestrickte Mythos von
den »hochmütigen westdeutschen Siegern« (Günter Gaus),
die den schwächeren, aber sympathischen kleinen Staat rück-
sichtslos okkupierten, blieb bis heute überaus populär.

Eine Billion Euro, das ist etwa zweimal so viel wie das jährliche Bruttoinlandsprodukt Estlands, Lettlands, Litauens, Polens, der Slowakei, Sloweniens, Tschechiens, der Ukraine, Ungarns und Weißrusslands zusammen, also des gesamten ehemaligen Ostblocks außer Russland. Dennoch bleibt »die Gemütsverfassung so miserabel«, schreibt der brandenburgische Schriftsteller Rolf Schneider. Das Klagen der Bürger empfindet er als »so anhaltend und ihr Verhalten so lethargisch, als befänden sie sich noch inmitten der Ära Honecker«. Für den polnischen Politologen Jerzy Maćków stehen Unzufriedenheit und Subventionen in einen Zusammenhang: »Viele Ostdeutsche reklamieren, wie eine Kolonie behandelt zu werden, ohne zuzugeben, dass ebendiese Kolonisierung ihnen eine geschichtlich einmalige Steigerung des Lebensstandards gebracht hat. Es ist eine beispiellose Abfederung des Vereinigungsprozesses, die es Ostdeutschen erlaubt, in sowjetischer Mentalität zu verharren.« Die Bundestagsabgeordnete und frühere Bürgerrechtlerin Vera Lengsfeld schreibt: »Der größte Fehler war, die Eröffnungsbilanz zu verschönen. Die Bevölkerung in Ost und West wurde mit dem Ausmaß des wirtschaftlichen Bankrotts, der ökonomischen und sozialen Verwüstung, die das SED-Regime hinterlassen hatte, nicht ernsthaft konfrontiert.« Dass die alte Arbeitswelt der DDR auf einem offenen Markt zusammenbrechen musste, wollen viele Ostdeutsche bis heute nicht wahrhaben. Der Zusammenbruch unrentabel wirtschaftender Betriebe und die Streichung unproduktiver Arbeitsplätze wird als soziale Kälte des Kapitalismus verbucht und nicht als Ergebnis jahrzehntelanger Misswirtschaft.

Ähnlich wie nach der Nazizeit, wird in Ostdeutschland die DDR-Vergangenheit im Eiltempo verdrängt. Viele wollen die Verbesserung der Umwelt und des Lebensstandards einfach nicht wahrhaben. Dabei ist der Fortschritt kaum zu übersehen: Luft und Gewässer sind sauber, die Infrastruktur funktioniert wieder, die Wohnhäuser wurden größtenteils renoviert und Altstädte feiern eine prachtvolle Wiederauferstehung. Der Wohlstand ist so deutlich gestiegen, dass heute mancher Arbeitslose über ein höheres Einkommen verfügt als ein Arbeiter in der DDR. Die ostdeutschen Renten wurden seit der Wiedervereinigung um 159 Prozent angehoben. Die durchschnittliche Wohnungsgröße ist gestiegen und der Wohnungsstandard hat sich deutlich erhöht. Sogar die Exportquote der ostdeutschen Industrie steigt erfreulich. Kurz nach der Währungsunion lag das Monatseinkommen von Industriearbeitern und -angestellten im Durchschnitt noch bei 696 Euro, weniger als die Hälfte dessen, was die Kollegen im Westen verdienten (ganz abgesehen davon, dass man durch den chronischen Warenmangel das Geld nicht einmal vernünftig ausgeben konnte). Ein Jahr vor dem Fall der Mauer hatte SED-Planungschef Gerhard Schürer sogar eine Senkung des Lebensstandards gefordert, weil die DDR sonst bald pleite gehe. Der Verschleißgrad in einigen Industriezweigen lag damals laut Stasi-Berichten bei 50 Prozent. Vom Zustand der Umwelt und der Städte ganz zu schweigen.

All dies scheint jedoch vergessen. Die Bankrotteure und Unterdrücker von gestern traten plötzlich als Menschenfreunde und Anwälte der Gerechtigkeit auf. »Der Umbau der alten Wirtschaftsstrukturen musste zu offener Arbeitslosigkeit führen. Die Nachfolgepartei der SED nützte diese zwangsläufige Folge der gescheiterten Planwirtschaft sehr geschickt aus und buchte sie auf das Sündenkonto des Kapitalismus«, sagt Vera Lengsfeld. »Die PDS schaffte es, die Probleme der in Unselbstständigkeit gehaltenen Menschen mit der offenen Gesellschaft als Fehler der Vereinigung hinzustellen und bedient populistisch antiwestliche Ressentiments.« Die alten Kader haben ihre verblüffende Wiederauferstehung und Exkulpierung zu einem erheblichen Teil einem Mann zu verdanken, der sie mit sicherem Machtinstinkt durch die Zeit der friedlichen Revolution führte: Gregor Gysi, dem heutigen Wirtschaftssenator von Berlin. Unter Gysis politischer Verantwortung als letztem SED-Chef verschwand ein Teil des heute vermissten, auf über zwölf Milliarden Euro geschätzten DDR-Vermögens. Seine Zusammenarbeit mit der Staatssicherheit wurde vom Bundestag als erwiesen angesehen. Doch wie kaum ein anderer Reaktionär versteht er es, in die Rolle des Progressiven und Reformers zu schlüpfen. Als Dauergast in Talkshows entfaltet er blumige Fantasien vom demokratischen Sozialismus. Sein eigentliches Politikprojekt ist jedoch viel handfester als seine populären Sonntagsreden: Er will die Interessen der alten DDR-Eliten sichern. Denn wenn die früheren Kader schon keinen eigenen Staat mehr haben, so haben sie doch immer noch eine ziemlich erfolgreiche Partei. Und die lebt vom Wachhalten ostdeutscher Ressentiments. Gysi selbst macht aus der Klientelpolitik keinen Hehl. In seinem Bestseller »Ein Blick zurück, ein Schritt nach vorn« schreibt er, es sei der größte Fehler des Vereinigungsprozesses gewesen, »in der ostdeutschen Teilgesellschaft einen Elitenwechsel zu organisieren«. Im Klartext: Hätte man nur die alten Bonzen in ihren Chefsesseln belassen, wäre der Systemwechsel gar nicht so übel gewesen. »Nimmt man einer Gesellschaft ihre Eliten«, schreibt Gysi, »wird die gesamte Gesellschaft zweitklassig ... Nur ostdeutsche Eliten hätten die ostdeutsche Bevölkerung von der Notwendigkeit der Umstrukturierung einigermaßen überzeugen können. Nur sie wären in der Lage gewesen, durch Selbstwandel eine schrittweise Veränderung des geltenden Wertesystems zu bewirken.« Das wäre bestimmt eine schöne Gesellschaft geworden: Mallorcaurlaub, volle Supermärkte, aber weiterhin staatliche Auflagegarantie für das *Neue Deutschland*, damit die Redaktion nicht arbeitslos wird. Mit erfreulicher Offenheit jammert Gysi darüber, dass parteitreue Staatsanwälte ihren Job verloren haben und »kein einziger General der NVA in die Bundeswehr übernommen wurde«. Die Stasiaktenbehörde ist aus seiner Sicht lediglich ein »Instrument zur Auswechslung der Eliten«. Aber zum Glück gibt es ja immer noch Gregor Gysi und die PDS: »So blieb es allein der PDS überlassen, sich auch für die ostdeutschen Eliten einzusetzen ... In Ostdeutschland wurde den Eliten der Status genommen. Es gab außer der PDS keine einzige Partei, die sich für sie einsetzte.« Und das hat sie dann auch fleißig getan. In seinem Insiderbericht »DDR-Nostalgie oder linke Alternative. Meine Reise durch die PDS« resümiert das ehemalige PDS-Mitglied Christian von Ditfurth, die Partei kenne nur einen Schwerpunkt: »Die Verteidigung ostdeutscher Interessen, vor allem der PDS-Klientel.« Fast alle Aktivitäten der ersten PDS-Bundestagsfraktion standen im Dienste dieser Klientel. Es ging in den Anträgen um »Kündigungsschutz für bisherige Angehörige des öffentlichen Dienstes der ehemaligen DDR«, »Spionage-Amnestiegesetz«, »Weitere Behandlung der Altkredite der LPG-Rechtsnachfolger« und so weiter und so fort. »Es gibt kein Grundsatzdokument der PDS«, schreibt Ditfurth, »in dem auch nur annährend so detaillierte Forderungen erhoben werden wie im ›Programm zur Vertretung ostdeutscher Interessen‹ vom Sommer 1995.« Darin nimmt sich die Partei der Besitzer von Eigenheimen und Wochenendhäuschen ebenso liebevoll an wie der angeblich diskriminierten ostdeutschen Künstler. Ex-Mitglied Ditfurth erlebte die PDS als eine konservative, vergangenheitsfixierte Partei, die sich als Rächerin der entmachteten DDR-Eliten profiliert und dies mit viel ideologischem Geschwurbel als linke Politik ausgibt. »Die so genannten ostdeutschen Interessen, als deren authentische Vertreterin sich die PDS in hohem Maße durchgesetzt hat, haben weitgehend einen antikapitalistischen Inhalt«, schreibt der PDS-Historiker Heinz Karl und erhebt somit die Gesamtheit der Ostdeutschen zur ideellen Nachfolgerin der entschwundenen Arbeiterklasse.

Oftmals waren diese Interessen sehr konkret und keinesfalls im Sinne aller Ostdeutschen. Als die SED in PDS umgetauft wurde, machten sich die Finanzleute der Partei in Windeseile daran, das gewaltige Parteivermögen von der Bildfläche verschwinden zu lassen. »Gysi und seine Leute«, so der ehemalige Berliner SED-Chef Günter Schabowski, »waren hinter dem Geld her wie der Teufel hinter der Seele.« Nie zuvor in der deutschen Geschichte hat eine Partei so viel Geld verschoben. Auf dem Parteitag 1989 beschwor Gregor Gysi die Genossen, »keine Auflösung der SED zu beschließen, da sonst das Parteivermögen verloren geht«. Große Teile der SED-Milliarden wurden ins Ausland geschafft oder als Darlehen an zuverlässige Genossen überwiesen. Viele der so großzügig bedachten Parteifreunde spenden es vermutlich inzwischen in die PDS-Parteikasse zurück, gestückelt in kleinere Beträge, denn Spenden unter 10000 Euro sind laut Parteiengesetz nicht kennzeichnungspflichtig. Der frühere Leiter der Zentralen Ermittlungsstelle für Regierungs- und Vereinigungskriminalität (ZERV), Manfred Kittlaus, schätzt das Volumen der nach dem Mauerfall veruntreuten DDR-Gelder auf über zwölf Milliarden Euro. »Ich sehe Gysi als einen Machtartisten«, schrieb Wolf Biermann, »der in der Wendezeit wie ein gewiefter Stratege den geordneten Rückzug der geschlagenen DDR-Nomenklatura kommandiert. Er hat den Zusammenbruch der allmächtigen Partei als sanfte Metamorphose organisiert. Es geht hier auch nicht nur um ein Pfund Moral und um eine Hand voll Millionen, sondern um einen mehrstelligen Milliarden-Besitz aus DDR-Zeiten. Weltweit verschachtelte Kapitalanlagen, schlafende Beteiligungen, durch konspirative Privatpersonen abgeschottet, Konten auf jeder Bank der Welt, Privatbanken in manchem Land der Welt. Dagegen sind SPD und CDU und FDP und Grüne sowieso allesamt arme Kirchenmäuse. Die SED schafft mit Gysis Hilfe die politische Quadratur des finanziellen Kreises: Sie hat sich über die juristische Organisationsstufe der SED/PDS in eine neue Partei verwandelt, die die alte ist und – ein juristisches Zauberkunststück – zugleich auch nicht ist. Mit Hilfe dieser Konstruktion blieben die entmachteten Kader Besitz- und Rechtsnachfolger der antidemokratischen DDR-Staatspartei. Gysi steht also der lachenden Erbengemeinschaft einer kriminellen Bande marxistelnder Ausbeuter, Mörder, rot getünchter Heuchler und Unterdrücker vor, die sich mit neuem Firmenschild wie ein schuldlos neugeborenes Kind in das wiedervereinigte Deutschland rettete.« So schön und so treffend kann es nur Biermann sagen.

Trotz der Blockadehaltung der Altkader war der Aufschwung in Ostdeutschland jedoch nicht völlig aufzuhalten. Über ein Jahrzehnt nach der Revolution sind die Städte und das Land um Klassen schöner geworden und die meisten Menschen wohlhabender. Mit der Währungsunion hatten sich viele Alltagsprobleme der DDR-Bürger in Luft aufgelöst, der ewige Mangel war endlich vorbei: volle Läden, befahrbare Straßen, komfortable Wohnungen. Doch gleichzeitig wurde die sozialistische Vergangenheit im Rückblick immer rosiger. Und wie im Westen schließen sich Wohlstand und wohlfeiler Antikapitalismus keinesfalls aus. Im zweiten Jahrzehnt nach dem Mauerfall ist die PDS nicht die Partei der verarmten Arbeitslosen im Plattenbau, sondern viel eher die geistige Heimat gut situierter Mittelschichten, die ein bisschen Klassenkampfnostalgie und Anti-Globalisierungs-Rhetorik schick finden. In Berlin-Hellersdorf, einem östlichen Nobelviertel mit schmucken Einfamilienhäusern und gepflegten Gärten, kam die PDS bei der Berliner Wahl im Oktober 2001 auf 51 Prozent. Im westlichen Stadtteil Dahlem, einer Villengegend nahe der Freien Universität, erreichte die SED-Fortsetzungspartei stattliche zwölf Prozent. Im Jahr 2002 sind die SED-Nachfolger in Berlin und Mecklenburg-Vorpommern wieder an der Macht, können von bequemen Regierungsbänken aus den Kapitalismus verdammen und weiter für miese Laune sorgen. Gegen Demokratie und Marktwirtschaft wird die PDS zwar langfristig verlieren, schade nur, dass die Entwicklung durch die von

Gysi und Co. geschürten Ressentiments erheblich verzögert wird. Ein Blick in die ehemaligen Bruderstaaten der DDR vermittelt einen Eindruck davon, wie dynamisch sich die Marktwirtschaft zwischen Ostsee und Erzgebirge entfalten könnte, wenn die Stimmung nicht von DDR-Nostalgie und Selbstmitleid beherrscht würde, sondern von Zukunftsoptimismus und Unternehmergeist.

Wie ging zum Bespiel Polen mit seiner frisch errungenen Freiheit um, ein Land, das keinen alten kapitalistischen Westteil besaß, der mal eben mit einer Billion Euro aushalf? Während sich die ostdeutsche Wirtschaft vielerorts auf Subventionen ausruhte, kam Polen in Schwung. Fast dreimal schneller als in der Bundesrepublik stieg der Lebensstandard der Polen. Im westlichen Polen gab es bereits im Jahr 2001 weniger Arbeitslosigkeit als in Brandenburg. Das Einkommensgefälle, das früher zwischen Ostdeutschland und Polen zwölf zu eins betrug, ist in den grenznahen Regionen auf vier zu eins geschrumpft – mit weiter abnehmender Tendenz. Deutsche Unternehmer, die Betriebe auf beiden Seiten der Oder gründeten, haben trotz hoher Arbeitslosigkeit Probleme, in Deutschland motivierte Arbeitskräfte zu finden, nicht jedoch in Polen. Mit einem durchschnittlichen Wachstum von fast fünf Prozent zwischen 1992 und 2000 ist es Polen gelungen, seine Wirtschaftsleistung um 50 Prozent zu steigern. Auch wenn das Land gegen Ende des Jahres 2001 in eine konjunkturelle Flaute rutschte und die Arbeitslosigkeit wieder anstieg, so kann sich die Gesamtbilanz der Transformationszeit doch sehen lassen. Junge Unternehmen waren der Wachstumsmotor des polnischen Wirtschaftswunders. Die fast 140 000 polnischen Privatunternehmen erwirtschaften siebzig Prozent des Bruttoinlandsproduktes und haben die schleppend privatisierten Staatsbetriebe souverän abgehängt. Polen ist damit keine Ausnahme: Osteuropa war im Jahr 2000 die Weltregion mit der höchsten wirtschaftlichen Dynamik. Schon bevor diese

Länder zur EU gehören, wird in Polen, Ungarn und Tschechien mehr investiert, als dies in Spanien und Portugal kurz nach deren EU-Beitritt der Fall war. Nach einer Umfrage des Kölner Instituts der deutschen Wirtschaft haben bereits 56 Prozent der deutschen Unternehmen in Ost- und Mitteleuropa investiert, kaum weniger als im westeuropäischen Ausland (60 Prozent). Bei den kleinen und mittleren Unternehmen ist es sogar umgekehrt: 55 Prozent im Osten, 43 im Westen. Allein 100 000 Jobs in Deutschland hängen mittlerweile vom Handel mit Polen ab.

Die Menschen in Ostdeutschland sind nicht dümmer oder fauler als die Menschen in Polen oder Tschechien. Viele haben sich jedoch in einer postsozialistischen Depression eingerichtet, in der Eigeninitiative und Selbstverantwortung keinen Platz haben. Und kaum jemand traut sich, diese Wahrheit auszusprechen. Sowohl Schröder als auch Stoiber glauben, dem Problem mit weiteren Milliardentransfers aus dem Weg gehen zu können. Und auch der Bundesverband der Deutschen Industrie (BDI) fordert, dass die Subventionierung ostdeutscher Betriebe weiter fortgesetzt wird. Als einer von wenigen hatte der frühere SPD-Bundeskanzler Helmut Schmidt den Mut, öffentlich darüber nachzudenken, ob es auch anders gehen könnte. Der Osten, so schlug er vor, soll für zwei Jahrzehnte von drückenden Vorschriften befreit werden: Deregulierung des Arbeitsmarktes, Entschlackung der Bürokratie, Aufhebung der Flächentarife. Doch zu groß ist die Angst, dass die Ostdeutschen solche liberalen Zumutungen bei den Wahlen abstrafen würden. So bleibt es beim jährlichen Transfer von 75 Milliarden Euro. Die alten Kader freuen sich und legen unbeirrt den Rückwärtsgang ein. Sie verklären die DDR als ein im Grunde besseres System mit kleinen Fehlern. In einer Allensbach-Umfrage im Jahr 2001 erklärten gerade mal zwölf Prozent der PDS-Genossen, dass Demokratie die beste Staatsform sei. Die PDS-Vorsitzende Gabi Zimmer berief im gleichen Jahr

einen Ältestenrat, der ihr sowohl bei der »Wertung histori-
scher Ereignisse« als auch bei der »Gestaltung sozialistischer
Politik heute« zur Seite stehen soll. Die 34 Mitglieder sind fast
ausschließlich ehemalige Parteibonzen bis hin zu Ministern.
Schade, dass ein Teil der Ostdeutschen diese anachronistische
und antidemokratische Truppe immer noch für ihre Interes-
senvertreter hält. So kann man den Fortschritt blockieren und
gleichzeitig den Stillstand bejammern. Dass jedoch manche
ihr eigenes Klagelied selbst nicht so ganz glauben, zeigt sich,
wenn die Demoskopen konkrete Fragen stellen. Auf die Frage,
ob sich ihre persönlichen Lebensbedingungen seit 1990 verbessert oder verschlechtert hätten, klagten im Jahr 2000 nur
16 Prozent der Ostdeutschen über Einbußen. Auch die Frage,
ob man besser die Planwirtschaft wieder einführen sollte, wird
von einer soliden Mehrheit verneint.

3. Die Hüter der verlorenen Werte

*Konservative Kulturpessimisten wie Botho Strauß und Peter Gau-
weiler leiden ganz arg unter der Spaßgesellschaft und warnen uner-
müdlich vor einem rasenden Verfall der Sitten. Mit Erfolg: Immer
mehr bedienen sich beim billigen Ethik-Jakob und rufen nach Werten, Tiefe, Pflicht und Tradition.*

Rasen betreten verboten. Spielen im Hof verboten. Besuch
nach 18 Uhr verboten. Blechschilder mit solchen Verboten galten mal als typisch deutsch. Das hat sich zum Glück geändert.
Im letzten Drittel des 20. Jahrhunderts sind die Deutschen etwas entspannter und lockerer geworden. Aus Untertanen wurden Demokraten, aus Hausherren Familienväter, aus Philis-
tern Bobos (die Abkürzung von Bourgeoise Bohemians – so

hat der Amerikaner David Brooks die neue Oberschicht ge-
tauft, bei der Geld, Kultur und demonstrativer Nonkonformis-
mus eine erfolgreiche Symbiose eingehen). Der klischeehafte
wilhelminische Prinzipienreiter wirkt aus heutiger Sicht so ko-
misch, dass er nicht einmal mehr als Bösewicht für James-
Bond-Filme taugen würde.

In den Feuilletons wird darüber debattiert, wie es zu dieser
Auflockerung der deutschen Sitten kommen konnte. Waren es
die Amerikaner oder die Achtundsechziger (manche von ihnen sind äußerst erpicht auf diese Urheberschaft)? Waren es
die Medien, der wachsende Wohlstand oder der Siegeszug der
Frauen an den Unis? Womöglich wird der Einfluss unserer liberalen Nachbarn in Holland und Skandinavien unterschätzt,
die Pille, der Hüftschwung von Elvis Presley oder die antiautoritäre Subversion der Augsburger Puppenkiste. Wer oder was
auch immer daran schuld war: Der Rasen darf nun betreten
werden. Und das ist gut so. Die neue deutsche Entspanntheit
hat unser Land sympathischer, lebenswerter und zukunftsfähiger gemacht und vor allem toleranter. Ob ein Deutscher asiatische Gesichtszüge trägt oder jüdischen Glaubens ist, wird in
der Regel nur noch kurz zur Kenntnis genommen, ist aber
kein abendfüllendes Thema mehr. Härte und Unerbittlichkeit
gelten in der Kindererziehung als verfehlt. Die Sexualität ist
Verhandlungssache zwischen den Geschlechtern geworden
und hat den Ruch der Sünde größtenteils abgestreift. Die
meisten Bürger lassen sich von Amtspersonen nicht mehr
ohne weiteres einschüchtern. Und sogar Humor ist jetzt auch
außerhalb der Karnevalszeit erlaubt. Die meisten Deutschen
und die meisten Menschen, die Deutschland besuchen, empfinden dies als wohltuenden Fortschritt.

Die offene Gesellschaft wurde Alltagswirklichkeit. Für die
Zukunft können wir uns nur wünschen, dass dies so bleibt,
denn das entkrampfte Klima lässt Experimentierfreude und
Innovationskraft gedeihen, wo der alte Obrigkeitsstaat kreative

Potenziale brachliegen ließ oder unterdrückte. Heinrich Manns »Untertan« war ein Sohn des Kohle- und Stahl-Zeitalters. In der Informations- oder der Biotechnologie, der Medienwirtschaft oder der Tourismusbranche wäre er schwer vermittelbar. Aber wie jeder Fortschritt hat auch dieser seine Schattenseiten. Manche Menschen verstehen Leid, Schmerz und Trauer nicht mehr als Bestandteile des Lebens, sondern als lästige Störfälle, die schleunigst wegtherapiert werden müssen. Manche verwechseln Liebe und Sexualität mit Leistungssport. Und manche tragen Coolness und Lockerheit so verkrampft und aufdringlich zur Schau wie ihre Großväter Pflichtbewusstsein und Ordnungssinn. Doch die meisten Bürger verkraften diese unangenehmen Nebenwirkungen und kaum einer wünscht sich deshalb den alten Obrigkeitsstaat zurück.

Und dennoch: Die Entwicklung zu einer offenen Gesellschaft ohne Untertanenmentalität hat in der geistigen Landschaft Deutschlands zu einer merkwürdigen Verschiebung geführt. Radikale Linke und Neonazis sind nicht mehr die einzigen, die auf das böse westliche »System« eindreschen. Sie bekommen Verstärkung von Herren mittleren Alters in tadellos weißen Hemden mit goldenen Manschettenknöpfen, den Ordensrittern des rechten Konservatismus. Und wenn es auch kaum mehr ein Milieu gibt, das ihnen folgen mag, so haben diese Missionare der Pflichtgesellschaft in Feuilletons und Kommentarspalten beachtliches Terrain erobert. Mit Feuereifer und grollendem Pathos machen sie dort gegen einen Verfall der Moral mobil, den sie glauben diagnostiziert zu haben. Ob Comedy-Welle, Anglizismen in der Sprache, Kirchenaustritte oder Schwulenehe: In sorgenvoller Denkerpose und vom eigenen Weltekel ergriffen, beklagen sie den angeblichen Verlust von Tradition und Tiefe. Das deutsche Volk kann noch so arbeitsam, geduldig und politisch besonnen sein – es nützt ihm nichts. Unsere rechtskonservativen Intellektuellen vermö-

gen von ihrem elitären Sockel aus nur einen vergnügungs-
süchtigen, multikulturellen Pöbel zu erkennen, dem jeglicher
Sinn für wahre Werte abhanden gekommen ist.

Nach dem 11. September 2001 witterten die kulturpessimistischen Mahner ihre große Chance. In Talkshows und Leitarti-
keln verkündeten sie fast täglich, worauf sie schon so lange ge-
wartet hatten und was nun endlich eintreten sollte: das Ende
der verhassten »Spaßgesellschaft«. Der Westen sei schwach
und verletzbar, argumentierten sie, weil ihm die Werte abhanden gekommen sind. Durch die Verlockungen des Individualismus und Hedonismus seien die Bürger zu Naivlingen geworden, zu Riesenbabys, die sich nicht mehr wehren können.
Jetzt sei die Zeit gekommen für die Rückkehr zu nationalen
und religiösen Verbindlichkeiten. Nur wenn sich alle wieder
hinter Kreuz und Fahne versammeln, könnte das Abendland
dem Islamismus die Stirn bieten. Doch wohin zielte der Hass
der Terroristen? Sie hatten nicht den Vatikan angegriffen, sondern das World Trade Center, in ihren Augen die Zentrale eines gottlosen Kapitalismus. Für sie ist New York, der glitzern-
de Big Apple, eine Art Anti-Mekka, ein Mittelpunkt des Diesseits, des Dollars und der lockeren Sitten. Wer nach einer
»Rückkehr der Werte« ruft, tappt genau in die Falle der Fundamentalisten. Denn auf so einem Marsch nach rückwärts würden wir Gefahr laufen, ein Stück weit wie sie zu werden:
zwangsverpflichtet auf eine Sinn stiftende Weltanschauung
für alle. Doch Wahlfreiheit ist der Kern aller westlichen Werte,
dazu gehört auch die Wahl, nicht in die Kirche, Synagoge oder
Moschee zu gehen, die Wahl, militärische Symbolik albern zu
finden, und die Wahl lieber Rock 'n' Roll als Nationalhymnen
zu hören. Auch das Recht unpolitisch zu sein, das Recht, sein
Leben einfach genießen zu wollen, sind erhabene Menschenrechte, nicht schlechter oder unwichtiger als andere. Die Missionare der Pflichtgesellschaft werfen dem westlichen Liberalismus vor, dass er alles Transzendente Privatsache sein lässt.

Er sei schwach, weil er areligiös, unideologisch und vernunft-
betont ist und nur im Diesseits argumentiert. So wirkt er in
manchen Augen blutleer und kalt. Doch dieser Liberalismus
hat mehr als alle anderen politischen Strömungen das Leben
der Menschen verbessert. Freiheit und Markt ermöglichten
den Wohlstand des Westens. Alle Techniken, auf denen dieser
Wohlstand beruht, Auto, Computer, moderne Medizin, wurden in kapitalistischen Gesellschaften für kapitalistische Märkte entwickelt, ohne höheres Ziel und allgemein verbindlichen
Sinn. Damit hat der Liberalismus die schrecklichen Ideologien
der Vergangenheit besiegt und überlebt.

Freiheit und Toleranz sind die Hauptfeinde muslimischer
Fundamentalisten, viel mehr als das Christentum oder Nationalstaaten. Die Spaßgesellschaft und ihr liberaler Geist relati-
vieren hohlen Pathos und holen den erhabenen Blick vom
Himmel auf die Erde zurück. Solche Gleichgültigkeit gegenüber dem Transzendenten ist für gläubige Eiferer eine uner-
trägliche Provokation. Bezeichnenderweise berufen sich die
Gotteskrieger der Al Quaida auf die gleichen Werte, die rechtskonservative Kulturkritiker dem Westen empfehlen: Sie glauben unerschütterlich an Gott, sie sind in Traditionen verwur-
zelt, Individualismus ist ihnen ein Graus und abgesehen davon, dass sie andere Menschen ermorden, schwören sie auf
Sitte und Moral. Der konservative Schwerdenker Botho Strauß
fand diese Geisteshaltung schon lange vor dem 11. September
vorbildlich. Bereits 1993 schrieb er: »Dass ein Volk sein Sitten-
gesetz gegen andere behaupten will und dafür bereit ist, Blutopfer zu bringen, das verstehen wir nicht mehr und halten es
in unserer liberal-libertären Selbstbezogenheit für falsch und
verwerflich ... Nach Lage der Dinge dämmert es manchmal inzwischen, dass Gesellschaften, bei denen der Ökonomismus
nicht im Zentrum aller Antriebe steht, aufgrund ihrer geregelten glaubensgestützten Bedürfnisbeschränkung im Konfliktfall eine beachtliche Stärke oder gar Überlegenheit zeigen wer-

den.« Manchmal ist es schon unheimlich, wie sich feingeistige, sensible Intellektuelle an der wildromantischen »Stärke und Überlegenheit« bärtiger Glaubenskrieger hochziehen. Leider vergessen sie dabei, wer eigentlich das »Blutopfer« bringen soll.

Auch wenn offene Bewunderung für den Islamismus noch die Ausnahme ist, so teilen doch viele die Abneigung gegen den »Ökonomismus« des Westens. »Alles wird schneller, flexibler, mobiler«, klagt Norbert Blüm. »Niemand wird übersehen, dass dabei auch alte, stabilisierende Elemente des menschlichen Zusammenlebens zerstört werden: Heimat, Nachbarschaft, Familie.« Peter Gauweiler sieht bereits den »geistigen Tod« der Deutschen unmittelbar bevorstehen. Schuld daran sei die »Jauche der westlichen Popkultur« (ein Solschenizyn-Zitat, das sich der CSU-Politiker zu Eigen macht). Gauweiler hat ermittelt, dass die Deutschen sich »seit Hitler nicht mehr zu singen trauen. Kein schönster Wiesengrund mehr, wo unser Heimathaus stand. Kein treuer Husar, keine gesungene Bitte für den kranken Nachbarn, der auch ruhig schlafen soll.« Welch ein Glück, dass es noch Menschen gibt, die gegen den allgemeinen Kulturverfall ansingen. Schlagersänger Bernhard Brink zum Beispiel, der für den Grand-Prix 2002 einen 11.-September-Song geschrieben hat. Wie Peter Gauweiler macht er sich Sorgen um die geistige Lage der Gesellschaft und besonders der Jugend. »Die heutige Jugend liest nicht«, weiß Brink, »Die Buddenbrooks. Oder wie hieß das Stück noch mal, wo Harald Schmidt mitspielte?« Schlimm, diese Jugend. Und warum? Weil es an Führung fehlt. »Die Nation«, erklärte Joachim Kaiser, Kulturpapst der *Süddeutschen Zeitung*, in einem Besinnungsaufsatz zum Weihnachtsfest 2001, »benötigt eine handlungsfähige geistige Oberschicht. Eine nach-wachsende intellektuelle Elite.« Auch Botho Strauß kann angesichts der deutschen Dekadenz nicht mehr ruhig schlafen: »Dass es nicht so weitergehen kann, haben zuerst die Ökologen eindrucksvoll herausgerufen und mit einigem Erfolg uns ins Bewusstsein geschärft. Das Limit Diktum ließe sich übersetzen ins Politische, Sittliche und gewiss auch ins Sozialökonomische. Die Grenzen der Freiheit und der Erlaubnis scheinen im Angerichteten deutlich hervorzutreten.« Typisch, nicht nur für Strauß, sondern für das gesamte Genre der konservativen Kulturkritik, ist der Rückgriff auf den in die Jahre gekommenen Ökopessimismus. Der war einmal eher links besetzt. Doch heute weht der Geist von Herbert Gruhl, des ökologischen Schwarzsehers der Siebziger-Jahre-CDU, stärker denn je durchs rechtskonservative Lager. Kaum eine Litanei über Niedergang der Werte und Kulturverfall, die nicht auch eine unmittelbar bevorstehende Öko-Apokalypse an die Wand malt. Klarer als Strauß und klüger als Gauweiler fasst Alexander Gauland, Herausgeber der *Märkischen Allgemeinen Zeitung* in Potsdam, diese Haltung in Worte. Er belässt es nicht bei raunenden Andeutungen und perspektivloser Larmoyanz, sondern formuliert klar und deutlich die Gesellschaftskritik der vom Modernisierungsschmerz Geplagten. Gauland versorgt sich dabei aus dem grünen und linken Spektrum nicht nur mit Versatzstücken aus der Öko-Ideologie, sondern vereinnahmt gleich den ganzen Antikapitalismus und setzt seine Hoffnung auf die Kirchen und die Umweltverbände als letzte Hüter deutscher Identität. Seine starke These: »Das Kapital ist die neue Linke.« Und das begründet er so: »Die modischen Leerbegriffe Modernisierung, Flexibilisierung, Innovation und Deregulierung haben einen gemeinsamen Inhalt: die Zerstörung von allem, was an Überkommenem die Effizienz des Wirtschaftssubjekts hindert – Glaubensüberzeugungen, ethische Bedenklichkeiten, Tabus und kulturelle Traditionen. Die Wirtschaft ist seit der Wende von 1989 keine konservative Macht mehr, sondern eine egalisierende, aufklärerische Linke. Sie wendet sich gegen nationale Vorurteile und ethnische Begrenzungen, gegen traditionale

Lebenswelten und religiöse Tabus. Dabei steht die Wirtschaft im Bündnis mit dem Emanzipationswillen des Einzelnen.« Eine kaum zu übertreffende Zusammenfassung aller schwarz-rot-grünen Ressentiments gegen Freiheit und Markt.

Gauland, Gauweiler und ihre Gesinnungsfreunde wissen zwar nicht immer genau, wohin sie eigentlich wollen (oder verraten es zumindest nicht), sie eint jedoch das Feindbild Spaßgesellschaft. Unter diesem Kampfbegriff subsumieren sie alles, was dem wertkonservativen deutschen Bildungsbürger mit Opernabonnement und großem Latinum zuwider ist. Dazu zählen einfache Volksvergnügen jeglicher Art sowie das Internet, Hollywood und die Stammzellenforschung. Liest man ihre düsteren Essays, kommt einem dabei manchmal der Verdacht, dass sie zwar »Spaßgesellschaft« sagen, aber eigentlich die offene Gesellschaft meinen. Kennzeichnend für wertkonservative Appelle ist der stete Ruf nach Grenzen. »Wir brauchen Grenzen, um neuen Mut zur Zukunft zu gewinnen«, fordert etwa Wolfgang Schäuble. Denn wenn man ihm keine Grenzen setzt, so die kaum verhohlene Unterstellung, ergibt sich der Pöbel in einen Rausch grenzenloser Genusssucht. Dies, so die klassische Melodie gutbürgerlicher Werteaufsätze, verderbe die Jugend und führe zum Verfall der Familie. Eine Prognose, die zu den ältesten der Welt gehört. Schließlich hatte schon Sokrates vor knapp 2500 Jahren geklagt: »Die Jugend liebt heute den Luxus. Sie hat schlechte Manieren, verachtet die Autorität, hat keinen Respekt vor den älteren Leuten und schwatzt, wo sie arbeiten sollte. Die jungen Leute widersprechen ihren Eltern, schwadronieren in der Gesellschaft, verschlingen bei Tisch Süßspeisen, legen die Beine übereinander und tyrannisieren ihre Lehrer.« Und so hört sich die zeitgenössische Variante der alten Leier an: »Die Hochglanz-Jugendlichkeit vernichtet alle anderen Alter. Sie anästhesiert mit den Fun-Ampullen, die sie verabreicht, jedes Mitgefühl für die, die nicht in, sondern out sind«, tadelte der Berliner Kulturwissenschaftler Hartmut Böhme in einem furiosen Essay. Der Soziologe Alexander Schuller pflichtet bei: »Unsere Kinder sind eine Besatzungsmacht geworden: egoistisch und gierig, herrisch und lieblos, wenn's gut geht; verkifft und kriminell, wenn es schlecht läuft. Die Generation der Erwachsenen ist verstummt und entmachtet, ihre Autorität ist dahin.« Schon Ende der siebziger Jahre hatte der österreichische Rocksänger Wolfgang Ambros diesen kulturpessimistischen Evergreen satirisch auf zwei Zeilen verdichtet: »Die Jugend hat kein Ideal, kein Sinn für wahre Werte. Den jungen Leuten geht's zu gut, sie kennen keine Härte.« Schuld an der Verderbnis der Jugend sei »die Moderne«, stellt Schuller fest. »Was also ist die Moderne?« fragt er rhetorisch und antwortet: »Moderne ist Heterogenität, wuchernde Emanzipation und keine Mitte.« Oder, wie Peter Gauweiler weiß: »Die läppische Glücksanschauung der westlichen Welt.« Die seiner Ansicht nach in Verfallserscheinungen wie Höhensonne, Gesichtschirurgie, Loveparade und Homo-Ehe zum Ausdruck kommt. Wo soll das alles noch enden? Sogar die Deutsche Lebens-Rettungs-Gesellschaft (DLRG) macht sich schon Sorgen. Anlässlich eines Symposiums zur Zukunft des Schwimmens im Frühjahr 2001 kritisierte die DLRG-Führung, dass immer mehr Schwimmhallen in so genannte Spaßbäder umgewandelt werden. Opas rechteckiges Hallenbad stirbt aus. Ein deutlicheres Warnsignal für den Untergang des Abendlandes kann man sich kaum vorstellen.

Gehen die rechtskonservativen Denker mit ihrem abgedroschenen Zukunftspessimismus baden? Verlieren sie die Bodenhaftung im Volk? Oder formulieren sie Ressentiments, die von vielen geteilt werden, nicht nur in der CDU, sondern auch bei SPD und Grünen und ganz besonders in der PDS? Der Linkskonservative Oskar Lafontaine sieht für Missionare der Pflichtgesellschaft gute Chancen, in Deutschland wieder Mehrheiten zu gewinnen. Er empfiehlt der CDU, auf diesen

Kurs einzuschwenken, um die Macht zurückzuerobern. Sie sollte »eine wirklich konservative, werteorientierte Partei« werden, die die traditionelle Familie gegen die Mobilität, die Unterhaltungsindustrie, den Privatisierungswahn und sonstigen Verfall verteidigt. »Gerechtigkeit statt Kapitalismus«, schreibt Lafontaine, »das wäre im Zeitalter des Neoliberalismus die Formel, auf die sich eine wirklich christliche Partei verständigen könnte.« Auch darin sind sich linke und rechte Konservative offenbar weitgehend einig. Mit Gauweiler und Lafontaine gegen die Spaßgesellschaft und zurück zu den guten alten Werten. Bei dem Gedanken kann einem wirklich der Spaß vergehen.

IV. Die neuen Eliten

1. Gutmensch Manager

*Immer mehr Unternehmensführer zeigen den Feinden der Markt-
wirtschaft die weiße Fahne. Mit ganz unterschiedlichen Motiven:
Manche möchten aufrichtig Gutes tun, andere sehnen sich nach
moralischer Anerkennung, einige treiben nagende Selbstzweifel,
aber auch blanker Opportunismus an.*

Der gute Ruf von Managern und Unternehmern in Deutschland lässt arg zu wünschen übrig. Fast die Hälfte der Deutschen hält sie laut einer Allensbach-Umfrage für »rücksichts-
los«, 36 Prozent glauben darüber hinaus, die Wirtschaftselite
sei »raffgierig« und könne nie genug bekommen. Jeweils etwa
ein Drittel der Bevölkerung weiß außerdem, dass Unternehmer »Ausbeuter« sind, die nur andere ausnutzen, dass sie
»kein Verständnis für kleine Leute« und keine »Ideale« haben
(außer Profit, versteht sich). Der Zweifel an seiner moralischen Integrität nagt heftig am Ego der Unternehmensführer.
Geradezu übermächtig entwickelt sich damit der Wunsch,
auch einmal zu den Guten zu gehören und Applaus nicht für
schnöden Mammon, sondern für moralische Hochleistung zu
ernten. Die These des Nobelpreisträgers Milton Friedman, wo-
nach Unternehmen nur dann verantwortlich handeln, wenn
sie Gewinne erwirtschaften, gilt vielen Wirtschafts-Vertretern
nicht mehr als salonfähig. Viel lieber möchte man sich als so-
zialökologischer Aktivist in die Herzen der Massen kuscheln.
Als Prototyp des postmodernen Managertypus mag der junge Milliardenerbe William Clay Ford dienen, ein Urenkel vom
alten Henry und seit 2001 an der Spitze des zweitgrößten Au-

tokonzerns der Welt. Der Mann ist Vegetarier, verabscheut Alkohol und glaubt an die Heilkraft der alternativen Medizin. Im Prinzip also ein nicht untypischer Spross aus einem besser verdienenden Haushalt, sozialisiert im Zeitgeist der achtziger Jahre. Clay Ford trat schon mal bei Greenpeace auf und sprach davon, dass ein Autohersteller im Einklang mit den Belangen der Natur leben müsse. Und er hat sich dabei sicherlich nicht verstellt. Die mentale Nähe zum grünen Geist genügte, um ihm den Titel eines »Rebellen« einzubringen. UNEP-Chef Klaus Töpfer lobte den jungen Ford ausdrücklich als Hoffnungsträger. Da staunt die Konkurrenz, deren Modellpalette teilweise erheblich Sprit sparender als die von Ford ist. Denn das Unternehmen macht derzeit vor allem mit riesigen Pickups, Vans und Geländewagen Gewinne. Das Flaggschiff der Ford-Flotte 2001, »Excursion«, wiegt satte drei Tonnen und säuft wie ein Panzer. Auf dem Detroiter Autosalon 2002 waren neu zu bestaunen: der Ford GT40 (Hubraum 5,4 Liter, 500 PS), der F350 Tonka (6,0 Liter, 360 PS) und der Lincoln Continental (6 Liter, 414 PS). Clay Ford muss seinen Worten also noch Taten folgen lassen. Aus ökologischer Korrektheit gehen nicht zwangsläufig Innovationen hervor.

Der deutsche Versicherungs-Milliardenerbe Rolf Gerling gilt ebenfalls als Hoffnungsträger und erhielt aus der Hand von UNEP-Chef Töpfer den »Preis für Klimaschutz als Geschäftschance«. Gerling, Ökonom und Tiefenpsychologe, engagiert sich stark im ökologisch-sozialen Bereich und im Klimaschutz. Dagegen ist absolut nichts zu sagen, es ist viel Lobenswertes darunter. Gerling muss sich auch gar nicht groß umstellen, denn das Weltbild von Versicherern und Umweltaktivisten basiert auf einem ähnlichen Denkansatz: Jede potenzielle neue Gefahr kreiert unter den Menschen neue Ängste und somit neue Betätigungsfelder für diejenigen, die Sicherheit vor solchen Heimsuchungen versprechen. Kurz: Jedes neue Risiko ist ein neues Geschäftsfeld. Risiken werden in den Vordergrund gerückt. Daraus erklärt sich auch die beiderseitige Faszination für das Vorsorgeprinzip (siehe Kapitel »Vorsicht Vorsorge«, Seite 47). »Sichern vor Versichern« lautet Gerlings Credo, woraus die Forderung nach einem möglichst lückenlosen Programm zur Vorbeugung entsteht. Das Wagnis, den Weg in eine ungewisse und offene Zukunft tastend zu beschreiten, ist nicht unbedingt das Herzensanliegen eines Versicherungsvertreters.

Als unvoreingenommene Instanz sollte man die Versicherer und ihre Gefolgsleute lieber nicht akzeptieren. Die Forschungsabteilungen der Versicherer haben durchaus strategische Aufgaben. So muss man im Auge behalten, dass die von diesen heftig geschürte Angst vor Klimaschäden sich wohltuend auf die Prämiengestaltung der großen Rückversicherer auswirkt – und dass beim angestrebten Emissionshandel mit Treibhausgasen Milliardengeschäfte für die mit den Versicherungen eng verflochtenen Geldhäuser winken. Die Deutsche Bank hält an der Rückversicherungssparte von Gerling 34,5 Prozent Anteile (Stand Frühjahr 2002: Mehrheitsübernahme nicht ausgeschlossen). 60 Milliarden Dollar soll nach Schätzungen der Deutschen Bank Research das Geschäftsvolumen des Zertifikathandels betragen. Andere Institute sprechen sogar von 250 Milliarden Dollar. Das US-Magazin *Newsweek* mutmaßt sogar, »das neue grüne Spiel« werde eines Tages der größte Warenmarkt der Welt. Der Handel mit heißer Luft wird somit zum ultimativen Traum der Finanzwelt.

Und der harmoniert prächtig mit den Vorstellungen einer globalen Umweltregulierungsbehörde, wie sie Bürokraten und Aktivisten vorschwebt. Da wäre, um nur ein Beispiel zu nennen, der ehemalige Greenpeace-Berater Jeremy Leggett. Nach seiner Zeit bei Greenpeace wurde er als Klimaschutz-Lobbyist in der Versicherungswirtschaft tätig und veröffentlichte unter anderem das heroische Buch »The Carbon War« (Der Kohlenstoff-Krieg) – mit finanzieller Unterstützung von Gerling. Die

Beteiligten machen aus solchen Zusammenhängen auch keinerlei Geheimnis, weil sie sich fest auf der Seite des absolut
Guten wähnen. In dem Buch »Der Kohlenstoff-Krieg« geht es
um die Klimavereinbarung von Kyoto und das Tauziehen um
dieses bürokratische Monstrum (siehe Kapitel »Regenmacher
und Klimamelker«, Seite 203). Mit den Gegnern des Kyoto-
Protokolls – vor allem aus Kreisen der amerikanischen Industrie – wird hart ins Gericht gegangen. Unfreiwillig liefert das
Buch damit jedoch interessantes Anschauungsmaterial für
eine sehr viel tiefer gehende Auseinandersetzung. »Frei nach
Karl Marx entwickelt sich ein regelrechter Klassenkampf zwischen Finanz- und Industriekapital«, beschreibt der Umwelt-
publizist Edgar Gärtner die zunehmend entstehenden Konflikte zwischen Investoren und Geldhäusern auf der einen und
den Produzenten von Waren auf der anderen Seite. Ökologische Lobbygruppen verbünden sich immer öfter mit dem
Finanzsystem. Beide streben nach mehr Kontrolle über die Bereiche Arbeit und Industrie. Moral-Multis und Milliarden-
Magnaten ziehen gemeinsam in die Schlacht. Das ist ihr gutes
Recht. Problematisch wird der Feldzug freilich dadurch, dass
er mit der Moralkeule geführt wird. Nach dem Motto: Wer sich
nicht unterwirft, ist ein Feind der Menschheit.

Doch was da im selbstlosen Gewande von Ethik oder Umweltschutz daherkommt, entpuppt sich bei genauerem Hinsehen oft ebenso als von knallharten Interessen geleitet. Vom
Handel mit Treibhausgas-Emissionen bis zum Abschrei-
bungs-Windpark für besser verdienende Steuersparer sieht die
Finanz-Branche goldenen Zeiten entgegen. Banker und Bürokraten, staatliche Regulierung und Subventionierung schaffen
ein Biotop für kreative Geldanlagen. Moralisieren, Mahnen,
Warnen, Verhindern und Boykottieren sind wichtige Börsen-
faktoren. »Viele Leute wollen mit ihrem Geld nicht nur eine
gute Rendite erzielen, sondern auch noch etwas für ihr Gewissen tun«, erklärt Daniel Duca von der schweizerischen Bank

Vontobel. Der Zukunftsforscher Matthias Horx nennt dies den
»Moral-Plus-Faktor«.

Große Geldhäuser wie Allianz oder Deutsche Bank haben
inzwischen so genannte ethische Aktienfonds aufgelegt, die
mächtigen amerikanischen Pensionsfonds dürsten geradezu
danach. Die Vermögensverwaltungsgesellschaft Henderson
Global Investors lehnt beispielsweise Anlagen ab, die mit Ta-
bak, Glücksspiel, Atomkraft oder Rüstung in Zusammenhang
stehen. Auch Unternehmen, die in die grüne Gentechnik investieren, müssen meistens draußen bleiben. Die Haltung der
Börsenanalysten gegenüber der Biotechnologie im Agrarbereich führt dazu, dass ganze Projekte aufgeschoben oder gar
aufgehoben werden. Große Konzerne wie Aventis haben sich
vorsorglich ganz von ihrer Agrarsparte getrennt. Insbesondere
in die Entwicklung verbesserter Nahrungspflanzen für Entwicklungsländer werden bei weitem nicht jene Summen investiert, die notwendig wären. Was ethisch daran sein soll, eine
für die Menschen so chancenreiche Technologie auszuhun-
gern, bleibt das Geheimnis der Analystenkaste.

Ganze Branchen werden als moralisch minderwertig oder
auch »nicht nachhaltig« ausgesperrt. Vontobel beispielsweise
hat Volkswagen auf die schwarze Liste gesetzt, da hilft auch
nicht das erste Dreiliterauto der Welt. Ganz anders die Produzenten von Windrädern und Sonnenkollektoren, beides zumeist staatlich hoch subventionierte Bereiche. Auch die Ent-
sorgerbranche und – klar doch – Finanzdienstleistungen ver-
helfen in vielen Fonds zu einem guten Gewissen. Einen
ausgezeichneten Ruf unter grünen Investoren genoss auch der
amerikanische Energiekonzern Enron, der sich vehement für
das Klima-Protokoll von Kyoto einsetzte. Inzwischen entpupp-
te sich Enron als Kartenhaus eines verwahrlosten Managements. Enron legte die größte Pleite der Wirtschaftsgeschichte
hin, was der bösen Konkurrenz nachhaltig Genugtuung ver-
schaffte. Vielleicht sollten die Analysten und Börsenkontrol-

leure mehr auf buchhalterische denn auf politische Korrektheit achten. Wirklich nachvollziehbare Kriterien für das »Gutmenschentum auf dem Finanzmarkt« (*FAZ*) gibt es hingegen leider nicht (bei der New Economy war das allerdings auch nicht anders). Wer in den Geschäftsbericht 2000 der Dresdener Bank schaut, begreift schnell den magischen Ansatz solcher Geschäfte: »Grün ist Orientierung und Weitsicht. Grünes Licht. Und grüner Bereich. Grün ist die vielseitigste Farbe. Ein Spektrum, in dem sich viel bewegt«, heißt es da. Man könnte glatt meinen, die Banker hätten sich bei ihrem Ausflug ins Grüne einen dicken Joint gedreht: »Natur ist Grün. Natur ist Ordnung, Effizienz. Erfolg ist Grün. Trotzdem spricht man von schwarzen Zahlen. Warum sind sie eigentlich nicht grün?« Nun ja, bei der Dresdner Bank waren sie rot, weshalb das Haus jetzt der Allianz gehört, macht aber nichts.

Kein Wunder, dass so genanntes »ethisches Consulting« boomt. Die großen Beratungsfirmen wie PriceWaterhouse-Coopers bieten Projekte in »corporate citizenship« oder »business ethics« an. Die Berater empfehlen Unternehmen, bei moralischen Anfechtungen grundsätzlich auf Gegenwehr zu verzichten und sofort die weiße Flagge zu hissen: Selbst bei falschen Anschuldigungen sei es zumeist sinnvoll, Verantwortung zu übernehmen oder zumindest nicht von sich zu weisen. Nach dem Motto: Du hast zwar keine Chance, aber nutze sie. »Die unbefleckte Marke und die Identifikation mit ihr ist ein hohes Gut«, sagte Fritz Vahrenholt, seinerzeit Vorstand bei Shell. »Wir wissen seit Brent Spar um diesen Wert, auch wenn wir glauben, dass andere irrten.« Das war sehr vorsichtig ausgedrückt, schließlich wollte man die heilige Inquisition nicht erneut reizen. Tatsache ist: Greenpeace hat die glatte Unwahrheit über angeblich in der Ölplattform schlummernde Schadstoffe gesagt. Shell informierte richtig. Es geht nicht mehr um Wahrheit, sondern um Glaubwürdigkeit. Und das eine ist oft das Gegenteil des anderen. Die gleiche Lektion musste Coca Cola bei einem Skandal mit angeblich verseuchter Brause in Belgien lernen, der sich als Massenhysterie unter Schülern herausstellte. Douglas Daft, Chef des Unternehmens, sagt: »In Amerika herrscht die Tradition, sich nie zu entschuldigen. Man tut, was richtig ist, aber man entschuldigt sich nicht. In Europa müssen Sie sagen: Ich trage die Verantwortung, ich werde das nie wieder tun. Wir wussten nicht, dass unser Stil in Europa inakzeptabel ist.« Für Protestgruppierungen, die auf dieser Klaviatur spielen, sind solche Einsichten eine Einladung zu weiterer moralischer Erpressung. Ihre Macht und die Art, wie sie diese handhaben, hat sich vom ursprünglich legitimen Bürgerprotest oft weit entfernt und verselbstständigt. Der Zukunftsforscher Matthias Horx: »Obwohl es den meisten von ihnen an jeglicher demokratischer Legitimation mangelt, haben sich Organisationen wie Greenpeace längst zu Nebenregierungen entwickelt«.

Gemäß der Managementregel »If you can't beat them, join them« werden Nicht-Regierungsorganisationen aller Art vom progressiven Management geherzt und geknutscht, auf dass endlich Friede, Freude, Eierkuchen herrsche. Attac, Greenpeace und der Dalai Lama kriegen vor lauter Umarmungen kaum noch Luft. In ihrem Gefolge entsteht eine (vollkommen unregulierte!) Wachstumsbranche. Wer einen Verein gründet, drei Sätze geradeaus sagen kann und dabei geschickt die Worte »Globalisierung«, »Gerechtigkeit« oder »Umwelt« einstreut, endet dann beinahe zwangläufig auf einem Podium von Siemens oder der Deutschen Bank. Wer darüber hinaus einen Dritte-Welt-Bonus in Verbindung mit aufrechtem Anti-Kapitalismus vorweisen kann (siehe Kapitel »Die falschen Freunde der Armen«, Seite 160) hat gute Chancen, fest am Podium angeschraubt zu werden. Ein Allround-Talent vom Format des amerikanischen Kapitalismus-, Internet-, Gentechnik-, Und-überhaupt-Kritikers Jeremy Rifkin könnte wahrscheinlich Pensionsansprüche bei den Multis dieser Welt geltend machen. (Zum Glück lebt Rifkin nicht in Deutschland, sonst müsste er sich womöglich gegen den Verdacht der Scheinselbstständigkeit wehren.) Auch der britisch-holländische Unilever-Konzern unterstützt mit vielen Millionen Dollar Globalisierungsgegner und andere Protestbewegungen. Wie das? Ganz einfach: Er übernahm nicht nur die amerikanische Speiseeiskette Ben & Jerrys, sondern auch deren großzügige Spendenzusagen ans linksalternative Milieu. So stand's im Kaufvertrag. Unilever ist nicht der einzige masochistische Konzern. Das zeigen die Analysen des amerikanischen »Capital Research Center«. Das Institut bemüht sich darum, die Geldquellen von Nicht-Regierungsorganisationen transparent zu machen. Man schätzt dort, dass amerikanische Unternehmen 1997 fast viermal so viel an Gruppen aus dem ökosozialen Milieu spendeten wie an Befürworter der Marktwirtschaft.

Zu einem regelrechten Schaulaufen für die hofierten Störenfriede hat sich mittlerweile das World Economic Forum in Davos (2002 in New York) entwickelt. Von Jeremy Rifkin bis Viviane Forrester (»Der Terror der Ökonomie«) sind alle da – und werden vom internationalen Business-Establishment umgarnt. Die Tatsache, dass sie dabei schon mal im Pariser Maßkostüm oder im 5000-Dollar-Anzug auftreten, tut ihrer Reputation als »Kräfte der Verzweiflung« keinen Abbruch. Der Sänger Bono kam 2002 besonders gut damit an, dass er die versammelten Unternehmenslenker als »corporate motherfuckers« einstufte. Tief drin im Herzen des Managers steckt schließlich auch der Rebell, weshalb er ständig die Friedenspfeife mit denen »da draußen« rauchen will. »Da muss man sich ja schämen«, schimpfte Lufthansa-Chef Jürgen Weber 2001 in Davos über die vielen, unter anderem zu seinem Schutz abgestellten Polizisten, »das vergrößert doch nur die Gegensätze zwischen denen drinnen und draußen.« Doch die da draußen sind längst drinnen. Webers Gattin drohte (laut

Die Welt) sogar an, im nächsten Jahr gleich auf den geplanten Gegengipfel der Globalisierungsgegner ins brasilianische Porto Alegre zu fahren.

In den Designer-Küchen des gehobenen Bürgertums kochen offenbar Wut und Verzweiflung. Und in den Kinderzimmern ist die Hölle los: Der Großkonzern Sony brachte 2002 ein Videospiel heraus, das die Protestler der antikapitalistischen Globalbewegung zu Helden macht. Die Kleinen müssen das machthungrige Konzerngebilde »The Corporation« mit Knüppeln, Steinen und Molotow-Cocktails bekämpfen. »Versuche den Konzern zu stürzen oder verursache ganz einfach komplettes Chaos und Zerstörung«, heißt es in der Spielanleitung. Wie schön, wenn Kinder bereits im frühen Alter lernen, was gut und was böse ist. Protest – und jetzt wird es unübersichtlich – kam nicht etwa von Unternehmen, die sich verunglimpft fühlten. Ganz im Gegenteil: Naomi Klein, Lieblingsautorin der jungen Protest-Generation (»No Logo«), gab sich verärgert darüber, »mit welcher Geschwindigkeit die Konzerne die Essenz (!!)* der Bewegung für ihre Zwecke in Beschlag genommen haben«.

Und was unseren Kleinen recht ist, das ist den Großen nur billig. »Zumindest der Auftakt des Weltwirtschaftsforums in New York erweckt den Eindruck, als ob sich das Treffen der Mächtigen und Meinungsführer dieser Welt anschickt, den Geist seiner ärgsten Widersacher zu integrieren, man könnte auch sagen kritiklos zu assimilieren«, schrieb Ulrich Clauss in der Tageszeitung *Die Welt*. Wie ein roter Faden zog sich eine ebenso falsche wie längst widerlegte Gleichung durch die Reden der Mächtigen dieser Welt: Armut sei die Ursache für Terrorbereitschaft. Von Bundeskanzler Schröder bis zum UN-Vorsitzenden Kofi Annan, von der philippinischen Präsidentin Gloria Arroyo bis zur jordanischen Königin Rania biederten

---

* Ausrufezeichen von den Autoren

sich die Redner bei Globalisierungsgegnern an. Und das an
dem Ort, an dem eine durchgedrehte Kamarilla von arabischen Millionärssöhnchen unsägliches Leid verursacht und
den Werten des freien Westens den Krieg erklärt hat. Der Ökonom Guy Kirsch meint: »Wer auf dem World Economic Forum
so manchem Manager zuhörte, mochte nicht mehr so recht
wissen, ob er nun in New York oder Porto Alegre war.« Viele
sind wohl aufrichtig von tiefen Selbstzweifeln befallen. Nun
haben Zweifel noch niemandem geschadet, derzeit münden
sie jedoch allzu oft in eine defensive Anpassung an Risiko-
angst, Fortschrittsfeindlichkeit und Planungsglauben.

Anderen, die so leichtfüßig in die neuen Solidargemein-
schaften spazieren, klebt jedoch der blanke Opportunismus an
den maßgefertigten Schuhen. Eine Menge staatstragender
Wirtschaftsgrößen, die bislang noch von keinem kritischen
Gedanken beleckt wurden, wetteifern plötzlich um den Titel
des Systemveränderers und unerschrockenen Oppositionel-
len. »Wir fordern die Regierungen der Welt auf, das Kyoto-Protokoll möglichst schnell in Kraft zu setzen«, hieß es im Sommer 2001 in ganzseitigen Tageszeitungsanzeigen. Der Appell
trug die Logos zahlreicher Unternehmen und richtete sich in
erster Linie an den amerikanischen Präsidenten, der die Un-
terschrift unter das planwirtschaftliche Dokument verweigert
hat. Als größte deutsche Unternehmen unterzeichneten die
Deutsche Telekom und die Deutsche Bahn. Die einen sind
nicht in der Lage, innerhalb von 14 Tagen einen Telefonanschluss bereitzustellen, die anderen stecken nachhaltig in den
roten Zahlen. Anstatt die eigenen Hausaufgaben zu machen,
zeigt man lieber auf andere und sagt ihnen, was sie zu tun und
zu lassen haben.

Die Freunde der bayerischen HypoVereinsbank dürfen als
Avantgarde dieser Bewegung gelten, schon Anfang der neun-
ziger Jahre gaben sie sich als unerschrockene »Querdenker«.
Unter dieser Überschrift schauten uns drei Bedienstete des

Instituts in großformatigen Anzeigen tief in die Augen. Dazu hieß es: »Gesellschaftliche Entwicklungen laufen nicht mehr linear ab. Sie vernetzen sich – immer enger und schneller.« Und weil dies so sei, müssten die Leute von der Hypo sich arg anstrengen: »Da durchzublicken und gleichzeitig die Zukunft nicht aus den Augen zu verlieren, erfordert viele Denk-Dimensionen. Bei uns sind alle Mitarbeiter aufgerufen quer zu denken«. In seinem Buch »Unbequem ist stets genehm« analysiert der Autor Martin Hecht das Konzept der Vereinsbanker: »Ideologisch folgt der Werbefeldzug jener Taktik einer unverbildeten und unkorrumpierten Outcast-Intelligenz, die sich gegenüber anderen Geldinstituten an Weitsichtigkeit überlegen zeigen will.« Die Bank selbst wird hier gleichsam zum Hort des Widerstands und des Protests stilisiert. Die Querdenker von der Hypo sind tief in ihrem Herzen die Stimme des kleinen, unterdrückten Sparers. Mutig, mutig.

Auch der Firma AEG, einem Hersteller bürgerlicher Haushalts-Accessoires wie Waschmaschinen und Kühlschränken, gelang die Selbstkultivierung zum Unruhestifter und Widerstandskämpfer. AEG warb beispielsweise mit einem Foto der Erde und dem Slogan: »Es gibt einen Punkt, über den lassen wir nicht mit uns reden.« Darunter steht dann: »Ökologie ist für AEG kein Schlagwort. Sondern das einzige, was wirklich zählt. Vielleicht sind unsere Haushaltsgeräte deshalb etwas umweltverträglicher, sparsamer und einfacher zu recyceln als viele andere. Ob das sinnvoll ist, darüber kann man streiten. Aber nicht mit uns.« Ein schönes Beispiel dafür, wie die mythische Konstruktion der Vulgärökologie gleich überführt werden kann in ethischen Fundamentalismus. Wer für das einzig wirklich Wahre steht, ist selbstverständlich absolut im Recht – und über solche Positionen kann tatsächlich nicht mehr gestritten werden. Der Soziologe Uwe Weisenbacher kommentiert: »Hier schwingen im Namen des Vollzugs des einzig Richtigen zum letzlichen Wohle aller die Optionen des Öko-

Terrors und der Öko-Diktatur in einer doch sehr harmlos da-
herkommenden und sozusagen ökologisch einwandfreien
AEG-Werbung mit.«

Auf dem Weg mitten ins Herz von Kindern, Enkeln und
künftigen Generationen befindet sich auch Helmut Sendlmeier, Chef bei der deutschen Filiale der Werbeagentur McCann-
Erickson. Das Attentat vom 11. September veranlasste ihn zu
einem schwer nachdenklichen Essay: »Die Spaßgesellschaft
hat einen ernsthaften Dämpfer bekommen.« Was der helle
Sendlmeier schon lange hat kommen sehen, schließlich
zählen Asbach, Bacardi, die Super-Illu sowie der Verfassungs-
schutz zu seiner Klientel. »Die Familie, wichtige Säule des Zu-
sammenhalts, bröckelte genauso wie der Kontakt zu anderen
Gemeinschaften, seien es die Kirche, der Sportverein oder einer von vielen Clubs. Die Menschen flohen in den Chatroom
des Internets und kommunizierten inkognito.« Aber jetzt wird
alles besser, weil wir nämlich von der »Ellenbogengesellschaft
wegkommen«. Besonders natürlich in der Werbe-Unterbre-
chung: »Wir brauchen den Mut zum kritischen Nachdenken
über sinnvolle und menschliche Gestaltung von Werbung unter Berücksichtigung ihrer Auswirkung auf unsere gesellschaftlichen Strukturen«, gibt der flotte Werber in schönstem
Amtsdeutsch zu bedenken. Schluss also mit »Horrorfiguren à
la Ingo Appelt«, denn »über Ethik und Moral wird neu nachge-
dacht werden«.

Die italienische Fluggesellschaft Alitalia geht schon mal
mit gutem Beispiel voran. Sie entfernte das Logo der Fast-
Food-Kette McDonald's von ihren Maschinen des Typs MD
82. Das Unternehmen befürchtet, die typisch amerikanische
Buletten-Werbung könnte den Hass islamistischer Fundamentalisten anheizen und so zur Zielscheibe für Anschläge
machen.

Das Phänomen ist nicht spezifisch italienisch: Auch andernorts neigen große Unternehmen dazu sich wegzuducken.

Denken wir nur an die Deutsche Lufthansa, die es Mitte der neunziger Jahre zeitweise ablehnte, den von iranischen Mullahs mit dem Tode bedrohten Schriftsteller Salman Rushdie zu transportieren. Ausgerechnet da, wo die Zukunft der offenen Gesellschaft wirklich in Gefahr ist, verlässt manchen Manager der Mut.

2. Die Drei-Sterne-Rebellen

Einst kämpften linke Revolutionäre für die Versorgung der Massen mit erschwinglichen Lebensmitteln, für mehr Freizeit und bessere Medizin für alle. Heute ist es genau umgekehrt. In der Pose ökosozialer Rebellen verteufeln elitäre Feinschmecker wie Wolfram Siebeck billige Lebensmittel und Massentourismus. Und reiche Naturtümler bekämpfen die medizinische Wissenschaft.

Fast 80 Prozent des Wachstums der Weltbevölkerung findet in den Städten der Entwicklungsländer statt. Vor 35 Jahren lebten noch rund zwei Drittel der Weltbürger auf dem Land – in 35 Jahren wird es umgekehrt sein. Derzeit lebt die Hälfte der Menschheit bereits in Städten. »In den Städten sind die Erwerbsmöglichkeiten meist besser, der Zugang zu Gesundheitsdiensten und Bildungseinrichtungen ist leichter und die soziale Kontrolle geringer als auf dem Land«, erklärt die Deutsche Stiftung Weltbevölkerung, »vor allem junge Menschen kommen vom Land in die Städte.« Dadurch entstehen immer größere Ballungsgebiete wie Kairo, Kalkutta, Dakar oder Mexiko-City mit Einwohnerzahlen weit jenseits der zehn Millionen. Europa hat diesen Run auf die Städte bereits hinter sich, in Deutschland und der Schweiz ist die ländliche Bevölkerung seit Beginn der Industrialisierung im 19. Jahrhundert auf weniger als ein Viertel geschrumpft. Die weitaus meisten der 80 Millionen Deutschen und 300 Millionen Europäer leben mittlerweile in urbanen Zentren.

Wie können diese Menschen mit Lebensmitteln versorgt werden? Der Prozentsatz derer, die sich durch selbst gezüchtetes Gemüse, eine Ziege und ein paar Hühner selbst versorgen könnten (oder durch den netten Bauern von nebenan), sinkt seit dem 19. Jahrhundert rapide. Die während der Industrialisierung in die Städte strömenden Menschen erforderten eine Erzeugung der Lebensmittel im großen Stil. Als 1871 in Paris das erste zentrale Schlachthaus Europas eröffnet wurde, erfreute sich das Schlachten am laufenden Band breiter Zustimmung. Aus der neuen Verbindung von Mechanisierung und Tod ging die Fleischindustrie hervor. Gelehrte wie Justus von Liebig propagierten »proteinhaltige Lebensmittel für die Massen«. Sozialaktivisten, darunter Friedrich Engels, forderten eine »Demokratisierung des Fleischverzehrs«. Die Schlachtrufe der Sozialrevolutionäre wurden gründlich befolgt. Julius Maggi erfand seine Erbsenfertigsuppe und die Neuheit wurde dankbar aufgenommen. Die Erfindungen der Lebensmittelindustrie galten als sozialer Fortschritt.

Seitdem sind die Menschen mehr und die Städte noch größer geworden. Es ist daher ein erkennbar widersprüchlicher Gedanke, die Menschenmassen des 21. Jahrhunderts ohne Massenproduktion von Lebensmitteln verköstigen zu wollen. Eine urbanisierte Menschheit braucht eine industrielle Lebensmittelversorgung. Ein Ballungsraum wie Frankfurt kann nicht mit Natur pur aus dem Vogelsberg ernährt werden. Eine 16-Millionen-Metropole wie Mexiko-City würde schlichtweg verhungern, wenn sie auf den regionalen Bauernmarkt angewiesen wäre. Zu glauben, eine Sechs-Milliarden-Menschheit könne ohne technologische Quantensprünge umweltverträglich Nahrungsmittel produzieren, gehört zu den Lebenslügen einer erstarrten Gesellschaft.

Das hindert eine merkwürdige Koalition aus konservativen Leitartiklern, naturtümelnden Adeligen, katholischen Bischöfen und elitären Gourmets nicht daran, unverdrossen den Marsch zurück zu fordern: in eine Zeit, als die Menschen vermeintlich »unentfremdet« von der Scholle lebten, eins mit der Natur, im Rhythmus der Jahreszeiten und von der eigenen Hände Arbeit. Menschen haben eine besondere Gabe, die Vergangenheit zu verklären. Früher war alles besser, schöner und harmonischer. Und mit jedem neuen Umweltskandal, mit jeder Nachricht über kranke Rinder, verschmutze Meere oder bedrohte Arten wächst die Sehnsucht nach dem verlorenen Paradies. Politiker jeglicher Couleur bedienen diese Sehnsucht mit Begeisterung. Die aus dem linksgrünen Berliner Milieu kommende Landwirtschaftsministerin Renate Künast entdeckt ihre Seelenverwandtschaft mit dem grünkonservativen britischen Thronfolger Prinz Charles. Der besitzt ausgedehnte Bio-Ländereien inklusive Hubschrauberlandeplatz. Gemeinsam lustwandeln die Grüne und das blaue Blut über den adligen Landsitz Highgrove in Wesengland und erfreuen sich an den handgeschnittenen Öko-Rabatten. Der Illustrierten *Bunten* gesteht die verzauberte Renate Künast danach: »Vieles dort hat der Prinz selbst gepflanzt. An manchen Stellen wirkt der Park wie ein romantischer alter Bauerngarten.« Danach kredenzte der königliche Butler im Salon Tee und Bio-Schokoladenkekse. Frau Künast griff begeistert zu. Vorbildlich, dieser Prinz. Die Welt ist heil im grünen Salon.

Friedrich Engels würde sich doch sehr wundern. Die Devise heutiger revolutionärer Geister ist schlichtweg konterrevolutionär: »Klasse statt Masse« heißt es, oder auch »Zurück zur Natur«. Die kommunistische italienische Zeitung *Il Manifesto* kultivierte 1986 als erste die neue Symbiose von Gesellschaftskritik und Feinkost. Aus ihrer Fressbeilage *Gambero Rosso* (Roter Hummer) wurde inzwischen ein führendes Feinschmecker-Magazin, wesentlich erfolg- und ertragreicher als das

Mutterblatt. Die Revolution frisst sich durch. Andere Linksintellektuelle wie der Franzose José Bové legten sich nebenbei eine Schafherde zu und machen seitdem auf »Bauernführer«. Als Symbolfigur der Globalisierungsgegner zieht er gegen den industriell gefertigten »Fraß« (la mal-bouffe) zu Felde. Es hat sich ein ganzer Treck von Sehnsüchten, Nostalgien und Naturverklärungen in Gang gesetzt, der nicht mehr nach Logik oder Fakten fragt. »In einer Überflussgesellschaft kaufen Menschen nicht Nahrung für den Körper, sondern für ihre Illusionen, Marotten und Leidenschaften«, sagt der Lebensmittelchemiker Udo Pollmer. »Wir können es uns leisten, wir leben wie die Made im Speck.« Die Kritik an »industriellen Lebensmitteln« ist wohlfeil, oft übertrieben und mitunter sogar außerordentlich ungerecht.

Deutschlands Fresspapst Nummer eins, Wolfram Siebeck, gehört zu den vehementesten Kritikern industriell erzeugter Lebensmittel. Angesichts der Waren in den Supermarktregalen redet er sich regelrecht in Rage. In einem Interview mit der Tageszeitung *Neues Deutschland* kommt er zu folgendem Schluss: »Menschen, die sich gleichschalten lassen, wenn es um die Akzeptanz einer Kunstpizza, eines Fleischklosses oder einer Tütensuppe geht, lassen sich auch bei Problemen des gesellschaftlichen Lebens gleichschalten.« Ergo: »Egal ob die Massen ›Lecker!‹ oder ›Heil!‹ brüllen, es muss ihnen zunächst einmal der kritische Verstand beziehungsweise die kritische Zunge lahm gelegt werden«. Ganz anders natürlich der Gourmet von Welt: »Wer Spargelsorten auseinander hält, wird auch Parteien scharf beobachten.« Die schüchterne Frage der Interviewerin, ob er in Tiefkühlkost, Suppendose, Kantine oder Mikrowelle nicht auch gewisse Vorteile beispielsweise für die berufstätige Frau sehe, kommt Siebeck gerade recht: »Aber wofür wird die Zeit denn gespart? Was fängt die Hausfrau damit an? Ich will es ihnen sagen: Sie drängt sich in eine Talkshow und redet über ihre erogenen Zonen. Sie verbringt ihre

Zeit in Selbsterfahrungsgruppen. Sie fliegt am verlängerten Wochenende zum Billigtarif nach Venedig.« Und dort verstellt sie Herrn Siebeck womöglich den Blick auf den Markusplatz. »Nur kochen tut sie nicht.« Das Heimchen am Herd ist eben auch nicht mehr das, was es einmal war.

Kein Wunder, dass sich beim Thema Schnellgericht Fresspapst und Papst prächtig verstehen. »Fast Food ist darauf ausgerichtet, voller Hetze in sich hineingeschlungen zu werden«, konstatiert *L'Avvenire*, die Zeitung der italienischen Bischofskonferenz, »damit widerspricht es der im Christentum grundlegenden Gemeinschaftlichkeit des Mahls.« Das zusammenfassende Resümee des päpstlichen Bannstrahls: »Hamburger sind atheistisch.« Denselben Blödsinn lässt auch der Bundesvorstand der »Jungen Nationaldemokraten« vom Stapel, denn Fast Food ist bedauerlicherweise nicht arisch: »Die Konsum- und Wegwerfgesellschaft mit ihrem McDonalds- und Coca-Cola-Imperialismus, dämlichen Hollywood-Produktionen, degenerierter Musik, abartigen Pornos und Städten mit kalten Betonsilos ohne sinnvolle Freizeitalternativen für unsere Jugend bestimmen heute das Leben der internationalen Einheitszivilisation.«

Talkshows, erogene Zonen, Atheismus, abartige Pornos: Überall in unseren Lebensmitteln lauert der Verfall. Wolfram Siebeck formuliert die Nouvelle Cuisine des Fortschrittsfeindes, indem er Rudimente einer linken Gesinnung zu einem kulturpessimistischen Pot au Feu anrührt: »Es ist vorauszusehen, dass es uns bei der nächsten globalen Revolution an den Kragen geht, uns, den Shareholdern, den Erben, den Dotcomern und Müllproduzenten, und wenn sie uns enteignen, können wir nicht einmal sagen, wir hätten unseren Reichtum mit Anstand, nämlich nach Qualität strebend, genutzt. Dekadenz ohne Stil, wird man uns hinterherrufen, wenn die Trümmer rauchen.« Ja, doch. Aber leider ist auch auf die Angehörigen der Dritten Welt kein Verlass, denn »auch die Armen, die sich in unseren High-Tech-Küchen zwischen Eiswürfelspender und Eierkochmodul einrichten werden, auch sie wollen nichts anderes als Cheeseburger und Currywurst. Denn menschliche Stammzellen lassen sich nicht bekehren.«

Wir bleiben ein wenig ratlos auf unserem Eierkochmodul sitzen und fragen uns, ob wir das Unglück durch sofortigen Verzehr einer geschmorten Wachtel und einer Flasche 81er Tiagnello noch abwenden können. An Versuchen in dieser Richtung mangelt es ja nicht. Die gesamte Dreisternebranche frisst mittlerweile für Umwelt und Frieden, gegen Globalisierung und rechte Banden. Ein erstes Aufbäumen gab es anlässlich der französischen Atomversuche in der Südsee, als man unter schweren persönlichen Opfern auf den gewohnten französischen Champagner verzichtete und stattdessen zum ordinären italienischen Prosecco griff. Die bundesweite Boykottaktion veranlasste den Literaturkritiker Hellmuth Karasek zu dem Bonmot »in dubio Prosecco«. Beim Aufstand der Anständigen gegen Rechts marschierte Deutschlands Küchenbrigade ebenfalls in vorderster Front. Unter der Schirmherrschaft des unvermeidlichen Ulrich Wickert fanden sich mehr als 60 deutsche Spitzenköche zu der Aktion »Kochen für ein weltoffenes Deutschland« zusammen. Zum Zwecke der Bekämpfung des Rassismus wurden 100 Euro teure Fünfgang-Gourmet-Menüs angerichtet und anschließend ein Teil des Erlöses an die Aktion »Gesicht zeigen« überwiesen. Das war ganz schön mutig, denn einige Starköche hätten, so die Veranstalter, »aus Angst vor Übergriffen von Neonazis ihre Teilnahme abgesagt«.

Die Angst erwies sich als unbegründet, die braune Gefahr griff nicht über. Wahrscheinlich, weil sie nicht mit fünf verschiedenen Bestecken umgehen kann, geschweige denn die Speisekarte versteht. Auf Sylt versammelten sich gleich vier deutsche Gutköche zu einer konzertierten Aktion und kredenzten der Schickeria besonders originelle Gerichte, darunter »Havarierte Rotbarbe« (Entenleber-Vanille-Baguette), »Oben ohne« (Jakobsmuscheln mit Kapern und Parmesan) und »Essen auf Rädern« (Ente mit Kartoffeln). Für den reibungslosen Ablauf des Massenwiderstands war die Cateringfirma »Rote Gourmet-Fraktion« zuständig. Einer der Küchenmeister, Stefan Marquard vom extravaganten Restaurant Lenbach in München, hatte schon einschlägige Erfahrung mit ähnlichen Sylter Veranstaltungen: Im Jahr zuvor hatte er beim »Davidoff-Gourmet-Festival« mit transsilvanischen Spezialitäten und einem »Dracula-Event« für den rechten Schauder gesorgt. Glatzen sind doch irgendwie auch Vampire.

Noch gefährlicher als Atomtests und Nazis sind gentechnisch veränderte Lebensmittel. Wolfgang Siebeck zieht bei jeder sich bietenden Gelegenheit gegen den »Kunstfraß« und »Frankenstein-Food« zu Felde: »Beängstigend und widerlich ist der Versuch, Bauern, Händler und Verbraucher davon abhängig zu machen und die nackte Habgier mit inhumanen Theorien zu untermauern.« Und Werner Ultsch, österreichischer Starkoch, fragt politisch korrekt: »Sind es heute die Pflanzen und morgen wir selbst, die sich in technische Normgrößen pressen lassen?« Die Sterneköchin Doris-Katharina Hessler beklagt, es gäbe schon genügend Massenware, »die den Gaumen der Feinschmecker beleidigt«. Auch Peter Ploog, Chefredakteur der (von uns ansonsten gerne gelesenen) Zeitung *essen & trinken,* weiß: »Gen-Food ist nur eine Fortsetzung bisherigen Unsinns mit anderen Mitteln. Der Geschmack – und der ist nun mal die Essenz des Essens und Trinkens – taugt allenfalls noch zur Fußnote.« Sein Resümee: »Den endgültigen Triumph des Marketings über den Genuss und damit über den Menschen aber wird die Technologie erreicht haben, wenn ihr endlich der Traum vom Huhn mit Schokoladengeschmack gelungen sein wird. Lässt sich Überflüssigeres auch nur denken?« Nein, lässt sich nicht. Weshalb auch absolut niemand von einem Huhn mit Schokoladengeschmack träumt (geschweige denn eines kaufen würde).

Aber Logik ist ohnehin nicht die Stärke dieser Debatte. Das musste auch die deutsche Medizin-Nobelpreisträgerin Christiane Nüsslein-Volhard erfahren, die einen »offenen Brief« an Wolfram Siebeck in Sachen Gentechnik verfasste. Der Brief wurde, genau wie Siebecks Kolumnen, in der Wochenzeitung *Die Zeit* abgedruckt. »Da Sie sich schon mehrmals in recht sonderbarer Weise über ›gentechnisch veränderte Lebensmittel‹ aufgeregt haben, sollte ich vielleicht, damit sie den Rest des Briefs noch lesen, erklären, dass ich Ihre Beiträge meistens mag und dass ich gerne esse und gerne koche«, schreibt die Nobelpreisträgerin und hebt dann zu einem »kleinen Gentechnikkurs für Köche« an: »Ich bin der Ansicht, dass die Gentechnik, entgegen Ihren Aussagen, ganz besondere Möglichkeiten im Vergleich zur herkömmlichen Pflanzenzucht hat, gerade wenn es um Geschmacksfragen geht.« Christiane Nüsslein-Volhard fährt fort: »Alle bei uns kultivierten Obst- und Gemüsesorten sind gentechnisch verändert. Man kann eigentlich nur staunen, wie viele gute und sehr geschmackvolle Obst- und Gemüsesorten, die sich auch noch ganz gut anbauen lassen, mittels ganz normaler Pflanzenzucht entstanden sind. Sie tun immer so, als seien die alten Sorten besser als die neuen (zurück zur Natur? Oder den gärtnernden Mönchen?). Diese Nostalgie ist populär. Warum denn das? Es ist doch gar nicht wahr – haben Sie denn jemals Tests mit verbundenen Augen gemacht? Welcher Unbefangene zieht denn nicht einen Elstar oder eine Alkmene einem Boskop oder einer Gewürzluike vor? Und diese wunderbaren Kartoffeln, Granola, Attika, Selma, Aula, die sich sogar noch vernünftig schälen lassen und einen wunderbaren Geschmack haben.« Dann kommt die Nobelpreisträgerin zum Kern: »Sie, Wolfram Siebeck, erliegen dem Zeitgeist, insbesondere jener schrecklichen Regel, dass alles Gute seinen Preis haben muss; also je schwerer eine Gemüsesorte zu kultivieren ist, desto besser schmeckt sie, je härter und kleiner eine Zwiebel, desto würziger, je verkrotzter eine Kartoffel, desto mehr Vitamine. Das sind alles unbegründete Assoziationen.« Siebeck, so die Wissenschaftlerin, argumentiere plump und falsch, nach dem Motto: »Wenn ein Wissenschaftler es sich ausgedacht hat, wenn es lange hält, wohlfeil ist, schön aussieht, keine Arbeit beim Zubereiten macht, dann darf und kann es nicht schmecken.«

Doch der Fresspapst ist in seinem Furor auf »Karottenfälscher« und »Weizenschänder« auch von einer Medizin-Nobelpreisträgerin nicht therapierbar: »Bei der rasanten Entwicklung in den Gentechniklabors wird auch der Herzenswunsch der Deutschen in Erfüllung gehen, nämlich der eierlegende, kinderfreundliche Pitbull, der gebraten wie eine Weihnachtsgans duftet und wie eine Rindsroulade schmeckt.« Stets schwingt in solchen Formulierungen auch die Verachtung des gescheiterten Volkserziehers mit, ja eine tiefe Abneigung gegen alles Egalitäre und die Massenkultur an sich: »Das glückliche Lachen, mit dem dort (im Werbefernsehen) in einer jungen, gefönten Welt der ekelhafteste Schrott zwischen blendend weißen Zähnen verschwindet, diese Szenen des manipulierten Schwachsinns sind nichts anderes als Krankheitssymptome. Ursache der Krankheit ist das Verschwinden der Vielfalt. Individuelle Wünsche werden durch konforme Sehnsüchte ersetzt; Geschmacksdiktatur ist die Folge. Unsere Gesellschaft verblödet durch Abhängigkeit. Darin besteht die Gefahr der Lebensmittelveränderung.«

Doch nun mal der Reihe nach: Lebensmittelerzeugung – egal in welcher Form – war schon immer unnatürlich. Von unserer ursprünglichen Lebensweise als Jäger und Sammler haben wir uns vor 10 000 Jahren verabschiedet – und zwar unumkehrbar. Der Weizen ist kein natürliches Nahrungsmittel des *Homo sapiens*. Weizen ist durch künstliche Selektion genetisch veränderter Grassamen entstanden. Heutige Zuchtsorten unterscheiden sich von der ursprünglichen Wildform genetisch hundertmal mehr als von einer gentechnisch veränderten neuen Sorte. Unsere Vorfahren waren völlig ungenierte »Weizenschänder«. Auch Mais oder Blumenkohl wurden vom Menschen erfunden. Mit jeder ganz normalen Tomate schluckt der Mensch Millionen Tomatengene, ohne dass er rot wird, und mit jedem Steak Millionen Rindergene, ohne dass er Muh ruft. Kuhmilch gehört keineswegs zu unserem natürlichen Speisezettel. Ganz zu schweigen vom Käse, einer frühen Ausgeburt bakterieller Lebensmitteltechnik.

»Die Entdeckung eines neuen Gerichts ist für die Menschheit von größerem Nutzen als die Entdeckung eines neuen Gestirns«, sagte einst Brillat-Savarin, der Urvater der französischen Kochkunst. Nach diesem Motto erforscht sein Landsmann Hervé This, heute am ehrwürdigen Collège de France in Paris, die Kunst des Kochens. Ein auf der Welt einmaliger Lehrstuhl. Die Idee dazu hatte ein befreundeter Chemie-Nobelpreisträger im Feinschmeckerlokal seiner Frau. »Es gibt mehr Aberglauben in der Kochkunst, als Sie sich vorstellen können«, sagt Hervé This, »ich bin dabei, für ein wenig Aufklärung im Küchendunst zu sorgen.« Kochen, sagt er, sei nichts anderes als das Zusammenbringen von Stoffen und Temperaturen. Also Chemie. »Nur dass man statt Destillierkolben Kochtöpfe nimmt.« Bereits mehr als 100 französische Gerichte hat er mit all ihren chemischen Geheimnissen entschlüsselt. Und er liefert dazu manche Pointe. So wurde in den alten Geschmacksbibeln empfohlen, die Schalotten für eine Sauce Béarnaise mit möglichst gutem Weißwein abzulöschen. Der Gourmetforscher fand heraus, dass Weine beim Verdunsten Glukosekaramell hinterlassen. »Dafür brauche ich keinen Noilly Prat. Da reicht Wasser und Traubenzucker aus dem Supermarkt«, sagt er. Nicht alles, was schmeckt, muss teuer sein.

Und was billig ist, muss schon gar nicht ungesund sein. Die Pasteurisierung der Milch wurde doch nicht eingeführt, weil sich profitgeile Konzerne die Taschen vollstopfen wollten. Sie war vielmehr gesundheitlich dringend geboten, um eine Übertragung der Tuberkulose durch Kuhmilch zu verhindern. In der Nachkriegszeit wurden aus diesem Grund in einer bis dahin beispiellosen Aktion erkrankte Tiere geschlachtet und tuberkulosefreie Bestände aufgebaut. Wer heute zu »unverfälschter« Rohmilch greifen möchte, kann dies selbstverständlich tun. Mediziner aber raten davon ab: Unbehandelte Rohmilch kann mit dem berüchtigten »EHEC«-Bakterium verunreinigt sein. Allein 1995 und 1996 erkrankten in Bayern 44 Personen an dem Keim aus dem Kuhstall schwer, sieben Kinder starben.

Wolfram Siebeck hat ja durchaus Recht, wenn er sich gegen die Bestrebungen von EU-Bürokraten wendet, die leckeren Rohmilchkäse aus Gesundheitsgründen am liebsten verbieten wollen. Wer ihn mag, soll ihn genießen. Siebecks Argumentation in Sachen Käse verrät dabei jedoch ein interessantes Muster. Einerseits unterstellt er den »so genannten Gesundheitsbehörden« eine Verschwörung zugunsten von »konfektionierten Fließbandprodukten« und unter dem »heuchlerischen Vorwand der Hygiene betriebenen Gleichmacherei«. Die Natur darf ruhig ein bisschen gefährlich sein, das kann man durchaus so sehen. Man sollte nur nicht im gleichen Atemzug den Weltuntergang ausrufen, wenn Technik im Spiel ist. Und genau das tut Siebeck: »Wenn wieder von der Unschädlichkeit und der Verträglichkeit bestimmter Nahrungsmittelzusatzstoffe die Rede ist, wenn das Risiko des Klonens abgestritten und eine andere biotechnische Methode zur allgemeinen Anwendung empfohlen wird – wir sind gewarnt.« Nun gibt es trotz millionenfachen Konsums (in den USA stammen zwei von drei Nahrungsmitteln in den Supermarktregalen aus genveränderten Nutzpflanzen) keinen einzigen dokumentierten Fall, dass ein Konsument durch biotechnologische Verfahren bei der Lebensmittelherstellung zu Schaden gekommen ist. Ganz im Gegensatz zu Rohmilch-Produkten.

Die Natur hat blutige Zähne und Klauen und ist keine Ver-

anstaltung zur sanften Erbauung von Stadtbewohnern. Durch
das Gift von Mutterkornpilzen, mit denen Getreide verunreinigt war, wurden in den vergangenen Jahrhunderten ganze
Landstriche entvölkert. Einige dieser Mykotoxine sind 30 000-
mal giftiger als Pflanzenschutzmittel. Als der Magistrat der
Stadt Paris in den siebziger Jahren das alte Markthallenviertel
im Herzen von Paris, den »Bauch der Stadt«, abreißen ließ,
wussten die Franzosen, warum. Tausende von Ratten krochen
aus den Ruinen und versetzten die Bewohner der benachbar-
ten Viertel in Angst und Schrecken. Durch Ratten übertragene
Krankheiten haben mehr Menschen auf diesem Planeten da-
hingerafft als alle Kriege und Revolutionen zusammengenom-
men. Die Pariser Gourmets trugen Trauer, die Gesundheitsbehörden aber schlugen drei Kreuze.

Es ist Feinschmeckern und Naturliebhabern unbenommen,
auf die sterilen Ladenlokale von Aldi oder Lidl mit Verachtung
herabzublicken. Sie sollten dies aber nicht als Ausweis sozialer
Verantwortung, gehobenen Gesundheitsbewusstseins oder
ökologisch hoch stehender Gesinnung vor sich hertragen.
Noch nie in der Geschichte der Menschheit konnten mehr
Menschen sichere, preisgünstige und auch wohlschmeckende
Lebensmittel kaufen als in unserem System der arbeitsteilig
funktionierenden Massenversorgung. Eine Banane, ein Jo-
ghurt oder ein Rotwein schmecken doch nicht schlechter, nur
weil sie von Aldi stammen. (Entsprechende Blindverköstigun-
gen gehen regelmäßig aus wie das Hornberger Schießen.) Es
können sich nur mehr Menschen so etwas leisten (seit 1989
auch im Osten Deutschlands). Der Konsum von vitaminrei-
chem frischem Gemüse und Obst ist beinahe in ganz Europa
dank der preiswerten Supermärkte angestiegen. Doch dem gehobenen Gourmet entlockt das Einkaufsverhalten gemeiner
Verbraucher allenfalls Verachtung. Unter der Überschrift
»Hauptsache viel und billig« beklagt Wolfram Siebeck: »Unser
Konsumverhalten gleicht dem Aldisturm der Ossis beim Fall

der Mauer.« In Plastik verschweißte Bananen, Sauerkraut in Dosen und tiefgekühlte Kalamaresringe sind die letzten echten Feinde des linken Konsumkritikers. Das Credo: Die Aldi- und Lidl-Kultur lockt das Proletariat erst mit niedrigem Preis, schnellem Genuss und geschmackloser Reklame, um es dann in die Irre der Globalisierung und Umweltzerstörung zu führen. Oder: Die dumpfe Masse wird vom Kapitalismus instrumentalisiert und dann betrogen. Nachdem die Oberkritiker den Marsch durch die Institutionen absolviert haben und erfolgreich in Positionen angekommen sind, verbindet sich ihr Anspruch, die Sache der Entrechteten zu führen, mit einer besonderen Form der Arroganz. Larmoyant sind sie obendrein: So traf sich Wolfram Siebeck mit Oskar Lafontaine in dem Elsässer Dreisterne-Tempel »Auberge de l' Ill«, um sich über Verfolgung zu beklagen. Siebeck: »Verfeinerung gilt als dekadent!« Lafontaine: »Ich habe immer dazu gestanden, dass ich gutes Essen zu schätzen weiß, und ich habe mich da vom politischen Gegner auch nicht verrückt machen lassen!« Siebeck: »Hitler war Vegetarier!« Lafontaine: »Wer gut isst und trinkt, ist auch gesamtgesellschaftlich aufmerksamer!«

Den Einwand, Gourmetkost sei auch eine Frage des Einkommens, wischt Oskar Lafontaine in einem Interview mit der Wochenzeitung *Die Zeit* ziemlich naiv vom Tisch: »Steinpilze zum Beispiel kann jeder sammeln – und Steinpilze mit Spagetti gehören zu meinen Lieblingsspeisen.« Spätestens an diesem Beispiel lässt sich zeigen, das Masse eben nicht so ohne weiteres durch Klasse ersetzt werden kann. Mal angenommen, 80 Millionen Deutsche gehen Steinpilze sammeln: Dann gute Nacht, du deutscher Wald. Da die meisten von uns einen Champignon nicht von einem Knollenblätterpilz unterscheiden können, ist es obendrein eine Anleitung zum Massenselbstmord. Denn es sterben sehr viel mehr Menschen an Pilzvergiftung als an BSE. Der Pariser Bäckermeister Lionel Polaine stimmt gegen den »bedrohlichen Trend« zu »aufgeblähten Industrielaiben« und backt sein Brot von Hand und in holzbeheizten Öfen. Es ist schön, dass solche Traditionen wach gehalten werden. Doch zur Verallgemeinerung taugen sie nun mal nicht. Oder wollen wir die Luft tatsächlich durch Tausende Holzöfen verpesten? Jeder, der einmal auf der Suche nach den Ingredienzen von Siebecks berühmten Weihnachtsmenüs den Tank seines Wagens leer gefahren hat, weiß, dass gute Küche nicht besonders ökologisch sein muss.

Die Massenversorgung im Supermarkt hat eben nicht nur soziale, sondern auch ökologische Vorteile. Und so wird die Zukunft wohl weniger zur Renaissance des kleinbäuerlichen Ab-Hof-Verkaufs führen als vielmehr zu einer Ökologisierung der industriell hergestellten Massenlebensmittel. Umweltverträglichere Anbaumethoden, neue Pflanzensorten, die weniger Pestizide brauchen, und artgerechte Tierhaltung werden auch in der Massenherstellung immer mehr Land gewinnen. Dafür gibt es ja vom Bier bis zum Babybrei heute schon zahlreiche Beispiele. Die Firma Hipp beispielsweise verwendet für ihre Babykost Zutaten aus biologischem Anbau, was nichts daran ändert, dass es sich um Fertiggerichte handelt. Das System funktioniert vollständig nach den Gesetzen der Massenware: Von der Fernsehwerbung über vollautomatische Maschinen bis ins Supermarktregal. Was ist eigentlich so schlecht daran? Wenn es denn überhaupt ein Paradies gibt, dann sollten wir es nicht in der Vergangenheit, sondern in der Zukunft suchen.

Die Missbilligung des billigen Essens findet in zwei anderen elitären Diskursen ihre Entsprechung: der Tourismus- und der Medizinkritik. »Der Einfall touristischer Horden«, konstatiert der österreichische Schöngeist André Heller, »führt zur Ausrottung alles Schönen.« Analog den Gourmettraktaten von Siebeck und Co. spricht aus solchen Tourismusanklagen kaum verhohlener Hass auf die Massen, die, zu Wohlstand gekommen, all die romantischen Buchten bevölkern, die bis dahin exklusiv den wahren Kennern vorbehalten waren. Tätowierte Biker am Stand von Kampen, handybewaffnete Prolos in den Uffizien und kugelbäuchige Kegelvereine auf Bali – da graust es den Bildungsreisenden. Nachdem die besseren Kreise auf Mallorca auf ihr Dienstpersonal stießen, tauften sie das Urlaubsziel angewidert »Putzfraueninsel«. Es ist das alte Lied des saturierten Besitzstandbewahrers, der jegliche Veränderung ablehnt und am liebsten einen Deckel auf die Zukunft legen würde. Auf die Idee, dass erschwingliches Reisen für Normalverdiener auch gute Seiten haben könnte, kommt kaum einer – mal abgesehen von der Tourismusindustrie, die daran Geld verdient. Dabei ist längst der Nachweis erbracht, dass viele schöne Naturlandschaften der Erde nur deswegen nicht unter den Pflug kommen, weil Touristen in Scharen dorthin pilgern. Historische Gebäude wären längst verfallen, alte Handwerkskünste in Vergessenheit geraten, wenn keine touristische Nachfrage nach ihnen bestünde. Ohne Massentourismus wäre die Serengeti längst gestorben und der Marmor griechischer Tempel als Baumaterial abgetragen. Der Hass auf die Massen ist also nicht nur asozial, sondern greift in seinem elitären Ästhetizismus viel zu kurz.

Ebenso gehört es heute zum guten Ton, die Errungenschaften der modernen Medizin für die Volksgesundheit zu verachten. Die Tatsache, dass sich die Lebenserwartung in Deutschland seit dem 19. Jahrhundert verdoppelte, wird schulterzuckend zur Kenntnis genommen. Kinderlähmung, Masern und andere schwere (oft tödliche) Krankheiten waren vor wenigen Jahrzehnten noch allgegenwärtig. Ihre erfolgreiche Bekämpfung durch Pharmazie und Technik nimmt kaum jemand mehr als Erfolg wahr. Stattdessen steht die »Schulmedizin« in der Öffentlichkeit als Verschwörung karrieregeiler Weißkittel da, die ihre Patienten mit »harter Chemie« ruhig stellen. Paradoxerweise wird die elitäre Medizinschelte inzwischen von den Massen und ihren Medien selbst betrieben. Von der Illustrierten *Bunte* bis *Frau im Spiegel* ertönt das Hohelied auf die angeblich sanfte Alternativmedizin. Einerseits gelten Wissenschaft und Technik grundsätzlich als verdächtig, andererseits werden selbst die esoterischsten Verirrungen des alternativen Medizinbetriebes noch als Rettung gefeiert. Was einmal als berechtigte Kritik der Schattenseiten des Medizinbetriebes begann, endete als pseudoreligiöse Anbetung von Homöopathen und Wunderheilern. Unter der Regierung von Helmut Kohl fand dieser Zeitgeist in Deutschland sogar Eingang in die staatliche Gesundheitsdoktrin. Alternative Heilverfahren können aufgrund einer Gesetzesänderung teilweise bei den Krankenkassen abgerechnet werden. Diese sind zwar oft alles andere als sanft und hantieren nicht selten mit teilweise hammerharten Säuren, Laugen und Schwermetallen. Der Nachweis der Wirksamkeit muss für eine Erstattung durch die Kassen jedoch nicht erbracht werden. Die strengen wissenschaftlichen Zulassungsbestimmungen wurden für die »besonderen Therapieeinrichtungen« kurzerhand außer Kraft gesetzt. Motto: Natur kann nicht böse sein, aber die Technik bringt uns um. Siehe oben, bei Siebeck. Der Abschied von Aufklärung und Rationalität ist auf vielen Feldern weiter fortgeschritten, als uns gut tut.

3. Rock around the Ortsverein

Rock 'n' Roll galt einmal als schmuddelig, nutzlos und subversiv. Heute vermitteln Rockopas und politisch korrekte Jungstars hingegen staatstragende Inhalte. In Deutschland sind die Tabubrecher von einst zu Anstandstanten im öffentlichen Dienst geworden.

Was Elvis wollte, war völlig klar: »A wop bob a loo ba a wop bam boom!« Millionen Jugendliche verstanden sofort, was er wollte. Millionen Eltern verstanden ebenfalls und drehten das Radio ab. Sinngemäß übersetzt lautete die Botschaft des »modernen Veitstanzes« (SED-Politiker Will Stoph) etwa so: Sei frei! Löse dich von Konventionen! Zieh dein eigenes Ding durch und scheiß drauf, was die Spießer sagen! Rock 'n' Roll löste eine erste jugendliche Gründerwelle aus, lange bevor jemand an New Economy dachte. Ein paar Jungs trafen sich in Garagen und Kellern, um auf Gitarren rumzuschraddeln und in überforderte Mikrophone zu kreischen. Ihr Ziel: Sex, Ruhm und Geld. Und einige erreichten eine ganze Menge davon. Seit Jahrzehnten zählen Rockstars zu den reichsten Privatpersonen der Welt. Als Paul McCartney noch Beatle war und kein politisch korrekter Sir, erklärte er frank und frei: »Warum wir keine Kommunisten sein können? Wir sind die Nummer eins unter den Kapitalisten der Welt.«

Von der Garage zum Popkonzern: der Traum des Künstlers und ein erzkapitalistischer Mythos. Auch anderen Start-ups lieferten Rock und Pop die passende Hintergrundmusik. Ende der siebziger Jahre wollten einige Tausend Spontis und Hippies nicht in denselben Büros wie ihre Väter landen und gründeten Alternativbetriebe. Bob Marley, Patti Smith und »Ton Steine Scherben« dudelten damals aus den Kassettenrecordern in Verlagen, Druckereien, Programmkinos und Naturkostläden. Techno und Rap lieferten später die Begleitmusik zur New Economy. Selbstständigkeit lautet ihr Credo und liefert die Lebensphilosophie: allein oder gemeinsam, aber ohne autoritäre Chefs und ohne die beamtenhafte Hierarchie der Großkonzerne. Weltweit wird Rock als Ausdruck von Genuss, Spaß und Toleranz für alle möglichen und unmöglichen Lebensstile empfunden. Die Kultur der Rockmusik findet den kapitalistischen Konsum nicht verwerflich. Im Gegenteil: Mit kultigen Konsumartikeln wie Haargel, Lederjacken oder Bluejeans drückt man seine Zugehörigkeit aus. Diese Kultur duldet jedoch keine falschen Autoritäten, seien es die eigenen Eltern oder verkniffene Politfunktionäre. Es ist eine »Musik, um das Ich zu befreien«, wie Jimi Hendrix sagte. Wenn die offene Gesellschaft eine Hymne hätte, dann müsste es eine Rock-'n'-Roll-Hymne sein: schrill, chaotisch, rebellisch.

Ihre Gegner haben das schnell erkannt: Rechtsradikale und religiöse Fanatiker in den USA warfen in den fünfziger und sechziger Jahren die Schallplatten von Elvis, Chuck Berry und Co. auf den Scheiterhaufen (und einige Saubermann-Sekten tun dies noch heute). Auch kommunistische Despoten witterten das Gift des kapitalistischen Hedonismus. »Ich bin der Meinung, Genossen«, sprach Walter Ulbricht, »mit der Monotonie des yeah, yeah, yeah und wie das alles heißt sollte man doch Schluss machen.« Seine Nachfolger setzten mehr auf Beschwichtigung und gestatteten gelegentlich etwas »Jugendtanzmusik«. So wie die Club-Cola-Flasche andeutungsweise das Design der echten Coca-Cola imitierte, verabreichte der DDR-Rock ein wenig Freiheitsgefühl in planwirtschaftlich verträglichen Dosen. Andere Regime verbaten hingegen alles, was nach Westen klang (teilweise bis heute). In Afghanistan zum Beispiel war unter den Taliban der Besitz von Pop-CDs lebensgefährlich.

Speziell der britische Rock, der Stil bildend für die sechziger, siebziger und frühen achtziger Jahre wurde, entstand in einer freiheitsverliebten Bohème-Kultur, die sich an den englischen Art-Schools entwickelt hatte. Spätere Stars wie Keith Richards, David Bowie, Pete Townshead und Eric Clapton studierten ein paar Jahre an solchen Lehranstalten für Kunst und Design. Dort herrschte eine Atmosphäre des grenzenlosen Individualismus und kompromisslosen Avantgardismus. Dieser Geist, der den Rock hervorbrachte, ist nicht nur für die Musik und Kunst lebensnotwendig, sondern auch für das erfolgreiche Wachstum von Marktwirtschaften. Denn junge Gründer haben das gleiche Entdeckergefühl, das die Garagenbands antreibt. Es sind die Rebellen, die für Fortschritt sorgen und damit Wohlstand schaffen.

Vom Establishment des in die Jahre gekommenen Deutschrocks ist allerdings keine Inspiration mehr zu erwarten. Niedecken, Westernhagen und Co. haben sich längst für eine Art beamteten Parteibuchrock entschieden, der aus Konzerthallen Erziehungsanstalten macht. Und weil aus dem Ausland immer noch ein paar undisziplinierte Klänge rüberschwappen, forderten der Musikfunktionär Dieter Dehm (Ex-Falken, Ex-Stasi, Ex-SPD, heute PDS), der Krautrocker Heinz-Rudolf Kunze und Dieter Thomas Heck (Hitparade) schon vor Jahren staatliche Quoten für Deutschrock im Radio. Man müsse sich gegen »ausländischen Schund« wehren, meint Kunze. Wenn wir uns recht entsinnen, gab es eine Zeit, in der »Negermusik« schon mal verboten war. Doch was damals aus den deutschen Volksempfängern dröhnte, hatte keinen guten Groove. Dennoch steht auch Kunzes Kollege Herbert Grönemeyer (»Ein Günter Grass der deutschen Popkultur«, *Die Welt*) auf dem Standpunkt, dass westliche Kultur »in den letzten fünfzig Jahren« nur »Entertainment« gewesen sei. Und davor?

Wenn auch der »ausländische Schund« nicht immer draußen gehalten werden konnte, so war doch die Verstaatlichung des Deutschrock ein recht erfolgreiches Projekt. Am 11.11. 1990 errang die große Vereinnahmung einen traurigen Höhepunkt. An diesem Tag trat Rio Reiser, einst Sänger der linksrebellischen Band »Ton Steine Scherben«, in die PDS ein. Die anarchistische Stimme der Freiheit gesellte sich zu den Nachlassverwaltern des letzten spießbürgerlichen Staates auf deutschem Boden. Ton Steine Scherben im Sonderzug nach Pankow. Welch ein historisches Missverständnis. Reisers späterer Flirt mit dem Realsozialismus fügte sich getreu in die beharrliche Mission des deutschen Musikestablishments. Denn Lindenberg, Grönemeyer, Niedecken, Müller-Westernhagen, Maffay und andere Lederjackensenioren eint ein gut gemeintes Leitmotiv: Das geile, hedonistische, asoziale, freiheitssüchtige Schmuddelkind Rock 'n' Roll soll umerzogen werden, zu einem fügsamen Chorknaben im sozialdemokratischen Gesangsverein. Sie schulmeistern nicht so plump wie der knödelnde Gesinnungssänger Konstantin Wecker und nicht so verbiestert wie Franz-Josef Degenhardt an der Stalin-Klampfe, doch ihre Botschaft ist die gleiche: Gemeinschaft gut, Individualismus böse. Dieses Programm war so erfolgreich, dass sich heute fast die gesamte Musikindustrie links und etatistisch gibt. Rockklänge gelten als Transportmedium für politisch korrekte Gesinnung. Wenn deutsche Popsänger sich mit politischen Botschaften schmücken oder zumindest opportunè Haltungen einnehmen, liefern SPD, PDS und Grüne das Libretto. Je enger, je lieber: Westernhagen kumpelt öffentlich mit Schröder, Maffay mit Lafontaine. Da blieb für den armen Scharping nur noch Konstantin Wecker übrig. Selbst Stars mit völlig unpolitischem Image liegen ganz automatisch auf der vorgegebenen Linie, wenn sie sich mal zu einer Meinungsäußerung hinreißen lassen. Armer alter Rock 'n' Roll.

Auch in andern Ländern gibt es Politrock. Wenn es um die Rettung der Welt im Dienste der guten Sache ging, waren Gruppen wie Rage Against the Machine, Chumbawamba und Stars wie Patti Smith, Bono und Sting meistens mit von der Partie. Auch die schwedische Gruppe The (International) Noise Conspiracy biedert sich mit Titeln wie »Capitalism Stole My Virginity« erfolgreich bei Globalisierungsgegnern an und an ihren Merchandisingständen wird neben den üblichen T-Shirts auch antikapitalistische Erbauungslektüre feilgeboten. Doch Rock als Fortsetzung der Sozialdemokratie mit anderen Mitteln ist eine ziemlich deutsche Angelegenheit. Wie kommt es eigentlich, dass eine Musik, die vom Kapitalismus hervorgebracht wurde, die ein Produkt solch typisch kapitalistischer Erscheinungen wie Wohlstand, Konsum, Freizeit und Innovationsfreude ist, von vielen als links interpretiert wird?

Die Verbindung zwischen Musik und linker Politik ist offenbar keine logische, sondern entstand durch einen bestimmten Habitus, einen Stil, der von den Stars und der Musikindustrie gepflegt wird. Man trägt Che Guevara auf dem T-Shirt und lässt es sich egal sein, dass dieser Mann Kubas Wirtschaft ruinierte und bei der Errichtung einer miesen Diktatur half. Man findet den Kapitalismus (die Musikindustrie selbstverständlich ausgenommen) irgendwie ungerecht und imitiert die Gesten kämpfender Proletarier. Diese Haltung ist nicht nur typisch für Rockmusiker, sondern hat sich im gesamten Kulturbetrieb fest etabliert. »Im narzisstischen Zeitalter«, schrieb der SZ-Feuilletonist Georg Diez treffend, »ist auch der Antikapitalismus eine Form der Eitelkeit.« Theaterintendanten mit Fantasiegehältern, allseits hofierte Schriftsteller und Filmschauspieler gefallen sich in der Rolle des moralisierenden Sozialkritikers und verachten den gemeinen Geldpöbel, der keine höheren Ambitionen hat. Mit welchem Recht eigentlich? »Die leere Arroganz der ... Künstler«, schrieb der liberale Ökonom Ludwig von Mises, »weist die Tätigkeit der Geschäftsleute als unintellektuelles Geldverdienen von sich. Die Wahrheit ist, dass die Unternehmer und Gründer mehr intellektuelle Fähigkeiten und Intuition entfalten müssen als der durchschnittliche Schriftsteller oder Maler.«

Vielen Politikern kommt die linke Pose aber gerade recht, denn auch PDS, SPD und Grüne fangen gern mit Hilfe antikapitalistischer Ressentiments Wählerstimmen ein. Gerhard Schröder hält bei der Verleihung des Bundesverdienstkreuzes am Bande die Laudatio auf Marius Müller-Westernhagen und schreibt für *Die Welt am Sonntag* eine Ode auf seinen Lieblingsrockstar. Politik allein sei überfordert und könne junge Menschen nicht mehr für die Demokratie begeistern, heißt es darin, »sie ist auf Mitstreiter angewiesen. Dabei zähle ich auch in Zukunft ganz besonders auf Marius Müller-Westernhagen«. Auch Bundesfamilienministerin Christine Bergmann forderte, Kunst und Politik sollten zusammengeführt werden. Und die Exmanagerin von Ton Steine Scherben, Claudia Roth, führt als Parteichefin der Grünen beides ganz praktisch und biographisch zusammen. Fragt sich nur, ob diese anvisierte Staatsmusik und Staatskunst dann noch irgendwem unter fünfzig Lenzen Spaß macht. Die Geier warten schon: Auch die CDU möchte beim Staats-Pogo nicht mehr länger im Abseits stehen. Ihre Bundestagsfraktion sorgt sich so sehr um die deutsche Popmusik, dass sie im Jahr 2000 eine große Anfrage an die Regierung verfasste: »Bestandsaufnahme und Perspektiven der Rock- und Popmusik in Deutschland«. Der CDU-Abgeordnete Steffen Kampeter erkannte Handlungsbedarf, denn »es fehlt die Auseinandersetzung mit den Rahmenbedingungen für eine nachhaltige Rock- und Popmusik in Deutschland«. Prompt sackte im Jahr 2001 der Umsatz der Musikbranche um zwölf Prozent ein.

Die Ankunft im staatlichen Fürsorgebereich hat der Popmusik nicht gut getan. Zu Anfang des neuen Jahrtausends brachte sie wenig Neues hervor, trat stattdessen auf der Stelle und sank immer tiefer in eine Flut mittelmäßiger Titel. Doch in der Vergangenheit haben es erfolgshungrige Garagenbands immer wieder geschafft, kreative Flauten zu überwinden. Der Versuch, den Rock 'n' Roll zu verwalten, wird dabei nicht sonderlich hilfreich sein. Gute Musik wird irgendwo gespielt, und wenn immer mehr Hörer sie konsumieren wollen, schalten sich clevere Firmen in die Vermarktung ein, um Gewinne zu machen. Das ist alles. Keiner braucht den Staat dabei. Aber keine Angst, es wird auch in Zukunft freche, ungesteuerte und ungezügelte Jugendkulturen geben, ohne die tantige Humorlosigkeit linker Poppädagogen. Neue Rhythmen und Melodien werden die Gründergenerationen von morgen beflügeln. Niemand vermag vorauszusagen, wie diese Zukunftsmusik klingen wird. Vielleicht ertönt sie einmal in solargetriebenen Weltraumbooten oder Tiefseetanzlokalen. Doch hoffentlich wird auch sie ein neues Lebensgefühl von Freiheit und Rebellion entfachen, das junge Frauen und Männer zu Wagnissen und Experimenten anregt. Dann kann die Zukunft ruhig kommen.

Wie bis dahin die politisch korrekte Staatskultur aussehen soll, darüber gab Kulturstaatsminister Julian Nida-Rümelin schon mal Auskunft. Sein erklärter Feind ist die »Hollywood-amerikanisch, popkulturell geprägte Identität«, die er mit mehr Staatsknete für europäische Filme bekämpfen will. Am Ende steht dann ein sauberes Quotensystem, das sich der Minister so vorstellt: »Ich würde mir 50 Prozent Hollywood-Filme wünschen, 40 Prozent europäische und zehn Prozent Exoten.« Na, dann viel Spaß beim Nida-Rümelinschen Quotenfilm. Bei dieser Gelegenheit könnte man eigentlich auch gleich über inhaltliche Quoten nachdenken, etwa so: 50 Prozent seichte Unterhaltung, 40 Prozent Regisseure gegen Rechts und zehn Prozent Rosa von Praunheim.

V. Wie man den Fortschritt bremst

1. Die Schadensbilanz der Zukunftsfeinde

Der Kampf gegen Naturwissenschaft und Technik hat heute schon fatale Folgen. Öko-Aktivisten fördern ungewollt Unterentwicklung, Armut und Krankheiten. Die Durchsetzung ihrer ideologischen Prinzipien untergräbt die Fähigkeit der Menschen, gegenwärtige und künftige Probleme zu lösen.

Siphiwe, Jabulani, Phumzile, Zondwayo, Phinas und Daniela. Dies sind sechs Kindernamen, die sich Europas und Nordamerikas Umweltfunktionäre gut einprägen sollten. Alle sechs stammen aus der gleichen Familie in dem kleinen südafrikanischen Ort Jozini. »Alle starben an Malaria, nachdem DDT aus Umweltschutzgründen verboten worden war«, erzählt die Bevölkerungswissenschaftlerin Lorraine Mooney, die als Beraterin für die südafrikanische Hilfsorganisation »Save Children from Malaria Campaign« arbeitet. Weltweit leiden rund 500 Millionen Menschen an Malaria, alle 30 Sekunden stirbt ein Mensch daran. Mitverantwortung dafür tragen westliche Ökoeliten und ihnen hörige Regierungsvertreter, die gegen jede Vernunft und gegen jedes soziale Gewissen eine kurzsichtige Ächtung des Spritzmittels durchgesetzt haben. DDT tötet die Anophelesmücke, welche die Malaria überträgt. Weltweit hat das Insektizid mindestens 500 Millionen Leben gerettet und noch einmal die gleiche Anzahl von Menschen vor Ansteckung geschützt. Die Malaria stand einmal kurz vor der Ausrottung.

Dann erschien 1962 Rachel Carsons Öko-Klassiker »Silent Spring« (Der stumme Frühling). Carson machte darauf aufmerksam, dass chlorhaltige Verbindungen wie das DDT langlebig sind und sich im Körperfett anreichern. Die Stoffe wurden sogar in entlegendsten Gebieten im Körperfett von Robben oder Eisbären gefunden. Die Verbindungen gelangten auch in die Mägen von Raubvögeln. Die Schalen der Eier wurden zerbrechlich und die Brut kam um. In den USA geriet der Weißkopfseeadler deshalb auf die Liste der bedrohten Arten. Das amerikanische Wappentier ziert die Rückseite der Dollar-Münzen und liegt der Nation ganz besonders am Herzen. Der Aufschrei einer besorgten Öffentlichkeit fiel entsprechend aus. Eine Gefährdung für Menschen bei sachgerechter Benutzung konnte bis heute (nach 50 Jahren eingehender Studien) nicht eindeutig nachgewiesen werden, dennoch ist ein Verbot in der landwirtschaftlichen Nutzung sinnvoll, zumal es dort in exorbitanten Mengen in die Umwelt gebracht wurde. Für die Landwirtschaft gibt es zudem preiswerte alternative Mittel – in der Malariabekämpfung leider nicht. Anstatt DDT sinnvollerweise nur im Agrarbereich – wie es auch geschah – gesetzlich aus dem Verkehr zu ziehen, arbeiteten die Chemiegegner weiterhin auf ein absolutes Verbot hin. DDT galt als reines Werk des Teufels und dieser musste mit allen Mitteln ausgetrieben werden – ohne Rücksicht auf Verluste (im wahrsten Sinne des Wortes). Von Entwicklungshilfe abhängige Länder wurden von den Industrienationen genötigt, auch dort auf DDT zu verzichten, wo es gegen krankheitsübertragendes Ungeziefer eingesetzt wurde. Selbst in Wohnbereichen, in denen das Mittel ausschließlich und direkt zur Malaria-Prävention verwendet wird. Dies, obwohl die dafür notwendigen Mengen im Vergleich zum landwirtschaftlichen Einsatz verschwindend gering und ökologisch verkraftbar sind. »Was in der Landwirtschaft einst auf einer einzigen Baumwollplantage ausgebracht wurde, genügt, um sämtliche Häuser in Guyana vor der Malariamücke zu schützen«, rechnet Lorraine Mooney vor.

Die Vogelwelt hat sich inzwischen erholt. Doch aus dem

»Stummen Frühling« wurden vielerorts stumme Hütten und Dörfer. In Südafrika beispielsweise stiegen die Malariaraten um tausend Prozent an. Die Mücken kehrten massenweise zurück und entwickelten nun auch Resistenzen gegen die Medikamente, die sich viele Betroffene ohnehin nicht leisten können. Die Krankheit zerstört ganze Familien und zwingt sie in Armut, sie können ihre Felder nicht mehr bestellen und das Vieh nicht mehr betreuen. Für die betroffenen Länder kommt dadurch ein Teufelskreis in Gang. Eine Untersuchung der Harvard University kommt zu dem Ergebnis, dass Afrika heute über ein um ein Drittel höheres Sozialprodukt verfügen würde, wenn die Malaria 1965 ausgerottet worden wäre. Aus schierer Verzweiflung griffen die Afrikaner jedenfalls wieder auf DDT zurück. In Madagaskar verstarben 1986 etwa 100 000 Menschen an Malaria, durch den Einsatz von DDT verringerte sich diese Zahl innerhalb von zwei Jahren um 90 Prozent. Der Rückgriff auf DDT brachte die von den westlichen Geberländern und Umweltverbänden stark beeinflusste Umweltabteilung der Vereinten Nationen (UNEP) auf den Plan. Die Bürokraten arbeiteten darauf hin, das Insektizid bis Ende 2001 komplett und weltweit zu verbieten. Malaria-Experten gingen dagegen auf die Barrikaden, um das Schlimmste zu verhindern. Hunderte von Wissenschaftlern, einschließlich mehrerer Nobelpreisträger, unterschrieben eine Petition, DDT nicht abrupt aus dem Verkehr zu ziehen. Es sei unethisch, in den ärmsten Ländern das Risiko von tödlichen Infektionskrankheiten noch weiter zu erhöhen. Selbst einigen ausgewiesenen Grünen wie dem amerikanischen Verbraucheranwalt Ralph Nader ging der Hut hoch. Nader sprach sich für den Einsatz von DDT aus.

Im Jahr 2000 wurde dann die Stockholmer Konvention zur Ächtung der so genannten POPs (Persistent Organic Pollutans) unterzeichnet, darunter fällt auch DDT. Auf Drängen der Malariaexperten gab es für DDT aber einen Kompromiss, einigen Ländern wurden Ausnahmeregelungen zugestanden. Doch in der Praxis heißt das nicht viel.»Auch dort, wo die Ausnahmereglung gilt, sind viele Staaten von Seiten internationaler Gesundheits- und Umweltorganisationen unter Druck gesetzt worden«, berichtet die Malaria-Aktivistin Mooney.»Sie werden aufgefordert, kein DDT mehr einzusetzen, wenn sie nicht auf Entwicklungshilfe verzichten möchten.« Belize und Bolivien gaben beispielsweise dem Druck der US Agency For International Development (US AID) nach. Nur 13 Länder weltweit, darunter Südafrika, haben eine Ausnahmegenehmigung beantragt. Andere Staaten fürchten Repressalien. Bis unmittelbar vor der Einigung opponierten die Vertreter von zahlreichen westlichen Nicht-Regierungsorganisationen gegen jeden Kompromiss. Ihre Parole hieß »Eliminate, don't regulate« (eliminieren, nicht regulieren). Dafür bemühten sie allen Ernstes das Vorsorgeprinzip. So auch während einer Pressekonferenz der Nicht-Regierungsorganisationen in Bonn (anlässlich der gleichzeitig stattfindenden Regierungsverhandlungen zum Thema POPs). Zu ihrer Unterstützung demonstrierten auch Greenpeace-Aktivisten mit den einschlägigen Parolen. Man sollte ihnen einen Flug nach Südafrika spendieren. Mal sehen, wie lange sie auf dem Friedhof von Jozini ihre Plakate hochhalten.

Es hat sich ein verhängnisvoller Öko-Imperialismus gegenüber Not leidenden Ländern durchgesetzt. Erstaunlicherweise sind die Akteure nicht in der Lage, dies zu erkennen. Greenpeace International nahm 1999 laut Jahresbericht 125 Millionen Euro für sein segensreiches Wirken ein. Das wäre nicht möglich, wenn die Menschen nicht von der guten Arbeit der Organisation überzeugt wären. Man muss wohl auch davon ausgehen, dass die Aktivisten selbst der Überzeugung sind, das Gute zu befördern und die Welt zu retten. Die Umweltbewegung entstand zunächst aus dem lobenswerten Antrieb, der schwachen und stummen Natur eine kraftvolle Stimme zu geben. Menschen aus dem politisch links stehenden Milieu entdeckten die Umwelt obendrein als so eine Art Ersatzproletariat. Daraus entsteht aber immer öfter eine absurde Situation: Die Belange des »Ersatzproletariats« namens Natur sind plötzlich wichtiger als die des tatsächlichen »Proletariats«, der Menschen in armen Ländern nämlich. Der Schutz der Umwelt wird über den des Menschen gestellt. Ein ursprünglich gutes Anliegen ist damit in vielen Bereichen in Misanthropie umgeschlagen, ohne dass dies den Beteiligten selbst bewusst wäre. Kurz gesagt: Die meisten Umweltaktivisten haben keinerlei Zweifel oder gar ein Unrechtsbewusstsein. Und deshalb scheint zur Durchsetzung ihrer Interessen auch jedes Mittel recht. Hinter der Monstranz der guten Tat beschleunigen sie jedoch faktisch Elend und Verarmung. Bei genauerem Hinsehen geht es hier nicht mehr um ein Denken in globalen Zusammenhängen, sondern um einen gnostischen Reinheitskult westlicher Eliten. Die nüchterne Abwägung zwischen den Vor- und Nachteilen eines Verfahrens oder einer Substanz wird bereits als Zumutung empfunden und die Entscheidung für das geringere Übel als Verrat (und dem Spendenaufkommen abträglich). Aber abstrakte Gebote wie »chlorfrei«, »chemiefrei«, »atomfrei« oder neuerdings »gentechnikfrei« werden gegen den technischen Fortschritt als solchen in Stellung gebracht.

Die Gentechnik hat die Chlorchemie als Feindbild Nummer eins abgelöst. Mit genau den gleichen Tricks, Mechanismen und Seilschaften, mit denen DDT geächtet wurde, soll jetzt der Anbau von gentechnisch optimierten Pflanzen in Entwicklungsländern verhindert werden. Es ist den Verbrauchern in den westlichen Ländern unbenommen, auf gentechnisch erzeugte Lebensmittel zu verzichten. Alle sind satt und werden immer älter, dem Westen geht's auch ohne gentechnisch veränderten Mais oder Antimatschtomaten gold. Ganz anders sieht es jedoch in den Entwicklungsländern aus. Der von den beiden deutschen Forschern Ingo Potrykus und Peter Beyer entwickelte »Goldene Reis« (siehe Kapitel »Die falschen Freunde der Armen«, Seite 160) hat beispielsweise das Potenzial, vielen Millionen mangelernährten Menschen in Asien zu helfen. Doch die Verankerung des Vorsorgeprinzips für gentechnisch veränderte Erzeugnisse in den Regularien der Welthandelsorganisation gibt den Fortschrittsfeinden ein wichtiges Blockadeinstrument an die Hand. Virtuos spielen die Gegner auf dem Klavier der internationalen Bürokratie, beschicken Konferenzen, majorisieren Beratergremien und kundschaften Vetomöglichkeiten aus. Ein Tross journalistischer Groupies beackert indessen das Feld der Öffentlichkeit. Auch hierin sollte man keine zynische Verschwörung wittern. Medien schlagen sich nun mal, was ja ein prinzipiell sympathischer Zug ist, gerne auf die Seite der Schwachen. Nur haben viele eben nicht mitbekommen, dass sie längst nicht mehr die Sache der Schwachen und Unterdrückten fördern. Was da im kämpferischen Gewand geschrieben und gesendet wird, ist ganz im Gegenteil die herrschende Meinung. Sie kommt doch nicht von unten, sondern von oben und wird von den Ministersesseln herab verkündet.

Ein Lehrbuchbeispiel dafür, wie so etwas heute regierungsamtlich eingefädelt wird, lieferte im Jahr 2000 die haarsträubende Affäre um den so genannten Bt-Mais. Die beiden Buchstaben »Bt« stehen für das Bakterium *Bacillus thuringiensis*. Die Gentechniker leihen sich seine Abwehrkräfte gegen Schadinsekten und kreuzen sie in Pflanzen ein. Was weniger bekannt ist: Bt ist auch der Liebling der deutschen Biobauern. Während bei Genpflanzen nur einzelne Gene aus Bt übertragen werden, versprühen Ökobauern tonnenweise die lebenden Bakterien auf ihre Felder – bis kurz vor der Ernte. Während Bt im Biolandbau als natürliche und völlig unproblematische Schädlingsbekämpfung gilt, verwandelt es sich durch den Kontakt mit einem Wissenschaftler offensichtlich in ein Werkzeug des Bösen. Wenige Tage vor der Zulassung einer neuen Bt-Maissorte der Firma Novartis zur kommerziellen Aussaat in Deutschland wurde die Genehmigung auf Rat von Bundesumweltminister Jürgen Trittin (Grüne) gestoppt. Und dies, obwohl der Mais alle gesetzlich vorgeschriebenen Feldversuche ohne Beanstandung durchlaufen hatte. Die Forscher der dafür zuständigen Zentralen Kommission für biologische Sicherheit (ZKBS) wurden einfach übergangen und konnten nur noch mit einer Pressemitteilung reagieren: Man fühle sich »zutiefst desavouiert«. Umweltministerium und Umweltverbände hatten einen kreativen Weg gefunden, das positive Votum der Wissenschaftler auszuhebeln. Dabei kam Andrea Fischer, Trittins Parteifreundin und damals grüne Gesundheitsministerin, ins Spiel. Sie hob kurzerhand den seit Jahren vorliegenden gesundheitlichen Unbedenklichkeitsbescheid für den Bt-Mais des Robert-Koch-Institutes auf. Mit der Begründung: Es sei Gefahr im Verzug. Grund dafür, so das Ministerium, sei das Auftauchen einer neuen Besorgnis erregenden Studie zum Thema. Diese stammte von den Freunden aus dem Freiburger Öko-Institut. Man hatte dort aber keine neuen Experimente gemacht, sondern alte Literatur gewälzt. Und die politisch korrekte Interpretation alter, teilweise längst widerlegter Arbeiten ergab eben eine neue Studie. Das Ergebnis kam wie bestellt: Bt-Mais könne womöglich doch nicht sicher sein. Anrufer, die im Büro der Gesundheitsministerin um Einsicht in die neue Studie baten, erhielten eine entwaffnende Auskunft: Die Studie sei im Ministerium gerade nicht greifbar, man solle es doch einmal bei Greenpeace versuchen. Die aufmüpfige »Zentrale Kommission für biologische Sicherheit« wurde kurz danach »umstrukturiert«, mit dem Effekt, dass die Wissenschaftler, die am lautesten protestiert und sich für die Zulassung der neuen Bt-Maissorte ausgesprochen hatten, im Gremium keine Rolle mehr spielten. Seit dem Ausscheiden von Andrea Fischer als Gesundheitsministerin wurde 2001 nun die grüne Verbraucherministerin Renate Künast (die an anderer Stelle durchaus Verdienste hat) dafür zuständig, die grüne Gentechnik am ausgestreckten Arm verhungern zu lassen. Entgegen den Empfehlungen der Expertengremien und des Bundessortenamtes stoppte sie gleich nach Amtsantritt die gentechnisch gezüchtete herbizidtolerante Maissorte »Artuis«.

Obwohl solche taktischen Spielchen und Schikanen als nützlich und unproblematisch anerkannte neue Sorten auf Dauer nicht verhindern werden, dürfen sich die Gentechnikgegner einstweilen jedes Mal eine weitere Kerbe in den Colt ritzen: Öffentlichkeit und Verbraucher werden konsequent verunsichert. Ob dieser Verunsicherung werden dann von den Gentechnikgegnern ständig neue Tests gefordert. Und sobald ein Unternehmen sich anschickt, die Tests tatsächlich zu machen, wird mit allen Mitteln versucht, sie zu verhindern. Eine geniale Strategie. Im Frühjahr 2002 wurde bekannt, dass die Firma Bayer sich mit dem Gedanken trägt, mit ihren Freilandversuchen nach Großbritannien auszuweichen, da in Deutschland eine noch stärkere Einschränkung solcher Versuche befürchtet wird. Doch auch in Großbritannien tauchen Gentechnikgegner mit der Sense auf und zerstören Versuchsfelder. Und auch der politische Druck dürfte wachsen. »Es wäre unklug rumzulaufen und einfach ein Ende dieser Technologie zu fordern«, sagte der Philosoph Martin Teitel auf einem großen Strategie-Treffen der Gentechnikgegner in New York Anfang 2001. Stattdessen sei es viel klüger, immer neue Sicherheitsnachweise zu fordern. Womit sich die Katze in den Schwanz beißt: Risiken können nun mal nicht authentisch erforscht werden, wenn Freisetzungsversuche mit transgenen Pflanzen verboten sind. Das Ziel, Gentechnik auf dem Feld unmöglich zu machen, will man so durch die Hintertür erreichen.

Nun könnte man dies alles als Politkabale abhaken, wenn der nachhaltigste Schaden nicht andernorts auf der Welt entstehen würde: Denn die Furcht der verängstigten Verbraucher vor gentechnisch verändertem Mais oder Soja wird skrupellos gegen die armen Länder ausgespielt. Entwicklungsländer müssen befürchten, keine landwirtschaftlichen Produkte mehr in die Industrienationen exportieren zu können, wenn sie auf die grüne Gentechnik setzen. Aus diesem Grund zögern sie mit der Einführung und verlieren wertvolle Zeit, die ihnen angesichts ihrer schnell wachsenden Bevölkerung bald fehlen könnte. In Brasilien oder Indien ist es den Bauern oft nicht erlaubt, viele neue und möglicherweise bessere Sorten auszuprobieren. In Kenia wurde noch 2002 beispielsweise die dringend benötigte Zulassung einer virusresistenten Kartoffelsorte blockiert. Erneut verhindert eine saturierte westliche Oberschicht, dass sich Länder der Dritten Welt rechtzeitig weiterentwickeln und auf die Herausforderungen der Zukunft einstellen können. Selbst nachdenkliche Grüne – und davon gibt es ja eine ganze Menge – weigern sich beharrlich, diese Zusammenhänge zur Kenntnis zu nehmen. Sie dreschen lieber hohle Phrasen über gerechten Welthandel.

Dass man in den nachholenden Nationen vollkommen andere Vorstellungen von der Zukunft hat als ökologische Oberaufseher aus Deutschland, zeigt einmal mehr Südafrika. »Ein neues Zeitalter der Kernkraft. Die Entwicklung des Kugelhaufen-Modulreaktors«, verkündet die südafrikanische Industrie. Die Technik dieses Kraftwerktyps, der nicht durchschmelzen kann, wurde vor 40 Jahren in Deutschland entwickelt. Über viele Jahre verzögerte die deutsche Energiewirtschaft eine ernsthafte Weiterentwicklung dieser besonders zukunftsfähigen Reaktoren – die neue Technik hätte ja ein schlechtes Licht auf die vorhandenen Kernkraftwerke werfen können. Auch die Eignung der kleinen, modularen Kraftwerke für eine dezentrale Energieversorgung schmeckte den vor jeglichem gesunden Wettbewerb geschützten deutschen Energiemonopolisten überhaupt nicht (ein in Hamm-Uentropp gebauter Reaktor dieses Typs erwies sich für die Technik als viel zu groß). Ein fataler Fehler eines selbstzufriedenen Managements, denn mit den neuen Technologien wäre es später ungleich einfacher gewesen, der Anti-AKW-Bewegung und der Tschernobyl-Hysterie glaubwürdige Argumente entgegenzusetzen (nicht selten sitzen die Fortschrittsfeinde eben auch in Wirtschaft und Industrie selbst). Im Jahr 2002, ein bisschen sehr spät, wird die vergessene deutsche Technik von der im »Deutschen Atomforum« versammelten Kernenergielobby plötzlich hoch gelobt. Die Südafrikaner hören es gern. Das Land setzt auf eine fortgeschrittene, dezentralisierte Atomkraft mit fehlertoleranter Sicherheitstechnik. Die neuen Reaktoren sollen in Südafrika in Serie gehen, Interessenten aus Asien geben sich bereits die Klinke in die Hand.

Die Energiefrage ist die große umwelt- und wirtschaftspolitische Frage des angebrochenen Jahrhunderts. Nahezu jeder der gigantischen Fortschritte im gesellschaftlichen Leben der letzten 200 Jahre wurde mit Energie erreicht. Landwirtschaftliche und industrielle Produktivitätssteigerung, höhere Lebenserwartung und die bessere Versorgung mit Nahrungsmitteln, Wohlstand und Mobilität für immer mehr Menschen, selbst Freiheitsrechte und Gleichberechtigung: All dies hängt direkt oder indirekt mit der Erleichterung des menschlichen Daseins durch Elektrizität und Motoren, durch Maschinen und Fahrzeuge zusammen. Komplexe, offene und arbeitsteilige Gesellschaften sind wunderbare Wohlstandsmotoren, aber sie brauchen viel Energie. Niemand weiß heute sicher, ob Solarenergie, Fusionsenergie oder inhärente Hochtemperaturreaktoren künftig die Lösung sein werden. Die Atomenergie wird jedenfalls eine wichtige Option bleiben. Dessen ungeachtet hat es die Protestindustrie in Deutschland und einigen anderen europäische Ländern geschafft, an den Abschaltknopf für die Kernkraft zu gelangen. Die Fortschrittsgegner von einst und heute einigten sich in einem außerparlamentarischen Moratorium auf den so genannten Atomausstieg. »Nicht weil wir einen besseren Energieweg wüssten, sondern weil die Atomkraft nun einmal wirkungsvoll dämonisiert wurde, steigen wir aus ihr aus«, schreibt Thomas Schmid in der *FAZ*. »Man gewinnt aus der lustlosen Weise, in der hier agiert wird, eher den Eindruck, das Ganze sei so etwas wie ein großes Biographierettungsprojekt. Der Widerstand von einst soll nicht umsonst gewesen sein.«

Die jüngere Generation hat die Botschaft verstanden: Die Ausbildung eines Reaktorphysikers dauert etwa sechs bis neun Jahre. Wenn ein deutscher Student, der jetzt sein Studium beginnt, die Ausbildung abschließt, wird fast die Hälfte der verbleibenden Betriebszeit der deutschen Kernkraftwerke abgelaufen sein. Er könnte in seinem Beruf also höchstens noch zehn Jahre arbeiten. Ein junger Mensch wird sich auf diese trüben Aussichten nicht einlassen. Kernphysiker sterben in Deutschland aus. In fünf bis zehn Jahren wird es in Deutschland auch so gut wie keine Strahlenforschung mehr geben. Deren wichtigster Bereich ist noch nicht einmal die Kernkraft, sondern der Einsatz von Strahlenquellen in der medizinischen Diagnostik und der Therapie. Auf dem Gebiet der internen Dosimetrie und der Neutronenmessung waren in Deutschland 2002 nur noch vier Forscher tätig, die Strahlenchemie ist hierzulande überhaupt nicht mehr vertreten und auch die Strahlenbiologie leidet unter eklatantem Nachwuchsmangel. Nun ist es einer Gesellschaft unbenommen, ihre Zukunft auf die autosuggestive Wirkung von Windkrafträdern zu bauen. Nur sollte man den Rest der Welt nicht auch dazu zwingen. Wer sich die Klimaschutzvereinbarungen zur Reduzierung von Treibhausgasen in Zusammenhang mit dem Kyoto-Protokoll anschaut, entdeckt aber genau dieses Bestreben. Westliche Investoren, die in Drittwelt-Ländern Eukalyptus-Plantagen (brav) oder Windräder (noch braver) finanzieren, sollen sich deren Kohlendioxid-vermindernde Wirkung zu Hause anschreiben lassen dürfen. Vollkommen ausgenommen von dieser Regel soll die Technologie bleiben, die das mit Abstand größte Entlastungspotenzial hat: die Kernkraft. Dies war gerade der deutschen Verhandlungsdelegation stets ein besonderes Anliegen. Die Fortschrittsfeinde haben auch hier strategisch wichtige Schlüsselpositionen in nationalen und internationalen Gremien erobert und bohren von dort aus dicke Bretter. So sieht Kaderpolitik alter Schule aus. Gelernt ist eben gelernt. Und was dem grünen Umweltminister Trittin recht ist, ist Jörg Haider aus Österreich nur billig. Vereint soll die Europäische Union gegen die Kernkraft in Stellung gebracht werden. Entweder das tschechische Kraftwerk Temelin geht vom Netz, oder ihr müsst draußen bleiben. Doch es ist schön, dass es in Europa noch Rückzugsgebiete für die Vernunft gibt, auch wenn sie ziemlich am Rande liegen. Paavo Lipponen, Sozialdemokrat und finnischer Premierminister, sagt zur EU-Politik gegenüber osteuropäischen Beitrittskandidaten: »Es ist eine Art Energie-Imperialismus.« Finnland plant ein fünftes Kernkraftwerk, denn die Atomenergie muss nach Lipponens Ansicht in der Europäischen Union Bestandteil der Energieversorgung bleiben. »Wie kommt es nur, dass einige versuchen, die EU zu einem echten Monster fossiler Brennstoffe zu machen, das abhängig ist von Kohle und Erdgas?« Atomkraftaussteigern wie Deutschland und Schweden wirft der Sozialdemokrat eine Mischung aus Realitätsverlust und Verlogenheit vor. »Wenn ganz Europa jetzt auf Erdgas aus Russland setzt, was geschieht, wenn der Preis steigt?« Der lange und dunkle polare Winter in Finnland scheint dem energiepolitischen Denkvermögen ausgesprochen gut zu tun.

Als es darum ging, im Zusammenhang mit dem Atomausstieg völkerrechtlich verbindliche Absprachen mit anderen Staaten außer Kraft zu setzen, bezeichnete Jürgen Trittin seine Wahl zum Umweltminister allen Ernstes als »höhere Gewalt«, die ein solches Vorgehen rechtfertige. »Das offenbart ein chauvinistisches und autoritäres Politikverständnis, das noch zu Beginn des vorigen Jahrhunderts einen geradezu klassischen Kriegsgrund abgegeben hätte«, kommentiert dies Udo Knapp, lange Zeit prominenter grüner Politiker. Aber auch ohne Kriegserklärung haben die Fortschrittsfeinde einen in der Industriegeschichte bisher einmaligen Coup gelandet. »Es gibt bisher kein Beispiel für den Versuch, per Gesetz und administrativem Vollzug einen ganzen Industriezweig stillzulegen«, sagt Knapp. »Im Gegenteil, mit hohem finanziellen Aufwand wird in vielen Fällen versucht, überholte Industriezweige gegen jede ökonomische Vernunft künstlich am Leben zu halten.« Bei der Kernkraft aber handele es sich um einen modernen Industriezweig mit erfolgreicher Technologie, die nicht ohne weiteres ersetzt werden könne, sowie mit dauerhaften und sicheren Arbeitsplätzen. In Kalkar am Niederrhein hat sich die deutsche Technikfeindlichkeit ein bizarres Denkmal gesetzt: Der für siebeneinhalb Milliarden Mark errichtete schnelle Brüter ging nach jahrelangen Großdemonstrationen nie ans Netz. Er wurde für ein halbes Promille der Bausumme an einen holländischen Freizeitparkbetreiber veräußert. Im »Kernwasser-Wunderland« drehen sich jetzt Karussells und Kletterer hangeln sich am Kühlturm empor. Die ehemaligen Konferenzräume werden von Skatrunden und Karnevalisten angemietet. Mit diesem grünen Alternativentwurf des zukunftsfähigen Deutschland könnten wir ja leben, es beunruhigt uns nur eine Frage: Wo kommt der Strom für das Karussell her?

Besucher aus Asien, Osteuropa oder Afrika können die Geschichte von Kalkar kaum glauben. In den Kohlegruben der Welt kommen jedes Jahr Hunderte von Bergleuten bei Unglücken ums Leben, die Zahl der durch die staubige Arbeit unter Tage schwer Lungenkranken geht in die Millionen. Die Kernenergie in Westeuropa ist demgegenüber eine mustergültig sichere Angelegenheit. Doch die Hohepriester des Ausstiegs haben solche Vergleiche erfolgreich mit Tabu belegt: Nicht die tatsächlichen Opfer oder Verhältnisse sind wichtig, sondern diejenigen, die beim größten anzunehmenden Unfall entstehen könnten. Nun hat dieser Gau in Tschernobyl in Folge eines absichtlich und gegen alle Vorschriften herbeigeführten Belastungsexperiments stattgefunden. Dabei wurden sogar automatische Abschaltsicherungen manuell überbrückt – das zeigen die Protokolle der internationalen Atomenergiebehörde. Tschernobyl war wohl in erster Linie das Ergebnis einer fehlgeleiteten Kommandowirtschaft und erst in zweiter Linie ein nuklearer Unfall. Was nichts am verheerenden Ergebnis ändert.

Dennoch weicht die Beschwörung einer einmaligen Katastrophe inzwischen einer sehr viel nüchterneren und zurückhaltenderen Einschätzung des Ereignisses und seiner Folgen. Ein Ende 2001 veröffentlichter Bericht des UN-Entwicklungshilfe-Programms (UNDP) und der UNICEF schildert die gesundheitlichen, ökologischen und sozialen Konsequenzen aus dem tragischen Geschehen 15 Jahre nach der Explosion. In einem aufwändigen Prozess besuchten Inspektoren die betroffenen Landstriche und Menschen, befragten Ärzte und Wissenschaftler und sichteten die wissenschaftliche Literatur. Ein überraschendes Ergebnis des Berichts ist, dass die Zahl der direkten Strahlenopfer von der Öffentlichkeit weit überschätzt wird. Die direkten Konsequenzen der Strahlung manifestieren sich am augenfälligsten im Schicksal von 100 schwer erkrankten direkten Nothelfern vor Ort, von denen inzwischen über 40 verstarben. Der UNDP/UNICEF-Bericht nennt als herausragendes Problem einen bis zu hundertfachen Anstieg der Schilddrüsenkrebsfälle bei Kindern, normalerweise eine sehr seltene Erkrankung. Bis 2000 erkrankten insgesamt 1800 Kinder in Weißrussland, Russland und der Ukraine an Schilddrüsenkrebs, der bei entsprechender (aufwändiger) Behandlung heilbar ist (es gibt dafür teilweise internationale Unterstützung). Trotz aufwändiger Studien haben sich auch 15 Jahre nach dem Ereignis keine signifikanten Anzeichen für eine Erhöhung anderer Krebsarten wie zum Beispiel Leukämie gezeigt. »Vom Anstieg der Schilddrüsenkrebsfälle abgesehen, gibt es 14 Jahre nach dem Unglück keine Belege für einen größeren Einfluss auf die Gesundheit der Allgemeinheit, den man der Strahlungs-Exposition zuordnen könnte«, resümiert auch das wissenschaftliche Komitee der UN in seinem Bericht »Effects of Atomic Radiation to the General Assembly« (UNSCEAR 2000). Tschernobyl war schlimm genug, dennoch sind vier- bis fünfstellige Tschernobyl-Todeszahlen, wie sie von Atomkraftgegnern immer mal wieder bemüht werden, weit abseits der Realität. Grob unterschätzt werden laut UNDP/UNICEF hingegen die negativen Folgen durch Stress, Angst und Armut, die zum Teil erst durch aus heutiger Sicht überzogene und überstürzte Evakuierungsmaßnahmen verursacht wurden. Eine große Rolle spielt auch die wirtschaftliche Not durch den zwischenzeitlichen Zusammenbruch der Sowjetunion. So sei beispielsweise die Lebenserwartung im gesamten ehemaligen Riesenreich im gleichen Maße zurückgegangen wie in den Tschernobyl-Anrainerstaaten, weshalb dieser Umstand nicht dem Reaktorunglück zugeordnet werden könne.

Oksana Garnets, Chefin des UN-Tschernobyl-Programms, sagte gegenüber der britischen Tageszeitung *The Observer*: »Der direkte Effekt der Strahlung ist nicht derart gravierend, es gibt mit Sicherheit mehr psychosomatische als strahlenbedingte Krankheiten.« Großen Schaden richteten sachlich oft unbegründete Zwangsumsiedlungen und gut gemeinte Hilfsmaßnahmen an. Sie »zerstörten Gemeinden, zerrissen Familien, führten zu Arbeitslosigkeit, Depressionen und stressbedingten Krankheiten«. Außerdem wird kritisiert, dass die vielen Hilfsaktionen eine Abhängigkeitskultur geschaffen und Millionen Menschen in Fatalismus gestürzt hätten. »Im Zuge

V. Wie man den Fortschritt bremst

der Wirtschaftskrise der neunziger Jahre wurde die Registrie-
rung als Tschernobylopfer für viele Menschen zur einzigen
Möglichkeit, Zugang zu Einkommen und Gesundheitsdiensten zu erlangen«, heißt es in dem UNDP/UNICEF-Bericht.
Die Hälfte der Bevölkerung der Ukraine erklärt mittlerweile,
dass ihre Gesundheit Schaden genommen hat. Während sich
dort 1991 nur 200 Personen als gesundheitlich beeinträchtigt
registrieren ließen, waren es bis zum Jahr 2001 über 90000.
»Es wird prämiert, sich als Opfer klassifizieren zu lassen«, sagt
Garnets. Wer sich in Russland, Weißrussland und der Ukraine
als Tschernobylopfer meldet, erhält bis zu 50 verschiedene Privilegien und Zuschüsse, einschließlich monatlicher Geldzah-
lungen, kostenlosem Schulessen, medizinischer Behandlung
und Sonderurlaub.

Tschernobyl war eine schlimme Katastrophe, aber bei realis-
tischer Betrachtung wohl kein Unglück historisch einmaliger
Dimension, als das es gerne hingestellt wird. Doch die Mythen
der Anti-AKW-Bewegung werden sorgsam gepflegt, das Bild
störende Studien einfach nicht zur Kenntnis genommen oder
– wenn es sich machen lässt – auch ganz entsorgt. Aus dem
Textangebot des Bundesamtes für Strahlenschutz im Internet
verschwanden reihenweise missliebige Untersuchungen,
nachdem der Atomausstieg zum Regierungsprogramm geworden war. Beispielsweise eine Studie, die einen Zusammenhang zwischen Leukämiefällen und dem Kernkraftwerk Krüm-
mel widerlegt. Außer Schriftstücken verschwand 2001 auch
die Vorsitzende der Strahlenschutzkommission Maria Blettner. Sie trat zurück. Das »Ende der Fahnenstange« war für die
angesehene Wissenschaftlerin erreicht, als der Strahlenmedi-
ziner Horst Kuni von Umweltminister Trittin in das Gremium
berufen wurde. Maria Blettner dazu: »Die Kommission hat die
Berufung mehrheitlich abgelehnt, weil er seit Jahren nicht
mehr in anerkannten Journalen publiziert und lediglich dadurch hervortritt, dass er minimale Risiken skandalisiert.« Der

Minister wolle offenbar nicht durch eine wissenschaftlich ar-
beitende Kommission beraten werden, sondern durch »Gesinnungsfreunde«.

Noch besser, als die Wissenschaft zum Schweigen zu bringen, ist es natürlich, Forschung erst gar nicht zuzulassen (siehe Gentechnik). Ein hübsches Beispiel dafür liefert der Hin-
dernislauf um den Forschungsreaktor in Garching bei München, dessen Vorgänger unter dem Namen »Atom-Ei« bekannt
ist. »Der Wissenschaft und der Menschheit zuliebe hoffe ich
aufrichtig, dass der FRM-II mit seinem vollen Neutronenfluss
unverzüglich fertig gestellt wird«, schrieb 1999 der amerikanische Physik-Nobelpreisträger Professor Norman Ramsey. Neu-
tronen sind die Spürnasen für eine kommende neue Welt und
der (im Vergleich zu Kraftwerken) winzige Garchinger Wis-
senschaftsreaktor hat deshalb einen besonders hohen Neutronenfluss. Dieser durchdringt Materie und hilft neue Materia-
lien zu finden. Darunter intelligente Werkstoffe, eine der
großen Zukunftstechnologien. Zahlreiche Spitzenforscher aus
aller Welt möchten mit Hilfe des Reaktors forschen. Im Frühjahr 2002 war der Probebetrieb immer noch nicht genehmigt,
viele befürchteten die »Kalkarisierung« des Projekts. Hoch-
karätige Wissenschaftler wanderten ab. Mit immer neuen Auf-
lagen verzögerte das Bundesumweltministerium, wo es nur
ging: »Zu jeder Frage, die wir beantwortet haben, kommen
drei neue nach«, sagte ein Sprecher. Meist geht es um angeblich atomwaffenfähiges Plutonium, das beim Betrieb anfalle.
»Das bei uns eingesetzte Brennelement, mit dem wir im
Atom-Ei schon 40-jährige Erfahrung haben, ist grundsätzlich
nicht waffentauglich«, sagte dazu Reaktorchef Professor Winfried Petry. Viele der ministeriell vorgelegten Papiere kamen
und kommen von der Hessischen Stiftung für Friedens- und
Konfliktforschung. Es sind alte Bekannte aus den Zeiten der
Friedensbewegung. Und auf die ist grundsätzlich Verlass. Die
Herrschaften sind immer noch auf dem Holzweg der siebziger

und achtziger Jahre des vorigen Jahrhunderts. Atomkraft ist ganz böse, Technologie des Teufels und der Westen an allem schuld. Der in den Diensten des Instituts stehende Friedensforscher Ernst-Otto Czempiel schrieb kurz nach dem 11. September in einem Zeitungskommentar: »Diese vielen Tausend Toten sind eine einzige Anklage gegen die westliche Politik.« Und der Forschungsreaktor von Garching ist eine Bedrohung für den Weltfrieden. Amen.

Der volkswirtschaftliche Schaden, der von den Technikfeinden verursacht wird, zählt viele Milliarden Euro. Und er geht immer wieder mit menschlichem Leid einher. Ein unrühmliches Beispiel hierfür lieferte auch der ehemalige hessische Umweltminister Joschka Fischer. So waren Zuckerkranke lange Zeit auf Insulin aus der Bauchspeicheldrüse von Schlachttieren angewiesen, welches jedoch zu schweren Abwehrreaktionen und Folgeschäden wie Erblindung führen kann. Doch Fischer erlaubte die gentechnische Produktion von besser verträglichem Insulin bei Hoechst in Frankfurt nicht. Rund 14 Jahre nahm die Zulassung der Produktionsanlage insgesamt in Anspruch. »Das war das Fanal zum Rückzug«, sagt der junge Biotechnologie-Unternehmer Friedrich von Bohlen und Hallbach. »Danach sind viele deutsche Großunternehmen mit ihrer Forschung in die USA gegangen – eine Art Mini-Kapitulation. Und es hat zehn Jahre gedauert, darüber hinwegzukommen.«

Sind die Technikverächter aus dem Schaden klug geworden? Nein, es muss in dieser Szene ein Resistenz-Gen gegen Lehren aus der Vergangenheit geben. Einzelschicksale zählen für den Technikfeind ohnehin nicht, wenn es um Grundsätzliches geht. Die Doppelmoral ist dabei mitunter nur schwer erträglich. So ist die so genannte Präimplantationsdiagnostik (PID) in Deutschland nach wie vor verboten (siehe Kapitel »Der Kreuzzug gegen die Wissenschaft«, Seite 175 ff.). Sie würde es disponierten Eltern erlauben, auf dem Weg über eine künstliche Befruchtung vor dem Einpflanzen des Embryos festzustellen, ob ihr Kind eine Erbkrankheit hat. Stattdessen sind Eltern in Deutschland gezwungen, den Embryo im Mutterleib heranwachsen zu lassen, um dann sehr viel später per Ultraschall oder Fruchtwasser-Untersuchung eine Diagnose vornehmen lassen zu können. Im Falle einer Behinderung ist dann eine Abtreibung noch über den dritten Monat hinaus erlaubt. Das heranwachsende Kind wird dabei mit einer Giftspritze zu Tode gebracht. Dies alles im Namen einer höheren Moral (und einem vermeintlichen Kampf gegen Euthanasie), die unserem Land von Klerikern und Technophoben verordnet wird.

Der Präsident der Europäischen Brustkrebs-Konferenz, der britische Mediziner Michael Baum, sieht auch den Test von neuen Medikamenten zunehmend behindert. Immer neue bürokratische Hindernisse einerseits und die Aktionen militanter Tierrechtsaktivisten andererseits seien die Ursache. »Großbritannien war Weltspitze beim Kampf gegen den Brustkrebs, das ist nun vorbei«, klagt Baum. »Die Verzögerung eines neuen Medikaments um nur ein Jahr, das die Sterblichkeit infolge von Brustkrebs um fünf Prozent verringert, kostet 750 Frauen das Leben.« In Großbritannien nahmen militante Tierrechtler und Tierschützer beispielsweise die Huntingdon Life Science Group (HLS), eines der weltgrößten Zentren für unabhängige Tierversuche, ins Visier. Dort wurden jährlich 70 000 Tierversuche unternommen, die meisten davon an Ratten und Mäusen. Jeweils ein Prozent entfielen auf Hunde und Affen. Diese Versuche sind für die Erprobung neuer Medikamente gesetzlich vorgeschrieben. Fernsehbilder hatten gezeigt, wie Laborangestellte mindestens einen Hund grausam behandelten (die Mitarbeiter wurden daraufhin entlassen). Die Sendung war ein gefundenes Fressen für Tierversuchsgegner, die diese Art der Forschung völlig verhindern möchten. Sie startete eine Kampagne bislang beispielloser

Qualität: HLS-Mitarbeiter wurden zusammengeschlagen, ihre Autos angezündet, Brandbomben gelegt, Niederlassungen und Mitarbeiter von Kredit gebenden Banken angegriffen, ausländische Investoren geschäftlich und privat mit Rufschädigung bedroht. Der Börsenkurs des Unternehmens sank ins Bodenlose, neue Geldgeber zogen sich aus Angst vor Angriffen und Imageschäden zurück, das Unternehmen geriet schließlich in eine Existenzkrise.

Der britische Premierminister Tony Blair wandte sich in einem Gespräch mit der Tageszeitung *The Times* Anfang 2002 erstmals entschieden gegen die Zerstörung und Zerschlagung legitimer Forschungen in seinem Land. Er nannte insbesondere die Proteste gegen genmodifizierte Lebensmittel, die als »Frankenstein-Foods« verteufelt würden, und die Demonstrationen gegen ein neurologisches Forschungsprojekt in Cambridge, das sich mit der Alzheimerschen Krankheit befasst. Die Regierung werde nicht zulassen, dass fehlgeleitete Proteste gegen die Naturwissenschaften die Gesellschaft daran hinderten, künftige Herausforderungen zu meistern. Es sei an der Zeit, die Naturwissenschaften zu verteidigen.

Von DDT bis PID, von Atom- bis Pharma-Forschung oder Gentechnik, die Reihe erfolgreicher Fortschrittsblockaden lässt sich beinahe endlos fortsetzen. Und es geht hierbei nicht um Kavaliersdelikte. Die ablehnende Haltung gegenüber Naturwissenschaft und Technik hat heute schon fatale und vielfach tödliche Folgen. Mit eiferndem Elan wird unsere Fähigkeit untergraben, gegenwärtige und künftige Menschheitsprobleme zu lösen. Dabei lehrt uns die Geschichte, dass sich die Gesellschaften in der Vergangenheit häufig gerade gegen jene Innovationen wehrten, die später zu einer Grundlage für eine bessere Zukunft wurden. Ob in Wissenschaft, Technik, Ethik, Ökonomie oder Politik – bevor unsere Vorfahren ihre Erfinder und Innovatoren feierten, hatten sie sich den Neuerungen oft widersetzt. Als 1874 eine Pockenimpfung für Kinder vorgeschrieben wurde, konstituierte sich beispielsweise sogleich der »Deutsche Reichsverband zur Bekämpfung der Impfung«. Die befürchteten Nebenwirkungen blieben weitgehend aus, stattdessen wurden Millionen von Menschenleben gerettet. Die Pocken wurden zur ersten praktisch völlig besiegten Infektionskrankheit.

Anstatt daraus zu lernen, haben die Impfgegner heute wieder munteren Zulauf. Viele Eltern unterlassen es beispielsweise, ihre Kinder gegen Krankheiten wie Masern impfen zu lassen. Eine natürliche Infektion, so geht das Gerücht, trainiere den Organismus des Kindes besser und schütze so wirksamer vor Krankheiten. Sogar vermeintlich abhärtende »Masernpartys« werden veranstaltet. »Doch gibt es für die Hypothese, Kinderkrankheiten würden die Immunabwehr stärken, keinen einzigen wissenschaftlichen Beleg«, erklärt Alexander S. Kekulé, Direktor des Instituts für Medizinische Mikrobiologie der Universität Halle-Wittenberg. »Im internationalen Vergleich ist Deutschland bei den erreichten Impfraten ein Entwicklungsland«, heißt es beim Robert-Koch-Institut. Während die Krankheit in Schweden praktisch ausgerottet ist, erkranken in Deutschland 50 000 bis 60 000 Menschen pro Jahr an Masern. »Ich kann es nicht fassen, dass Menschen im Jahr 2000 wieder eher an Magie als an überprüfbare Wissenschaft glauben«, sagt der Impfexperte Heinz-J. Schmitt. Das Risiko einer Überempfindlichkeitsreaktion beim Impfen liegt bei eins zu 300 000. Das Todesrisiko bei Masernepidemien in Bayern und Holland lag jüngst zwischen eins zu 500 und eins zu 1000. Per Tourismus wird dieses Risiko dann auch in Länder der Dritten Welt exportiert, wo die Betroffenen oft keine Möglichkeit haben sich zu schützen und nach wie vor über 900 000 Kinder jährlich an Masern sterben.

2. Die falschen Freunde der Armen

Ob Gentechnik, Regenwald oder Globalisierung: Authentische Respektspersonen aus den armen Ländern des Südens schmücken die Podien und sorgen für Aufmerksamkeit. So wurde zum Beispiel die Inderin Vandana Shiva zum Importschlager der europäischen Protestindustrie. Doch von Indiens Bauern wurde sie nicht gewählt.

Fortschritt ist eine messbare Tatsache. Er misst sich an Lebenserwartung, Kindersterblichkeit, Alphabetisierung, Nahrungskalorien pro Kopf, Durchschnittseinkommen und vielen anderen Indikatoren. Welchen davon man auch immer nimmt, alle sahen vor 25, 50 oder vor 100 Jahren schlechter aus als heute. Die Welt ist besser geworden, entgegen aller Prognosen von Endzeitpropheten und kulturpessimistischen Intellektuellen. Heute haben weltweit mehr Erdenbürger genug zu essen, mehr Kinder gehen auf Schulen, mehr Völker können ihre Regierung wählen und mehr Menschen leben in Wohlstand und Freiheit als je zuvor in der gesamten Geschichte der Menschheit. Und das, obwohl Faschismus, Nationalismus und Kommunismus im 20. Jahrhundert die Entwicklung von Demokratie und Marktwirtschaft mit Strömen von Blut aufhalten wollten und momentan der Islamismus mit aller Gewalt zurück in die Vergangenheit drängt. Die Welt ist besser geworden, und sie kann in Zukunft noch viel besser werden, denn es gibt nach wie vor eine Menge zu tun. In zu vielen Ländern der Erde herrschen immer noch Armut und Unterdrückung. Im Jahr 2001 stellte die UN-Entwicklungsorganisation (UNDP) fest: Zwei Milliarden Menschen haben nicht mal eine Glühbirne in ihrer Hütte. Hundert Jahre nach Erfindung des Telefons hat in den am wenigsten entwickelten Ländern nur einer von 200 Menschen einen Telefonanschluss. Ein Drittel der Menschheit benötigt dringend billige und robuste

Technik: Klärwerke und Computer, Solaranlagen und Impf-
stoffe, ertragreichere Getreidesorten und abgasärmere, billige
Transportmittel. Doch die im Dunkeln sieht man nicht: Unter
den 1223 neuen Medikamenten, die weltweit zwischen 1975
und 1996 entwickelt wurden, halfen nur 13 gegen Tropenkrankheiten, die in den ärmeren Teilen der Welt grassieren.

Anstatt aber dafür zu kämpfen, dass technischer Fortschritt
und ökonomisches Wachstum auch in den Entwicklungsländern Einzug halten, empfehlen viele westliche Intellektuelle
den Armen weiterhin, ihr Leben hinter dem Ochsenpflug zu
verbringen. Nachdem nicht mehr geleugnet werden kann,
dass die Computerindustrie in Schwellenländern nicht – wie
vielfach vorhergesagt – Arbeitsplätze vernichtete, sondern Millionen von Arbeitsplätzen geschaffen hat, gilt die Sorge nun
der grünen Gentechnik. Vor lauter Zukunftsangst machen
sich die Feinde des Fortschritts kaum Gedanken über die ganz
konkreten Probleme, die die Menschen in der Gegenwart be-
drücken. Doch zum Glück gibt es ein paar Ausnahmen. Die
findet man aber eher bei den Naturwissenschaftlern als bei
den Geistesgrößen des Kulturbetriebs. Zum Beispiel die beiden Genforscher Peter Beyer und Ingo Potrykus. Sie entwickelten eine neue Vitamin-A-reiche Reissorte, die speziell
unterernährten Menschen und Kleinbauern in armen Ländern
zugute kommt. Doch dieser Fortschritt gelang ihnen ausgerechnet mit Hilfe der Gentechnik – dem Schreckgespenst der
Kirchen und Umweltverbände. Weltweit leiden über 100 Millionen Kinder an Vitamin-A-Mangel, ein bis zwei Millionen
sterben daran, viele bekommen schwere Sehstörungen. Die
neue Reissorte, wegen ihrer gelblichen Farbe »Goldener Reis«
genannt, kann dieses Elend lindern, denn sie enthält besonders viel Vitamin A und Eisen. Die beiden deutschen Wissenschaftler haben von vornherein darauf geachtet, dass der Goldene Reis denen zugute kommt, die ihn am dringendsten
brauchen. Im Januar 2000 verschenkten sie im internationa-

len Reisforschungsinstitut auf den Philippinen in einem symbolischen Akt ihre Erfindung an die Kleinbauern der Entwicklungsländer. Zuvor war es ihnen gelungen, sechs Weltkonzerne, darunter Bayer und Monsanto, zur Patentfreigabe der entscheidenden biotechnischen Verfahren zu bewegen. Dies war ein in der Wissenschafts- und Industriegeschichte bisher einmaliger Coup im Dienste der Menschlichkeit. Deutsche Politiker, die sich sonst gerne im moralischen Glanz anderer sonnen, blieben dabei merkwürdig stumm. Von Seiten der Gentechnikgegner empfingen die Wissenschaftler hingegen nur Häme und den Vorwurf, ein gefährliches »trojanisches Pferd« der Agroindustrie zu sein. Und dies, obwohl Potrykus und Beyer so ziemlich das Gegenteil von kalten Profitmaximierern sind, als die sie von ihren Gegnern gern hingestellt werden. »Unsere Reissorte wurde weder von der Industrie noch für sie entwickelt«, betonen sie. »Ihr Nutzen liegt ganz bei den armen Bevölkerungsschichten, sie wird kostenlos und ohne Beschränkung an bäuerliche Selbstversorger abgegeben. Jede Ernte kann zur Wiederaussaat verwendet werden. Sie schafft keinerlei neue Abhängigkeiten, und sie bietet reichen Landbesitzern keine Vorteile. Ebenso wenig beeinträchtigt sie die natürliche Artenvielfalt. Und sie hat, soweit erkennbar, weder negative Auswirkungen auf die Umwelt, noch birgt sie gesundheitliche Gefahren für die Verbraucher.«

Es wird Zeit, die Debatte um grüne Gentechnik neu zu führen. Denn bei genauerer Betrachtung ist es keinesfalls so, dass Gentechnikgegner die Moral für sich gepachtet haben. Nicht weil ohne Gentechnik die Menschheit verhungern würde, wie es aus den Propagandaabteilungen der Agrokonzerne tönt. Das trifft – jedenfalls zur Zeit – nicht zu, denn die Potenziale von Flächenerweiterung und konventionellen Züchtungsmethoden sind noch immer nicht ausgereizt. Ein Stopp der grünen Gentechnik wäre aus anderen Gründen verantwortungslos: Er blockiert ökologische Zukunftsoptionen. Noch sind die Forschritte der Gentechniker im Agrarbereich nicht besonders spektakulär. Aber manche Projekte, an denen Wissenschaftler derzeit arbeiten, könnten drängende Umwelt- und Menschheitsprobleme lösen. Der Goldene Reis ist nur ein Beispiel unter vielen. Dürretolerantes oder salztolerantes Getreide wären für trockene Regionen ein wahrer Segen. Eine wiederkehrende Reissorte, die wie ein Beerenstrauch jede Saison neue Früchte trägt, könnte die alljährliche Bodenbearbeitung überflüssig machen und damit Erosionsprobleme eindämmen. Ertragreichere Sorten retten Regenwälder und Savannen vor der Umwandlung in Ackerland. Denn nur, wenn auf gleicher Ackerfläche höhere Ernten erzielt werden, können die bisher ungenutzten Naturgebiete weiterhin geschont werden. Auch dies ist ein guter Grund, Kulturpflanzen gentechnisch zu verbessern.

Doch viele Politiker und Intellektuelle in den westlichen Ländern beziehen ihr Weltbild statt aus den Tatsachen lieber bei den Fortschrittsfeinden der Umweltverbände und Kirchen. Die wiederum schaffen es mit viel Geschick, ihre Gesinnungsfreunde aus den sich entwickelnden Ländern als Kronzeugen und Anwälte der Armen aufzubauen. So wurde Vandana Shiva zur wohl bekanntesten Inderin in Europa und Nordamerika (dicht gefolgt von ihrer Gesinnungsfreundin Arundhati Roy). Seit Jahren darf die »Öko-Feministin« (Selbstdefinition) auf keinem Podium fehlen, vom *taz*-Kongress bis zum Weltwirtschaftsforum in Davos. Sie verdammt den Goldenen Reis und empfiehlt ihren Landsleuten, sie sollten besser mehr Leber, Fleisch, Eigelb und Spinat essen. Wie sagte einst Marie-Antoinette? »Wenn das Volk kein Brot hat, soll es doch Kuchen essen.« In ihrem Heimatland wurde Frau Shiva dadurch bekannt, dass sie mit Hilfe einer Truppe aus einigen Hundert bäuerlichen Aktivisten und einigen Tausend städtischen Sympathisanten (so die indische Tageszeitung *The Hindu*) die Felder von Bauern verwüsten ließ, die gentechnisch verbesserte

Pflanzen anbauen. Ende 1999 protestierte sie lautstark und mit großer Resonanz im Westen dagegen, dass die Opfer einer Flutkatastrophe ohne ihr Wissen von der »US-Regierung als Versuchskaninchen in einem gentechnischen Experiment« missbraucht worden seien. Was war geschehen? Ein Wirbelsturm hatte im Herbst 1999 mehrere Tausend Menschen im indischen Bundesstaat Orissa getötet, Millionen obdachlos gemacht und eine weltweite Hilfsaktion ausgelöst. Die USA schickten Güter im Wert von 6,5 Millionen Dollar, darunter Mehl aus gentechnisch verändertem Soja und Mais. Frau Shiva befand, dies sei »ein empörendes Verhalten, absolut unmoralisch. Leute, die Opfer einer Naturkatastrophe wurden, werden zum zweiten Mal zu Opfern.« Was sie nicht sagte, war, dass die gespendeten Nahrungsmittel auch in den USA und Kanada überall im Handel sind und seit Jahren von Millionen Nordamerikanern ohne Schaden verspeist werden. »Die Gentechnik«, so Vandana Shiva, »stellt jede Form des Kolonialismus, die wir bislang kannten, in den Schatten.« In einer Erklärung zum 11. September 2001 bezeichnete sie die Biotechnologie als »strukturellen Terror«, nicht weniger schlimm als die Attentate von New York und Washington. Solche Bekundungen machen sie bei vielen westliche Bewunderern so beliebt, dass sie in Artikeln, Fernsehsendungen und auf Podien üblicherweise als die Stimme der indischen Bauern vorgestellt wird. Andere Inder halten diesen Ehrentitel indes für ziemlich abwegig, so als ob man Jutta Ditfurth und Sarah Wagenknecht als Botschafterinnen der deutschen Bevölkerung präsentieren würde. »Shiva spricht für eine städtische, intellektuelle ›Moralelite‹, die in noblen Vororten wohnt und glaubt, alles über indische Bauern zu wissen«, sagt Yazad Yal vom Centre for a Civil Society in Delhi. »Bitte erzählen Sie uns nicht, was wir Bauern tun und lassen sollen«, schrieb der Bauer Chengal Reddy in einem offenen Brief an Frau Shiva, »die Umweltaktivisten kennen die indische Wirklichkeit kaum.« Dass dieser Verdacht nicht ganz unbegründet ist, stellte Vandana Shiva in Texas unter Beweis. Dort protestierte sie mit Gesinnungsfreunden im November 2000 gegen die Agrofirma RiceTec, Inc. Vor einem Versuchsfeld erklärte sie der versammelten Presse: »Diese Reispflanzen sehen unglücklich aus. Unsere zu Hause sehen sehr glücklich aus.« »Das liegt daran«, kommentierte ein Firmensprecher, »dass dies kein Reis ist. Unser Feld wurde vor drei Monaten abgeerntet. Das ist Unkraut.«

Viele Bauern betrachten Frau Shiva keinesfalls als ihre Interessenvertreterin, sondern vielmehr als eine Bedrohung ihrer Zukunft. Zum Beispiel Baumwollbauern aus dem Bundesstaat Gujarat, deren Kulturen im Jahr 2001 auf Druck von Shivas Aktivisten durch Soldaten der Provinzregierung vernichtet wurden. Die Landwirte hatten es gewagt, eine gentechnisch verbesserte Baumwollsorte zu pflanzen, die resistent gegen ein gefürchtetes Schadinsekt ist, den Baumwollkapselwurm. Für die zerstörte Ernte erhielten sie keine Kompensation. Der Baumwollkapselwurm hatte in der Saison 2001 die gesamte Anbaufläche von Gujarat zerstört, bis auf die Felder, auf denen die genetisch veränderte Sorte (Bt-Baumwolle) wuchs. Dennoch ist sich Frau Shiva sicher: »Diese Form des Fortschritts ist falsch.« Statt grüner Gentechnik empfiehlt sie eine Abkehr von der Marktwirtschaft: »Freihandel in der Landwirtschaft ist ein Rezept für Hunger und Bauern-Suizid.« Sharad Joshi, Vorsitzender einer großen indischen Bauerngewerkschaft, sieht dies anders. Die Armut, sagt er, komme nicht von den gentechnisch veränderten Pflanzen, sondern von den Eingriffen der Regierung in die Märkte, die es den Bauern verbieten, die Preise zu fordern, die sie auf einem offenen Markt erzielen könnten. Erfahrungen mit Bt-Baumwolle in Südafrika haben gezeigt, dass Kleinbauern besonders stark von den verbesserten Pflanzen profitieren. Sie konnten fünf Sechstel der vorher eingesetzten Pestizidmenge einsparen und ihre Ernte um ein Viertel erhöhen. Großfarmer verbesserten ihre Ergebnisse ebenfalls, aber nicht so deutlich. Die Tageszeitung *The Hindu* kritisierte, dass Frau Shiva Indiens Bauern als rückständige, hilflose Kreaturen karikiere, die man vor der Versklavung durch die Technologie retten müsse. »In Wahrheit«, schreibt das Blatt, »ist auch der indische Bauer experimentierfreudig, und er muss es sein, wenn er überleben will.« Da Indiens Staatswirtschaft Freihandel weitgehend unterbindet, musste bisher auch kein Bauer wegen des Freihandels Suizid begehen, wie Frau Shiva prophezeite. Nach offiziellen Angaben verübten jedoch einige Hundert verzweifelte Baumwollbauern im Jahr 1998 Selbstmord, weil ihnen Schadinsekten die Ernte und damit das einzige Einkommen vernichtet hatten.

Aber was ist mit der Umwelt? »Das Wachstum des Marktes kommt dadurch zustande, dass die Natur und die Menschen ausgesaugt werden«, meint Vandana Shiva, »das ist ein sehr instabiles System und die Ursache für ökologische Krisen, Klimaänderungen, Pestepidemien und die Ursache für Armut auf der Welt.« Vor Marktwirtschaft werden Indiens Bauern durch ein enges staatliches Regelungsnetz geschützt, doch nicht immer zum Besten der Umwelt. So war es den Landwirten bis zum April 2002 verboten, Bt-Baumwolle anzubauen. Doch die genetisch veränderte Pflanze könnte ein Segen für die Ackerböden des Subkontinents sein, die den halben Pestizidverbrauch der Welt schlucken müssen. Rund 45 Prozent dieser gewaltigen Menge landet auf Baumwollfeldern. Wiederum 60 Prozent davon werden eingesetzt, um den gefürchteten Baumwollkapselwurm zu töten. So viel könnte durch resistente Bt-Baumwolle eingespart werden. Bt-Baumwolle wird seit Jahren in China, Australien, Mexiko und den USA angebaut, im Jahr 2000 auf insgesamt 1,5 Millionen Hektar. Ökologische Schäden wurden dabei nicht beobachtet. Einbußen drohen nur der Pestizidindustrie, die durch Bt-Baumwolle in Indien ein Zwei-Milliarden-Euro-Geschäft verlieren könnte. In China wird seit 1991 Bt-Baumwolle angepflanzt, zunächst experimentell und seit 1998 in kommerziellem Maßstab. Der Pestizideinsatz konnte dort um viele Tausend Tonnen reduziert werden und die Artenvielfalt auf den Feldern nahm zu und nicht ab. Während auf herkömmlichen Baumwollsträuchern im Durchschnitt 14 Insektenarten (darunter fünf Nützlinge) leben, zählten die Forscher auf den gentechnisch veränderten Pflanzen 31 Arten (darunter 23 Nützlinge). Doch, so weiß Vandana Shiva: »Die Gefahren sind dafür potenziell grenzenlos.« Diese Haltung findet der indische Ökonom Deepak Lal »atemberaubend arrogant und ignorant.« Die praktischen Effekte solcher Fortschrittsfeindlichkeit könnten »in vielen Fällen ruinös für arme Länder sein«. Vandana Shiva und Arundhati Roy seien die »Reis-Christen« von heute, sagt er. »Reis-Christen« nannten einst die Chinesen ihre Landsleute, die mit den Kolonialisten gemeinsame Sache machten. Und die Kolonialisten von heute sind nach Lals Ansicht die amerikanischen und europäischen Zukunftspessimisten, die Indiens Bauern vor dem Fortschritt bewahren wollen. Doch wo der Ökonom Fortschritt erblickt, sieht Frau Shiva die »Zerstörung der ökonomischen Basis der ländlichen Bevölkerung in der Dritten Welt«. Für den politischen Essayisten Sauvik Chakraverti aus Delhi ist dies das gleiche technikfeindliche Ressentiment, das bereits die europäischen Maschinenstürmer angetrieben hat, als sie im 19. Jahrhundert automatische Webstühle zertrümmerten. Doch bessere Technik, so die historische Erfahrung, steigert die Produktivität. Und erhöhte Produktivität führt zu mehr Wohlstand. Ein Vierteljahrhundert nach Einführung der automatischen Webstühle ergab eine Untersuchung des britischen Parlaments, dass die Zahl der Arbeitsplätze in der Textilindustrie nicht wie befürchtet abgenommen, sondern gewaltig zugenommen hatte. Dennoch ist der Trugschluss, technischer Fortschritt würde Arbeitsplätze vernichten, bis heute überaus populär (und das nicht nur in Indien). Chakraverti karikiert diese Haltung in einem Witz: »Zwei Männer beobachten einen riesigen Bagger bei der Arbeit. ›Wenn es diese Maschine nicht gäbe‹, stöhnt der eine, ›könnten Hundert von uns die Arbeit mit Spaten erledigen.‹ Darauf der andere: ›Oder eine Million mit Teelöffeln.‹«

Nicht alle Kleinbauern Indiens möchten ihr Land »mit Teelöffeln« bearbeiten, während ihre Landsleute in klimatisierten Büros sitzen und modernste Software entwickeln. Viele von ihnen möchten genauso am Fortschritt der Agrartechnik teilnehmen wie ihre Kollegen in Europa. Ein Blick in die Vergangenheit zeigt, wie notwendig dieser Fortschrittsoptimismus ist. Ohne die ertragreicheren Reissorten, die im Zuge der »Grünen Revolution« in den sechziger und siebziger Jahren des 20. Jahrhunderts eingeführt worden sind, hätte die schnell wachsende Bevölkerung Indiens nicht ernährt werden können. Dank der »Grünen Revolution« gibt es heute so reichlich Nahrungsmittel auf der Welt wie nie zuvor in der Geschichte. Die Reiserträge in Asien stiegen seit den sechziger Jahren des 20. Jahrhunderts von 1,9 auf vier Tonnen pro Hektar, die Weizenerträge von 0,7 auf 2,7 Tonnen. Im Jahr 2000 produzierte Indien 204 Millionen Tonnen Getreide. Mit den Techniken der sechziger Jahre hätte man die dreifache Fläche Ackerland dafür benötigt. Die traditionelle Lebensweise, die von Fortschrittspessimisten so bewundert wird, bedeutete hingegen auch, dass eines von drei Kindern vor dem dritten Lebensjahr starb.

Trotz dieser historischen Tatsachen gilt die Aufmerksamkeit des Publikums in Nordamerika und Europa Zukunftsfeinden wie Vandana Shiva, die gegen eine dringend notwendige »Zweite Grüne Revolution« zu Felde zieht, eine Produktivitätssteigerung durch gentechnische Methoden. Das Thema ist geschickt gewählt, weil es archaische Vergiftungsängste weckt. Zwar ist in Europa die Gentechnik in der Medizin weitgehend akzeptiert, weil fast jeder einen Bekannten hat, der ein lebensrettendes Genmedikament braucht. Dennoch grausen sich viele Menschen vor Gen-Soja und Gen-Mais im Essen. Die Anti-Gentechnik-Lobby weiß diese Ängste geschickt zu schüren und nimmt dafür Millionen von Spendengeldern ein. Wenn die westlichen Aktivisten damit erreichen, dass Menschen in Nordamerika und Europa gentechnisch veränderte Lebensmittel ablehnen, ist dies ihr gutes Recht. Wenn sie erreichen, dass gentechnisch veränderte Produkte gekennzeichnet werden müssen, ist das ein begrüßenswerter Beitrag zu mehr Transparenz im Supermarkt. Wenn Aldi und andere Supermärkte durch ihren politischen Druck Gentechniknahrung aus den Regalen nehmen, ist auch dies nicht weiter schlimm. Wenn sie jedoch erreichen, dass Forscher wie Potrykus und Beyer aufgeben, schadet dies den Menschen und der Umwelt. Ein Stopp der grünen Gentechnik wäre geradezu unverantwortlich, weil er Entwicklungsländern die überlebenswichtigen Zukunftsoptionen nehmen würde. »Den technologischen Durchbruch auf den Feldern der Medizin, der Landwirtschaft und der Information zu ignorieren«, sagte Mark Malloch Brown, der ehemalige Leiter des Entwicklungsprogramms der Vereinten Nationen (UNDP), im Jahr 2001, »würde bedeuten, Chancen zu verpassen, das Leben armer Menschen zu verändern.« Im Unterschied zu reichen Industrienationen, in denen das Thema ideologisch aufgeladen sei, so Brown, könnten viele Entwicklungsländer großen Nutzen aus genetisch veränderten Nahrungsmitteln, Kulturpflanzen und anderen Organismen ziehen. Der britische Wissenschaftsautor Fred Pearce hat Vandana Shiva deshalb als »den Mao Tse-tung der grünen Bewegung« bezeichnet. Ihre Rezepte, so Pearce, enthalten »genauso viel Potenzial für Hunger und soziale Verwerfung wie Maos ›Großer Sprung nach vorn‹«. Doch Pearce bleibt optimistisch: »Glücklicherweise hat sie kein Land, an dem sie es ausprobieren kann.«

3. Der Kreuzzug gegen die Wissenschaft

Im Streit um Stammzellenforschung und Reproduktionsmedizin werden Wissenschaftler als Unmenschen abgestempelt. Carl Djerassi, der Erfinder der Antibabypille, meint: Würde die Pille heute erfunden, hätte sie wahrscheinlich keine Chance, auf den Markt zu gelangen.

Ein Labor in Mexiko-City vor rund 50 Jahren: Der Chemiker Carl Djerassi sucht für das Pharmaunternehmens Syntex nach einer neuen Methode der Cortisongewinnung. Cortison wurde seinerzeit als Wunderdroge zur Bekämpfung der Arthritis gehandelt. Der damals 28-jährige Leiter der Forschungsabteilung beschäftigte sich in seinen Versuchen deshalb intensiv mit so genannten Steroiden, die bei der Cortisongewinnung eine Rolle spielen sollten. Doch die Steroide sollten in einem ganz anderen Zusammenhang äußerst wichtig werden. Der junge Forscher ahnte davon anfangs noch nichts. Und doch befand er sich auf dem besten Wege zu einer epochalen Erfindung: der Antibabypille. Denn sie wurde erst durch die genauere Kenntnis der Eigenschaften von Steroiden möglich. Glück und Zufall spielten, wie so oft bei technischen und wissenschaftlichen Durchbrüchen, eine entscheidende Rolle. Genauso wie der richtige Zeitpunkt.

Der geeignete Moment für die neue Antibabypille war es gleich aus mehreren Gründen, denn die gesellschaftliche Akzeptanz des neuen Verhütungsmittels kam auch für Djerassi überraschend. »Niemand konnte erwarten, dass die Frauen die Pille so rasch aufnehmen würden.« Um herauszufinden, wie die Pille ankommt, hatte sich der Schering-Konzern vorsichtshalber eine Gegend am anderen Ende der Welt ausgesucht: Australien und die Südsee. »Wir wollten die Reaktionen zuerst in einer Gegend testen, die in Europa nicht so wahrgenommen wurde.« Denn man rechnete mit Protest. Als der Aufschrei fern der Heimat ausblieb, erschien die »Sex-Bombe« (*Bild*zeitung) am 1. Juni 1961 auch in Deutschland auf dem Markt. In Deutschland ließ sich die Gesellschaft der Adenauer-Ära anfangs nur äußerst zögerlich auf das neue Mittel ein, doch dann ging plötzlich alles sehr schnell. Das Private wurde politisch und die sexuelle Befreiung erste Revolutionspflicht. »Die sechziger Jahre waren auch die Zeit des Rock 'n' Roll, der Drogenkultur und der Hippies. Die Pille hat das Rumschlafen natürlich erleichtert«, erinnert sich der Erfinder. »Die sexuelle Revolution wurde keineswegs durch die Pille ausgelöst«, schreibt die Berliner *taz*, »vielmehr eroberte sie die Pille für sich.« Dahinter steht eine Einschätzung über die Wechselwirkungen von Gesellschaft und Wissenschaft, die Carl Djerassi mit Karl Marx teilt: »Es ist die Gesellschaft, die die Technologie immer weiter vorantreibt, und nicht umgekehrt.«

Der gefürchtete Proteststurm in Deutschland blieb bis auf wenige Ausnahmen aus. Eine »Ulmer Denkschrift« von 140 Ärzten und 45 Professoren warnte vor der »Bedrohung der biologischen und charakterlichen Substanz unseres Volkes«. Aber auch schweres Geschütz konnte später die Entwicklung nicht aufhalten. Als der Vatikan 1968 mit der »Enzyklika Humanae Vitae« die neue Art der Empfängnisverhütung verbot, verabschiedeten sich sehr viel mehr Katholiken von der Kirche als von der Pille. »Sich beugen und zeugen« oder »Wir reden nicht über die Pille, wir nehmen sie«, hieß es auf Plakaten anlässlich des Katholikentages. Damit erlebte die katholische Kirche ihren zweiten Massenexodus innerhalb von 100 Jahren: Erst verlor der Vatikan Anfang des Jahrhunderts die Arbeiterschaft, weil er auf die sozialen Fragen des Kapitalismus keine Antwort geben konnte. Und jetzt verließen die Frauen die Kirche, weil Rom die Umwälzungen in den westlichen Gesellschaften nicht zur Kenntnis nehmen wollte. Am eklatantesten war der Umbruch übrigens im katholischen Spanien: Dort wurde die Pille erst 1978, drei Jahre nach dem Tod des Diktators Franco, zugelassen. Innerhalb weniger Jahre holten die Spanierinnen das an emanzipatorischer Freiheit nach, was die Frauenbewegung im übrigen Europa seit 1968 erobert hatte.

Die wesentliche ethische Intention der Forscher bei der Entwicklung der Pille war dabei eigentlich eine andere. Lebensbedrohliche Infektionen nach illegalen Abtreibungen gehörten weltweit zum traurigen Alltag. »Ohne die Pille hätte es sehr viel mehr unerwünschte Schwangerschaften gegeben«, ist Carl Djerassi überzeugt, »die Pille hat also sicher viele Tragödien verhindert.« Auch in Teilen der Dritten Welt wurde die Zahl der illegalen Abtreibungen und die damit verbundenen Leiden erheblich reduziert. Und nicht nur das. »Die Bevölkerungsexplosion in vielen Ländern ist eines der größten Probleme der Welt«, resümiert Djerassi, »die Pille hat von diesem Standpunkt aus nur Positives bewirkt.« Dennoch war das Zeitfenster für ihre Durchsetzung extrem schmal. Nur zehn Jahre später, glaubt Djerassi, wären Erfindung und Karriere der Antibabypille schon unmöglich gewesen. Die Gründe hängen in erster Linie mit einer gewandelten Einstellung zu Technik, Wissenschaft und zum medizinischem Fortschritt zusammen. »Mir war die Pille total unheimlich«, formulierte Lena, Jahrgang 1968, in einem Interview mit der *taz*. »Die Umweltbewegung war auf ihrem Höhepunkt, als ich ein Teenager war. Ich hatte ohnehin das Gefühl, dass meine ganze Umgebung voller Gift war. Da wollte ich mich nicht noch zusätzlich mit Chemie voll pumpen.«

Wie andere Pharmazeutika hat auch die Pille bei manchen Konsumentinnen unerwünschte Nebenwirkungen – von Kopfschmerzen bis zu Übergewicht oder dem höheren Risiko, an Thrombosen zu erkranken. »Wo keine Nebenwirkung ist, ist auch keine Wirkung«, pflegen Pharmakologen zu sagen. Extrem restriktive Zulassungsverfahren nach aufwändigen klinischen Studien sind deshalb gesetzlich vorgeschrieben. Doch auch diese können Restrisiken nicht völlig ausschließen. »Penicillin kann töten«, sagt Carl Djerassi, »nichts, was wir tun, ist hundertprozentig sicher.« Doch diese Einsicht ist die Gesellschaft immer weniger bereit mitzutragen. Die Verantwortung für das Restrisiko nicht länger tragen zu wollen, verhalf auch dem Verbraucherschutz seit den sechziger Jahren zu einer steilen Karriere und schuf eine völlig neue Art von Inkassounternehmen. In den USA (aber auch in Großbritannien) sind Sammelklagen gegen Konzerne wegen tatsächlichen oder vermuteten Nebenwirkungen von Medikamenten inzwischen zu einem regelrechten Geschäftszweig mit Milliardenumsätzen geworden. Roman Herzog, Exverfassungsrichter und Exbundespräsident, hält solche Klagen für »keineswegs immer verwerflich«. Er warnt aber andererseits: »Ein modernes Raubzugswesen darf aus den Sammelklagen nicht werden.« Und dies ist oft dann der Fall, wenn trotz dürftiger Beweislage die Androhung der Klage schon alleine ausreicht, um ein Unternehmen aufgrund der negativen Publicity schwer zu schädigen. Völlig unabhängig von Schuld oder Unschuld, zahlen viele Unternehmen außergerichtlich hohe Vergleichssummen schon alleine, um einen Imageschaden abzuwehren. Der Vertrauensverlust bei den Konsumenten und der unausweichliche Kursverfall auf dem Aktienmarkt trifft einen Konzern heute schlimmer als mögliche Schadenersatzzahlungen. »Die Grenze zur Erpressung ist nach allem, was wir beobachten, ziemlich fließend«, resümiert Roman Herzog. Der unbestreitbare Nutzen eines Arzneimittels für viele hat heute in der öffentlichen Meinung keine Chancen, gegen verbleibende Risiken für wenige.

»Die letzte Sicherheit über die Langzeit- und Nebenwirkungen der Antibabypille ließ sich nun mal nur herausfinden, indem Frauen sie im Alltag über Jahre anwendeten«, sagt Carl Djerassi. Viele Firmen überlegen sich heute dreimal, ob sie überhaupt ein neues Produkt auf den Markt bringen – wie sinnvoll es auch immer sein mag. Die Pille für den Mann beispielsweise ist erst einmal in die Ferne gerückt, weil Pharmafirmen vor der Entwicklung eines Kontrazeptivums für Männer zurückschrecken. »Die neue Prozesskultur hält viele wichtige Innovationen in der Verhütungsmedizin vom Markt«, sagt Tony Eaton vom Pharmahersteller Hoechst Marion Roussel. Laut seinem Kollegen Mike Wallace von Schering Health Care hat negative Publizität von Unternehmen, gegen die Klageverfahren anhängig sind, oft eine solche Dynamik, dass keinerlei sachliche Argumente dagegen ankommen. Das Klischee vom Kampf David (armer Verbraucher) gegen Goliath (finstere Industrie) wird auch dann begeistert kolportiert, wenn die Faktenlage völlig anders ist. Auch die alten Moralapostel haben damit wieder Konjunktur. Was dem Vatikan in den sechziger Jahren nicht gelang, wird heute von christlichfundamentalistischen Gruppen durchaus mit Erfolg praktiziert. Die Rechte an der Abtreibungspille RU 486, die seinerzeit von der Hoechst-Tochter Roussel Uclaf produziert wurde, hat das Unternehmen nach zahlreichen Aktionen und Boykottaufrufen von fanatischen Abtreibungsgegnern 1997 in vorauseilendem Gehorsam an den Entwickler Edouard Sakitz zurückgegeben. Carl Djerassi und seine Antibabypille hatten damals wahrscheinlich einfach Glück, heute hätten sie womöglich Pech.

Inzwischen schreibt der Erfinder der Pille Theaterstücke und Romane über die durch die Gentechnik entstandenen neuen Möglichkeiten der Fortpflanzungsmedizin. Er legt dabei Wert darauf, dass die wissenschaftlichen Details sehr genau stimmen, weil es seiner Meinung nach das Wichtigste ist, »dass man den Leuten die Grundlagen der Technologie so weit wie möglich erklärt«. In seinem Stück »Unbefleckt« geht es darum, wie sich Befruchtung vom Bett ins Labor verlagern könnte. Reproduktionsbiologinnen klauen in dem Stück ihrem Geliebten einen Samenerguss, um sich später unter dem Mikroskop selbst zu befruchten. »Auch wenn sie über die möglichen Konsequenzen empört sind, verstehen die Menschen, wie kompliziert das Ganze ist«, glaubt der kreative Forscher an die segensreiche Wirkung seiner aufklärerischen Stücke: »Sie begreifen, dass man die Technologie nicht einfach verbieten kann.«

Die gewandelte Einstellung zur Wissenschaft und zum technischen Fortschritt lässt sich an der Debatte um die Forschung an embryonalen Stammzellen und die so genannte »Präimplantationsdiagnostik« (PID) geradezu exemplarisch festmachen, denn die Embryonenforscher sind zum Anfang des neuen Jahrtausends mit einer Geschwindigkeit zu Buhmännern geworden, für die es in der Wissenschaftsgeschichte nicht allzu viele Vergleiche gibt. »Viele Menschen haben eine geradezu antiwissenschaftliche Haltung«, meint Djerassi, »das ist fast schon eine Wissenschafts-Phobie.« Worum geht es? Nach der Befruchtung des Eis durch den männlichen Samen entsteht eine Hand voll winziger Zellen und damit das Frühstadium eines Embryos. Die winzige Traube misst gerade mal als 0,1 Millimeter, hunderte davon passen in einen Wassertropfen. Einige dieser so genannten embryonalen Stammzellen möchten Forscher verwenden, um neue Heilverfahren für zahlreiche Krankheiten zu finden. In diesem frühen Stadium können sich die Zellen noch in jeglicher Form weiterentwickeln, sei es nun zu einem Stück Haut, zu einer Leber oder einem Herzen. Die Wissenschaftler hoffen, dass eines Tages zerstörte Hirn- oder Knochenzellen ersetzt werden können, dass Krankheiten wie Multiple Sklerose besiegt und vielleicht sogar Organe für Transplantationen hergestellt werden können. Untersuchungen in den USA ergeben Abermillionen Krankheitsfälle, die durch die Stammzellenforschung profitieren könnten: 58 Millionen Herz-Kreislauf-Erkrankungen, 30 Millionen Auto-Immunerkrankungen, 16 Millionen

Fälle von Alterszuckererkrankung, zehn Millionen Fälle von Osteoporose, acht Millionen Krebserkrankungen und 1,5 Millionen Parkinson-Fälle.

Bei der Präimplantationsdiagnostik geht es hingegen darum, ob nach einer künstlichen Befruchtung im Reagenzglas und vor dem Einpflanzen der Zelle in den Organismus der Mutter ein Test auf schwere Erbkrankheiten gemacht werden darf. Im Fall einer zu erwartenden schweren Missbildung soll den Eltern dann die Möglichkeit gegeben werden, darüber zu entscheiden, ob sie tatsächlich eine Schwangerschaft wollen oder nicht. Bei beidem steht die komplizierte Frage nach dem ethischen Status und der Würde von frühem menschlichen Leben zur Debatte. Beginnt die Menschenwürde bei der Vereinigung von Samenzelle und Ei, mit dem Einnisten der Eizelle in der Gebärmutter oder der Herausbildung eines Nervensystems in dem neuen Lebewesen?»Obwohl die Frage die Menschheit begleitet, seit sie sich ihrer bewusst geworden ist«, sagte der Präsident der Max-Planck-Gesellschaft Hubert Markl, »ist die streitige Erörterung dieser Frage inzwischen so weit fortgeschritten, dass sich so mancher Lebenswissenschaftler bald nur noch in Begleitung eines Verfassungsjuristen und Moraltheologen ins Labor trauen wird.« In der Öffentlichkeit empfehlen sich darüber hinaus noch ein paar Bodyguards: Der Bonner Stammzellenforscher Otmar Wiestler zum Beispiel genoss 2001 bei öffentlichen Veranstaltungen bereits Personenschutz.

Und dies nicht ohne Grund. Die Terminologie und der Furor der Forschungsgegner nehmen mitunter beängstigende Formen an. Die Ablehnungsfront hat dabei sehr oft einen doppelten Boden. Einerseits werden schwere Krankheiten bagatellisiert:»Der im-perfekte Mensch. Vom Recht auf Unvollkommenheit« hieß zum Beispiel das Motto einer Ausstellung zum strittigen Thema im Hygiene-Museum in Dresden. Und die Heilungschancen durch die neuen Techniken werden von den

Kritikern möglichst als »vage Heilsversprechen« klein geredet. Das Argument hat ja durchaus einen berechtigten Hintergrund: Es ist keineswegs ausgemacht, dass Wissenschaftler die erhofften Resultate erzielen. Gerade für die experimentelle Forschung ist dies schlichtweg eine Binsenweisheit. Ihre Geschichte zeigt aber auch, dass man oft in der avisierten Frage kaum weiterkommt, dafür aber einen anderen – völlig unbeabsichtigten – Durchbruch erzielt. Durch einen solchen »Spinoff« kam Carl Djerassi zum Beispiel zur Antibabypille. Ein Argument gegen die Genforschung sind die unsicheren Erfolgsaussichten also wahrlich nicht.

Für absolut realistisch halten die Kritiker die Erfolgschancen der Gentechnik hingegen immer dann, wenn es um die Konstruktion von möglichst abstoßenden Horrorszenarien geht. Von persönlichem oder geschäftlichem Ehrgeiz getriebene Fantasien einzelner wissenschaftlicher Aufschneider – und seien sie noch so fern der Realität – werden sofort für bare Münze genommen. Der wissenschaftlichen Avantgarde wird daraufhin pauschal unterstellt, sie eifere perversen Wunschfantasien von geklonten Supermenschen nach. Gleichzeitig werden tatsächliche und massive, physische wie psychische Beeinträchtigungen ins verharmlosende Licht des Allzumenschlichen, Natürlichen und Normalen getaucht. »Diese Diagnostik ist eine grässliche Sache. Der Mensch hat nicht die Garantie, dass er gesund geboren wird. Dahinter ist doch der Wunsch nach einem verbesserten Hitler«, sagte beispielsweise Erwin Chargaff. Der 2002 verstorbene Biochemiker, Philosoph und Schriftsteller war ein Lieblings-Kronzeuge aller Technologiefeinde, deren Vorurteile er zielgruppengerecht bediente: »Sie pfuschen am Menschen herum, sie manipulieren an den Genen – ein molekulares Auschwitz droht.« Johannes Mario Simmel, 77 Jahre und Erfolgsschriftsteller, ist ebenfalls geneigt, das Ausklingen der eigenen Lebensspanne mit dem Ende der Welt zu verwechseln. »Die Natur erklärt uns den

Krieg. Wir haben ihn zuerst erklärt, jetzt schlägt sie zurück«, weiß Simmel und fabuliert von gezüchteten »Soldaten oder einer Bevölkerung, die gehorsam jede Meinung vertritt, ja verteidigt, die ihr von den Herstellern vorgegeben worden ist«.

Der bioethische Alarmismus erinnert hier doch sehr an die ausgelutschten apokalyptischen Szenarien der achtziger Jahre mit Konstrukten wie dem »atomaren Holocaust« und dem orwellschen »Überwachungsstaat«. Viel alter Wein gluckert da in neuen Schläuchen. »Die Naturwissenschaftler sind die Taliban der Moderne«, versicherte Erwin Chargaff, ein Satz, der sofort neue Trittbrettfahrer der Angst inspirierte. So konstituierte sich in den USA ein Bündnis aus prominenten Menschenrechtlern, Umweltschützern (darunter der »Sierra Club« und die »Friends of the Earth«), Behindertenvertretern und Medizinrechtlern, um die Menschheit »vor speziesverändernden Techniken« zu schützen. In Anspielung auf den 11. September nannte der Berufsethiker und Initiator des Bündnisses Georg Anas die Bemühungen der Genforscher »bioterroristisch«. Nach dem Motto: Die wahren Bin Ladens tragen weiße Kittel. Eine Wortwahl, die mittlerweile auch im seriöseren Teil der Debatte ihren Niederschlag findet. Der 2001 geplante und vom nordrhein-westfälischen Ministerpräsidenten Clement (SPD) unterstützte, rechtlich legale (weil nicht ausdrücklich verbotene) Import von Stammzellen nach Deutschland firmierte im Feuilleton der *Frankfurter Allgemeinen Zeitung* unter der Überschrift »Der Bioputsch« (Anfang 2002 entschied der Bundestag sich für eine äußerst beschränkte Importerlaubnis von Stammzellen nach Deutschland).

Die Nutzung von Stammzellen wird in der Debatte auf die Ebene eines »Embryonenmordes« gehoben, regelmäßig wabern dabei Designerbabys und »genetische Unterklassen« durch die Diskussion. »Wir wollen keine Sklaven produzieren«, zitiert die grüne Verbraucherschutzministerin Renate Künast den katholischen Kardinal Joseph Ratzinger. Dessen

Kardinalskollege Joachim Meisner befürchtet, dass es den »Selektierern unserer Tage« gelingen könnte, »den lästigen Zufall genetischer Kombinationen zu verhindern«. Er fragt: »Was wäre das anderes, als der Evolution ein bisschen nachzuhelfen?« Dies wiederum hat den grünen Außenminister Joschka Fischer schwer nachdenklich gemacht, weshalb er in einem *FAZ*-Interview schon Bedarf für ein »Evolutionsschutzgesetz« (!) sieht. Das ist ein bisschen arg visionär: Die bescheidenen Fortschritte in der Diagnose von Krankheiten sind um Lichtjahre von der Möglichkeit entfernt, Menschen mit erwünschten Eigenschaften zu produzieren. Also Babys mit blauen Augen, Superfrauen mit den Maßen 90-60-90 oder etwa befehlsempfangende Kampfmaschinen. »Nach heutigem Stand der Gentechnik ist die Diskussion darüber ungefähr so relevant wie ein Streit über die Frage, ob auf dem Mond Links- oder Rechtsverkehr herrschen soll«, sagt die Medizin-Nobelpreisträgerin Christiane Nüsslein-Volhard.

Solche Einwände verhallen ziemlich ungehört, denn nach dem Motto »Wehret den Anfängen« möchte man lieber Gesetze auf Vorrat machen. »Wir haben gerade die Forschung von gestern, die Atomkraft, hinter uns gebracht«, sagte die ehemalige grüne Gesundheitsministerin Andrea Fischer der *Frankfurter Allgemeinen Zeitung* nicht ohne Trophäenstolz, »und nun müssen wir uns um die Forschung von morgen kümmern.« Na dann gute Nacht, Zukunft. Eine ebenso eindrucksvolle wie symptomatische Phalanx hat sich entlang eines statischen Natur- und Menschenbildes aufgestellt und zu einer Front gegen Stammzellenforschung und Präimplantationsdiagnostik zusammengefunden. Der Zukunftsforscher und Publizist Matthias Horx beschreibt sie gelinde verwundert: »Gestandene grüne Feministinnen, die ihre politische Vergangenheit im Kampf gegen das Abtreibungsverbot verbracht haben (›Mein Bauch gehört mir‹), wandeln sich zu Lebensschützern ohne Wenn und Aber. Liberale Kirchenmänner, denen bislang nichts Menschliches fremd war, wollen die Rechte von Embryos am liebsten *vor* den Zeugungsakt verlagern. Rechtsgewirkte Töne, in denen es von ›Blut‹ und ›Reinheit‹ murmelt, verknüpfen sich problemlos mit dem Antikapitalismus der Globalisierungsgegner.« Und alle eint die Sehnsucht nach staatlichen Normen, moralischen Regeln, Wissenschafts- und Technologieverboten. Diese sollen einen »Dammbruch« oder das »Überschreiten eines Rubikons« hin zur »Menschenzüchtung« und »Selektion« verhindern. Die katholischen Bischöfe lehnen die Präimplantationsdiagnostik »aus ethischer Sicht kategorisch ab«, weil sie »in jeder Hinsicht von vorneherein auf Selektion von menschlichem Leben ausgerichtet« sei.

Angesichts der alltäglichen Praxis in Schlafzimmern und Krankenhäusern erscheint diese Argumentation merkwürdig abgehoben und fern von jeder Lebenswirklichkeit. Künstliche Befruchtung, Verhütung und Abtreibung finden tagtäglich tausendfach statt. Auch Selektion ist eine Grundkonstante des Lebens, jeden Tag, jede Stunde, im Menschen, durch den Menschen, in der Natur und in allen Lebensbereichen. Mit dem Verhütungsmittel »Spirale« ist beispielsweise ein Vorgang verbunden, der allgemein akzeptiert und vielfach praktiziert wird: Beim Geschlechtsverkehr kann ein Paar um der schieren sexuellen Lust willen einen Embryo erzeugen, der dann an der Einnistung gehindert und getötet wird. Fände eine solche Befruchtung im Labor statt, ohne dass eine spätere Einnistung erfolgte, so handelt es sich laut Embryonenschutzgesetz um eine Straftat und wird mit Gefängnis bis zu drei Jahren geahndet. »Nirgends ist der Embryo so gut geschützt wie im Labor«, kommentiert Matthias Kamann in der Tageszeitung *Die Welt*. Betrachtet man die von vielen PID-Gegnern akzeptierte (oder gar erkämpfte) Abtreibungspraxis, wird die Sachlage vollends widersprüchlich. »Der Embryo ist in Deutschland so lange geschützt, bis er abgetrieben werden darf«, zitiert der Sozialdemokrat Peter Glotz den Volksmund. »Es ist wider die Ver-

nunft«, schreibt der ehemalige SPD-Bundesgeschäftsführer,
»134 600 Tötungen von eingenisteten Embryos (im Jahr 2000)
zu akzeptieren, gleichzeitig aber die streng kontrollierte Ver-
wendung einiger Hundert nicht eingenisteter Embryos zum
Zwecke hochrangiger Forschung zum Schritt über den Rubi-
kon zu erklären, also als rechtswidrige Tötung menschlichen
Lebens zu behandeln.«

Der Riss im Umgang mit der Embryonenforschung geht
mehr oder weniger durch alle Parteien und pflügt die politische Landschaft völlig um. Am schönsten lässt sich das in Gerhard Schröders neuer Mitte festmachen. Denn Parteigrößen
und Abgeordnete der SPD legen die Fronten um Zukunft,
Fortschritt und Wissenschaft geradezu prototypisch offen. Die
SPD zeigt, wie sich einst geeinte Milieus längs der Frage eines
statischen oder dynamischen Zukunftsbildes neu sortieren. Es
strebt auseinander, was nicht mehr zusammengehört. So steht
Kanzler Schröder der Stammzellenforschung und PID aufge-
schlossen gegenüber. Dies trug ihm einen Rüffel seines ehemaligen Kultusministers Michael Naumann in Form einer
Rede auf dem Kirchentag in Frankfurt ein. Vom Verlust des
»theologisch geprägten Respekts vor dem Sakralen« sprach
Naumann, von »der Heiligkeit des Lebens« und von »medizi-
nisch-politischen Gesundheitsutopien«. In seiner Replik wun-
derte sich Schröder sehr, »welche Bündnisse sich aus christli-
chem Wertkonservativismus und linksalternativer Technolo-
giekritik so ergeben«. Einmal in Fahrt, ließ er es dann an
Deutlichkeit nicht mangeln: »Was mich an Ihrer Argumentation irritiert, ist die nicht nur latente, sondern offene Technik-
und Wissenschaftsfeindlichkeit.« Mit einem »romantisch-reli-
giösen Bedürfnis nach Wiederverzauberung der Welt«, vermag Schröder nichts anzufangen, er bleibe in dieser Bezie-
hung lieber »Kind der Aufklärung und des Liberalismus«.

Schröders Justizministerin Herta Däubler-Gmelin stören
hingegen die vagen Erfolgsaussichten der neuen Technologi-

en. Und Bundestags-Vizepräsident Wolfgang Thierse warnte bei der Eröffnung der bereits erwähnten Dresdener Ausstellung »Das Recht auf Unvollkommenheit« vor der Diskriminierung von Behinderten infolge der neuen Diagnosemöglichkeiten: »Wie weit wollen wir das Streben nach Effizienz und Perfektion noch treiben? Was heißt überhaupt perfekt, was ist defekt?« Thierse befürchtet offenbar: Wer ein behindertes Kind bekommt, gelte in Zukunft als selbst schuld, denn der gesellschaftliche Druck schließe das Zur-Welt-bringen eines behinderten Kindes praktisch aus. Dem kann sich sein Parteikollege Richard Schröder, evangelischer Theologe und Mitglied im nationalen Ethikrat, beim besten Willen nicht anschließen: »Wenn es nun der Wunsch der Eltern ist, möglichst ein gesundes Kind auf die Welt zu bringen und deshalb nach der künstlichen Befruchtung einen Test zu machen?«, fragt er. Und gibt selbst die Antwort: »Wir sollten nicht mit Prinzipienreiterei den konkreten Konfliktfall niederreiten und sagen: Wen es trifft, der tut mir leid.« Es darf, so Richard Schröder, »keine Pflicht zur Behinderung« geben, »etwa mit der Begründung, wenn sie (Behinderte) weniger werden, schwindet die Rücksicht«. Prinzipiell werden aber trotz allem technischen Fortschritt auch in Zukunft noch viele Menschen mit schweren Beeinträchtigungen leben müssen. Das Leid wird uns leider nicht ausgehen.

Der stellvertretende Vorsitzende der SPD-Bundestagsfraktion Michael Müller übernahm hingegen den Part der guten alten Kapitalismus- und Herrschaftskritik. »Die Transformation von Wirtschaft und Gesellschaft wird vorangetrieben durch die immer engere Verzahnung von Wirtschaft und Wissenschaft, die Ökonomisierung von Wissenschaft.« Die Globalisierung und die Revolution der Biotechnologie drohen laut Müller »die bislang gültigen Konstanten für Sicherheit und Identität des Einzelnen und ihre Gesellschaften zu untergraben«. Im Kern ginge es um die Frage, »ob sich eine wissenschaftliche Elite zu einer höheren Gewalt aufspielen und mit den Weihen eines ›höheren Wissens‹ vollendete Tatsachen schaffen darf«. Die Wissenschaft habe »keine Lizenz zur Weltverbesserung« (aber Herr Müller?). Die Wissenschaftsfreiheit sei längst eine Chimäre, behauptet der SPD-Politiker weiter, und die Forschung werde längst vom Markt beherrscht. Aus dieser These zieht er den sozialistischen Schluss, es sei dann doch viel besser, sie staatlicherseits unter Aufsicht zu stellen. Überhaupt möchte der Fraktionsvize gerne die Schotten dicht machen. Nach Lohndumping und Umweltdumping führt Müller zu diesem Zweck einen neuen Begriff in die Globalisierungskritik ein: »Ethikdumping«.

Peter Glotz beschreibt die Situation der Partei so: »Im Feuer steht die Identität der SPD. Aus ihrer eigenen Tradition heraus ist sie eine Partei des fortschreitenden Denkens, der kritischen Aufklärung. Aber sie koaliert derzeit mit einer Gruppierung, die zwar allerhand liberale Elemente aufgesogen hat, in ihrem Gründungsmythos aber vitalistisch, naturalistisch ist. Ein Teil der Basis der Grünen hält Naturbelassenheit nach wie vor für einen Wert an sich. Welch ein Irrtum! Dazu kommt, dass der Zeitgeist der achtziger Jahre auch im Funktionärscorps der SPD deutliche Spuren hinterlassen hat.« Diese Einschätzung trifft zu, nur in einer Hinsicht irrt Peter Glotz: Es ist keineswegs nur das funktionäre Fußvolk, dass bedrohlich nahe am Zeitgeist der Achtziger baut. Auch die Granden gehören dazu. In seiner »Berliner Rede« fühlte sich Bundespräsident Johannes Rau im Jahre 2001 bemüßigt, die Gesellschaft vor ihren Forschern zu warnen. Sorgfältig konstruierte Rau ein »Wir« auf der einen Seite und »die Wissenschaft« auf der anderen Seite. Er lehnte sowohl die Forschung an Embryonen als auch die Präimplantationsdiagnostik ab. In der Verpackung des Nachdenklichen schöpfte der Präsident eifrig aus dem abgedroschenen Vorrat an Ressentiments, Ängsten und Fantasien. »Dass ein von Sozialdemokraten nominierter Bundespräsi-

dent mit Worten wie ›Zauberlehrling‹, ›Paradies auf Erden‹,
›falsche Propheten‹ gegen die Vermehrung der Wahlmöglich-
keiten der Individuen mit Hilfe der Wissenschaft polemisiert
und sich anschließend im Beifall der katholischen Kirche
sonnt, ist frustrierend«, schreibt die Publizistin Mariam Lau in
Die Welt. Weder einen Rekurs auf die Verbrechen der Nazi-Me-
diziner noch einen Vergleich mit dem Rüstungsexport konnte
sich der Bundespräsident verkneifen. Auch eine wohlfeile Erinnerung an die Nöte der Dritten Welt durfte nicht fehlen.
Umso leichter fällt es hernach, neue Diagnosemöglichkeiten
für schwere Erbkrankheiten als »Luxusproblem« zu insinu-
ieren. Rau tut etwas, was ein Bundespräsident tunlichst unterlassen sollte: Im Namen der »Natur« und irgendwelcher »Werte« bringt er die Ängste der Mehrheit gegen Minderheiten in
Stellung. Die wirklichen Nutznießer wären doch Menschen
mit schweren Erbkrankheiten und nicht die Fitness-Bewe-
gung.

Aus Raus Kritik trieft die Abneigung gegen eine vermeintlich rücksichtslose Spaßgesellschaft und ihre auf das individuelle Glück gerichteten Lebensentwürfe. Es wird unterstellt,
dass diese außer Stande sei, Unglück und Leid zu integrieren.
Dabei ist genau das Gegenteil der Fall: Man muss sich doch
nur einmal daran erinnern, wie Behinderte und ihre Angehörigen noch in den fünfziger und frühen sechziger Jahren
behandelt wurden. Am schlimmsten übrigens auf dem Lande,
wo die Natur noch in Ordnung und der Kirchgang obligato-
risch war. Rau und der Chor seiner Bravorufer singen schlichtweg das alte Lied des Misstrauens, ja des Hasses gegen das Individuum und gegen seine Anmaßung, sein Schicksal selbst
in die Hand zu nehmen. »Man traut den Einzelnen grundsätzlich nicht zu, komplexe Entscheidungen treffen zu können«,
sagt Zukunftsforscher Matthias Horx, »dass die Gesellschaft
das Sensorium entwickelt, dass sie die Balance halten kann auf
dem Weg in eine – immer riskantere – technologisch-humane

Zukunft – das scheint schlichtweg unmöglich.« Und deshalb soll mal wieder der Staat oder das Kollektiv die Normen setzen. Denn Einzelschicksale zählen eben nicht (kommt uns irgendwie bekannt vor).

»Absolute Grenzen zu setzen und globale Verbote auszusprechen ist für die Gesellschaft kontraproduktiv und gegen die menschliche Neugier«, sagt der Pillenerfinder Carl Djerassi. Genau wie der Bundespräsident über 70 Jahre alt, hat Djerassi sich eine erfrischend jugendliche Zukunftsoffenheit bewahrt. Er sieht die Präimplantationsdiagnostik dabei gerade für eine Gesellschaft positiv, in der die Menschen länger gesund bleiben und älter werden: »In der heutigen Zeit, in der sich Frauen, bedingt durch längere Schulbildung und Berufstätigkeit, erst später für ein Kind entscheiden«, meint der Wissenschaftler, »soll es ein gesundes sein.« Die wunderbare Karriere des *Homo sapiens* wird ja gerade dadurch gekennzeichnet, dass er sich von Anbeginn von Schicksalszwängen der Natur befreite. Ist es vielleicht natürlich, dass sich die Lebenserwartung des Menschen seit dem 19. Jahrhundert verdoppelt hat? Viel wahrscheinlicher als die ausgerufene Apokalypse ist daher eine Entwicklung, in der die menschliche Fortpflanzung schlichtweg um einige Freiheitsgrade bereichert wird. Genau wie dies bei der Antibabypille der Fall war. Carl Djerassi sei Dank.

VI. Alte und neue Planwirtschaft

1. Im Sumpf der Subventionen

Bürokratische Fürsorge hat die Bauern jahrzehntelang in eine absurde Planwirtschaft gezwängt. Doch staatlich verordneter Öko-Landbau streicht das alte System lediglich grün an und verhindert technischen Fortschritt. Es wird Zeit, dass Bauern Unternehmer werden. Das ist für Gerd Sonnleitners Bauernlobby jedoch eine Horrorvorstellung.

Im Herbst 2001 nahm die Europäische Kommission einen neuen Anlauf, um das seit langem geplante Werbeverbot für Zigaretten durchzusetzen. Gleichzeitig wurde beschlossen den Tabakanbau weitere drei Jahre lang mit jährlich einer Milliarde Euro zu fördern. Allerdings sollen drei Prozent dieser Subventionen in einen Fond fließen, aus dem Kampagnen gegen das Rauchen bezahlt werden. Willkommen in Absurdistan. Statt von Angebot und Nachfrage wird die europäische Agrarwelt von Bürokraten und Lobbyisten bestimmt. Und die von den Bürgern erarbeiteten Steuern werden aus vollen Händen an Interessengruppen verteilt. Alljährliche Milliardengeschenke setzen das Leistungsprinzip nachhaltig außer Kraft. Davon werden lediglich Abzocker angelockt, nicht Unternehmer. So entsteht ein Milieu gegenseitiger Vorteilnahme und gewissenloser Kumpanei – man kennt sich, man schweigt und genießt seine Privilegien. Vor allem aber: Man stemmt sich mit Macht gegen jede Veränderung. In der europäischen Agrarbranche sind pro Jahr 40 Milliarden Euro Subventionen zu holen – das ist die Hälfte des gesamten EU-Etats. Rechnet man die nationalen Fördermittel hinzu, erhält alleine die deutsche Landwirtschaft Subventionen in Höhe von 15 Milliarden Euro im Jahr. Bei jedem deutschen Steuerzahler werden jährlich 500 Euro Steuern kassiert, die dann nach Gutsherrenart in die Taschen des Nährstandes umgeleitet werden.

Mit den ursprünglichen Absichten hat das alles schon lange nichts mehr zu tun. »Wir haben mit unserer Politik nicht zu verhindern gewusst«, erklärte der frühere EU-Agrarkommissar MacSharry, »dass die Landwirte in Scharen ihre Tätigkeit aufgeben. Eine weitere Fehlentwicklung ist die Tatsache, dass 80 Prozent der Mittel an nur 20 Prozent der landwirtschaftlichen Betriebe flossen.« Europaweit gibt alle zwei Minuten ein Bauer seinen Hof auf. Die Subventionen fließen größtenteils in die Weiterverarbeitung, die Lagerung, die Exportförderung und in Preisstützungsmaßnahmen. Vom Rest bedienen sich in der Regel die findigsten und nicht unbedingt die tüchtigsten Bauern. Dabei wird viel mehr Steuergeld verteilt, als die erbrachte Leistung am Ende wert ist. Die in Deutschland erzeugten Agrargüter repräsentieren eine Wertschöpfung von zirka 7,5 Milliarden Euro und damit nur etwa die Hälfte dessen, was Bund, Länder und EU jährlich in die deutsche Landwirtschaft pumpen. Alles in allem eine gigantische Geldvernichtungsmaschine. Und schlimmer noch, die Interessenpolitik geht auf Kosten der Steuerzahler und verursacht Naturzerstörung, Tierquälerei, Planwirtschaft und Verschwendung: Europas Landwirtschaftspolitik (und die Nordamerikas gleichermaßen) steckt offensichtlich in einer Sackgasse. Doch wie sollen die Betroffenen da wieder herausfinden? Wie kann die Landwirtschaft der Zukunft aussehen und wer hat die realitätstauglichsten Ideen? Das Beispiel Neuseeland zeigt, dass eine marktwirtschaftliche Reform funktionieren kann. Bereits im Jahre 1984 schaffte eine Labourregierung alle Landwirtschaftssubventionen quasi über Nacht ab. Daraufhin machte nur ein Prozent der Bauern Pleite, weniger als im subventionssüchtigen Europa ohnehin jedes Jahr aufgeben. Heute haben die neuseeländischen Landwirte den Unternehmer in sich entdeckt und haben erfolgreich gelernt, wie gut Freiheit und Selbstverantwortung schmecken.

An lautstark vorgetragenen Aufforderungen zur Umkehr mangelt es ja nicht. Doch Umkehren darf nicht heißen, das Heil in der Vergangenheit zu suchen. Die BSE-Panik in den Jahren 2000 und 2001 war beispielsweise für grüne und konservative Fortschrittspessimisten ein willkommener Anlass, pauschal jegliche Modernisierung der Landwirtschaft zu verdammen. Sie forderten unter Beifall des breiten Publikums eine Abkehr von »entfremdeten« Lebensmitteln, »industrieller« Landwirtschaft und »seelenloser Massenproduktion«. Doch liegt die Alternative in einer Rückkehr zu Opas Bauernhof, den sich gestresste Stadtbewohner so idyllisch vorstellen? Ihre Sehnsucht nach der guten alten Zeit ist zwar verständlich, aber romantisch verklärt: Weder waren frühere Formen der Tierhaltung grundsätzlich humaner, noch waren die produzierten Nahrungsmittel gesünder als heutige. Eher im Gegenteil: Die Gefahr von Erkrankungen und Vergiftungen durch Nahrungsmittel ist dank moderner Hygiene und Konservierungsstoffen sogar drastisch zurückgegangen. Plastikversiegelung, Dose und Tiefkühltruhe mögen unsere Nahrungsmittel »entfremden«, sie sind aber ein Segen für die menschliche Gesundheit. Wir sollten uns deshalb davor hüten, »aus Schaden dumm zu werden«, wie es Karl Kraus einmal formulierte. Denn trotz aller politischer Fehler nahm die Landwirtschaft dank rasanter technischer Fortschritte im 20. Jahrhundert einen fantastischen Aufschwung. Und das nicht nur in den wohlhabenden Ländern, sondern weltweit. Noch nie in der Geschichte konnten so viele Menschen ausreichend ernährt werden. Seit 1950 hat sich die Menschheit mehr als verdoppelt, doch die Bauern der Welt ernten heute fast dreimal so viel Weizen, Reis und Mais wie damals. Auch die verfügbare Menge an Fleisch hat sich vervielfacht. Nach Angaben der UN-Landwirtschaftsorganisation (FAO) ging trotz weiterhin rasantem Bevölkerungswachstum die Zahl der Unterernährten in den letzten 30 Jahren um 170 Millionen zurück – das ist mehr als das Doppelte der Bevölkerung Deutschlands.

»Grüne Revolution« nannte man in den sechziger Jahren des vergangenen Jahrhunderts die Ertragssteigerung durch verbesserte Getreidesorten und Anbautechniken. Diese Revolution führte zu einem der größten sozialen Fortschritte der Menschheitsgeschichte und sorgte dafür, dass es in Indien und China seit Jahrzehnten keine Hungerkatastrophen mehr gegeben hat. Einer ihrer Väter, der Pflanzenzucht-Experte Norman Borlaug, wurde dafür mit dem Friedens-Nobelpreis ausgezeichnet. Die Produktivität der Felder stieg hauptsächlich durch eine intensive Steigerung der Erträge und weniger durch Ausdehnung der Flächen. Einerseits nahm dadurch die natürliche Artenvielfalt auf den Feldern selbst ab, andererseits aber – und das wird immer vergessen – mussten viele Zehntausend Quadratkilometer wertvolle Naturgebiete nicht unter den Pflug genommen werden und blieben deshalb als Refugium für die wilde Tier- und Pflanzenwelt erhalten. In den alten Industrieländern schrumpfte die Ackerfläche sogar und die Wälder dehnten sich wieder aus. In Zukunft wird es darauf ankommen, die technischen Errungenschaften der Landwirtschaft von ihren ohne Zweifel vorhandenen negativen ökologischen und ethischen Begleiterscheinungen abzukoppeln.

Die Landwirtschaft und die Lebensmittel-Produktion brauchen keinen Schritt zurück, sondern – ganz im Gegenteil – mehrere Schritte nach vorn: Eine moderne, ökonomisch vernünftige und ökologisch saubere Landwirtschaft, die auch pfleglich mit den Tieren umgeht, ist machbar. Das Vorbild der in Deutschland ökologisch runderneuerten Industrie lehrt, dass solche Reformen auch ökonomisch vernünftig sind. Sicherlich werden neue Lösungen auch wieder neue Probleme hervorrufen. Es wird kein Weltwochenende geben, an dem alles getan ist wie am biblischen siebten Tag. Dennoch zeichnen sich die Konturen einer zukunftsfähigen Landwirtschaft ab. Der Agrarbetrieb der Zukunft wird so ziemlich das Gegenteil des kleinbäuerlichen Familienbetriebs sein, der von manchen christlich-sozialen und grünen Politikern so idealisiert wird. »Die Landwirtschaft ist umso produktiver, je weniger Bauern es gibt. Die Länder mit den höchsten landwirtschaftlichen Erträgen sind jene mit dem geringsten Anteil von Bauern«, schreibt der polnische Schriftsteller Ryszard Kapuscinski. Er folgert: »Die entwickelten Länder treten mit bäuerlichen Bevölkerungen in das 21. Jahrhundert ein, die einen Anachronismus darstellen.« In den vergangenen 25 Jahren hat jeder zweite deutsche Bauer seinen Beruf aufgegeben. Die übrig gebliebenen bewirtschaften heute die doppelte Fläche. Das liegt nicht nur am ökonomischen Druck, sondern auch an einer gewandelten Lebenseinstellung. Viele fliehen vor einem harten Dasein ohne geregelten Feierabend und Urlaubsanspruch. Verwöhnte Städter in gut gepolsterten Bürosesseln mögen sich nach bäuerlicher Familien- und Handarbeitsidylle sehnen, Bauernsöhne und -töchter tun es in der Mehrzahl nicht. Immer weniger Landwirte werden auch in Zukunft immer größere Flächen bewirtschaften. Dafür brauchen sie eine gute Ausbildung, Arbeitsteilung und moderne Technik.

Wenn die Staaten Europas unbedingt weiterhin Steuergeld in die Landwirtschaft stecken wollen, sollten sie aufgeweckten Jungbauern Start-up-Kapital zur Verfügung stellen, anstatt überkommene Produktionsformen am staatlichen Dauertropf langsam zugrunde gehen zu lassen. Die Landwirtschaft sollte wieder als Teil der Wirtschaft begriffen und den Planungsbürokraten entrissen werden. Zu den ideenreichsten Neugründern gehören beispielsweise Biobetriebe, die ihre Produkte selbst verarbeiten und vermarkten. Öko-Landbau auf zwanzig Prozent der Fläche hat die Bundesregierung zum Ziel erklärt. Das ist gut, aber es darf noch viel bunter sein. Es lebe die Vielfalt! Warum nicht auch Gründer ermutigen, die auf Fortschritte der Gentechnik setzen? Warum nicht Straußenzüchtern den Start erleichtern? Oder ökologisch vorbildliche Fischfarmer fördern? Innovative Konzepte gibt es genug – bis hin zur Domestizierung von Insekten als Proteinlieferanten (in anderen Kulturen durchaus üblich) oder gentechnisch gezüchteten Pflanzen, die auf dem Acker wertvolle Medikamente produzieren. Was sich durchsetzt, sollen die Verbraucher an der Ladentheke entscheiden.

Auch die konventionelle Landwirtschaft könnte viel umweltfreundlicher werden. So verschwindet bislang ein erheblicher Anteil von Dünger und Pflanzenschutzmitteln ungenutzt in Boden, Luft und Wasser. Mit Hilfe von Satelliten können die Felder bereits heute kartiert und analisiert werden. Und ein kleiner Teil der Bauern nutzt diese technischen Möglichkeiten schon. Computer ermitteln präzise, welche Nährstoffe und Spritzmittel an welcher Stelle benötigt werden, und der Satellit steuert bei der Fahrt übers Feld ihre punktgenaue Ausbringung. Analog zu den Navigationssystemen, die Autofahrern den Weg weisen, werden künftig auch Landmaschinen gelenkt. Der Traktor wird intelligent. Agrarforscher ermittelten Dünger- und Pestizideinsparungen von bis zu 40 Prozent bei gleichzeitiger Ertragssteigerung. Derzeit werden in Deutschland erst wenige Prozent der Fläche im Precision Farming Verfahren bearbeitet. Der Ackerbau steht nicht am Ende der Technisierung, sondern erst am Anfang. Die Landwirtschaft wird teilweise sogar ohne Land auskommen. Diese Emanzipation von der Scholle ist teilweise schon Realität. Längst wachsen in Holland, Belgien und anderswo Tomaten und Paprika auf Steinwollquadern, die per Schlauchsystem mit Wasser und Dünger versorgt werden. Der schlechte Ruf der Holland-Tomate ist dabei längst nicht mehr durch die Fakten gedeckt: So setzen die Gewächshaus-Produzenten weniger als ein Drittel der Pestizide ein, die konventionelle Bauern derzeit noch auf die Felder sprühen. Im Treibhaus ist die biologische Schädlingsbekämpfung mit Marienkäfer oder Schlupfwespe auf dem Vormarsch. Hummelvölker bewähren sich als konkurrenzlos effektive Bestäuber. Im Nährstoffgehalt steht dieses High-Tech-Gemüse dem im Freiland angebauten ohnehin nicht nach. Auch der Anbau von Pilzen oder Algen emanzipiert die Nahrungsmittelherstellung vom Acker und vom Klima. Die neuen Anbaumethoden dieser »industriellen Ökologie« sind in vielfacher Hinsicht sauberer, sicherer und umweltfreundlicher als die herkömmlichen – und sie benötigen kaum Naturflächen.

Das Gemüse von morgen könnte auch auf den Dächern städtischer Wohnblocks wachsen, das Fleisch in ökologischen Agrarfabriken erzeugt werden. Schlagworte wie »Massentierhaltung« und »Agrarfabriken« haben ein falsches Bild erzeugt. Viele glauben, nur Großbetriebe quälen Tiere und verschmutzen die Umwelt. Doch in Ostdeutschland gibt es anerkannte Ökofarmen, die mehrere Tausend Hektar umfassen und riesige Viehherden pflegen. In süddeutschen Kleinbauernhöfen dagegen stehen die Kühe oft lebenslänglich angekettet im Stall. Der Auslauf auf der grünen Wiese ist jedoch keine generelle Alternative. Allein die über 25 Millionen Schweine in Deutschland würden in Freilandhaltung die Fläche Hessens benötigen. Landwirtschaftliche Hochschulen haben schon seit langem Stallsysteme entwickelt, in denen man Tiere artgerecht auf geringer Fläche halten kann. Sie könnten sogar als mehrstöckige Großkomplexe gebaut werden, wie in Holland geplant. Dort will man den Produktionsprozess ökologisch vernetzen: Die kohlendioxidreiche Luft aus den Ställen kann beispielsweise in Gewächshäuser geleitet werden und dort für Wärme und Wachstum sorgen. Aus Gülle und Fäkalien kann Biogas gewonnen werden. Sogar Synergien mit der Industrie sind denkbar. Im dänischen Städtchen Kalundborg gibt es heute bereits einen von Umweltschützern viel gelobten agrarindustriellen Symbiosepark, wo der Abfall des einen zum Rohstoff des anderen wird. Vielleicht wird der Trend zur tiergerechten Haltung aber auch von einer anderen Entwicklung überholt. Ernährungswissenschaftlich gesehen können Menschen durchaus weniger Fleisch essen, weil die für eine ausgewogene Kost notwendigen Nährstoffe auch durch neuartige Pflanzen bereitgestellt werden können. Der Sojaburger wird immer besser schmecken. Auf lange Sicht halten Nahrungsexperten es sogar für möglich, mit Hilfe gentechnischer Methoden Fleisch direkt und ohne Umweg über das Tier in der Retorte züchten zu können.»Die gesamte menschliche Spezies wird möglicherweise zum De-facto-Vegetarier«, schreibt der amerikanische Umweltjournalist Gregg Easterbrook,»nicht aufgrund einer ethischen Philosophie, sondern einfach durch Steaks und Schinken, die nichts mehr mit Tieren zu tun haben.« Noch zu Lebzeiten unserer Kinder könnte das Schlachten von Tieren zur Gewinnung von Fleisch und anderen Produkten in den westlichen Ländern aufgegeben werden. Was heute manchem als »Frankenstein-Food« erscheinen mag, könnte sich als ein Meilenstein der Zivilisierung des Menschen erweisen. Gentechnik könnte darüber hinaus nicht nur ethische, sondern auch ökologische Probleme lösen. Um das Jahr 2050 – so die aktuellen UN-Prognosen – wird sich die Weltbevölkerung zwischen acht und elf Milliarden einpendeln und dann nicht mehr weiter wachsen. Bis dahin kommen jedoch weitere zwei bis fünf Milliarden neue Erdenbürger hinzu. In den nächsten 20 Jahren muss es daher gelingen, die Nahrungsproduktion noch einmal um 40 Prozent zu steigern. Wenn dafür jedoch die Ackerflächen ausgedehnt werden müssen, geht dies nur auf Kosten von wildreichen Savannen und tropischen Wäldern. Deshalb sollte man alle Möglichkeiten nutzen – auch die gentechnischen –, um mehr Nahrung auf gleicher Fläche zu ernten. Es wird möglicherweise Getreidesorten geben, die sich selbst düngen und ohne chemische Gifte selbst gegen Schädlinge wehren. Was werden Ökobauern tun, wenn sich solche Pflanzen bewähren? Spätestens dann wird die Front der Gentechnikgegner wackeln. Ökolandbau und Gentechnik könnten eines Tages zusammenwachsen.

Beflügelt durch die BSE-Panik, versuchte die rot-grüne Bundesregierung die seit Jahrzehnten überfällige Reform in der Landwirtschaftspolitik anzupacken. Renate Künast hat mit gutem Grund eine »Agrarwende« gestartet, und das ist gut so. Planwirtschaft soll abgebaut und mehr Marktwirtschaft zugelassen werden. Die Einsicht ist so banal wie überfällig: Regulierungsbehörden können bei weitem nicht so schnell und so effizient reagieren wie die vielen einzelnen Verbraucher, deren Entscheidungen den Bauern deutlich zeigen, was gefragt ist. Immer wenn die Gesetzgeber Mindestpreise festlegten, brachten sie damit das gesamte Preisgefüge durcheinander. Die Landwirte produzierten Überschüsse, die zu den festgelegten Mindestpreisen keinen Abnehmer mehr fanden. Jede nachträgliche Korrektur setzte neue falsche Signale. Wenn sich Künast und andere Reformer in Europa durchsetzen, werden Preisstützungen, Exporterstattungen, der Aufkauf von Überschüssen und andere zweifelhafte Instrumente der gemeinsamen Agrarpolitik abgebaut. Prämienzahlungen sollen schrittweise von der Produktion abgekoppelt werden. Das ist längst fällig, denn die Osterweiterung der EU würde die ohnehin schon enormen Kosten dieser Stützungsmaßnahmen drastisch nach oben schnellen lassen. Wenn unbedingt irgendetwas subventioniert werden soll, wäre es immer noch vernünftiger und billiger, bedürftigen Bauern Geld zu geben, als die Produktpreise zu stützen und damit die informative Rückkopplung des Marktes zu unterbrechen.

Das neue Leitbild Ökolandbau ist sicherlich ein Fortschritt gegenüber dem beharrlichen »weiter so«, das alle Vorgänger von Renate Künast praktizierten. Doch bevor jetzt immer mehr Subventionen in Ökobetriebe umgeleitet werden, wäre es vernünftig, einen Moment innezuhalten und nachzudenken. Ist es wirklich richtig, den Anteil von Ökoprodukten per Ministerbeschluss zu steigern? Damit schafft man nur eine neue Subventionsfalle. Schon heute ist die Förderung für jeden Hektar im Ökolandbau höher als die üblichen Zahlungen. Wäre es nicht effizienter und zugleich umweltfreundlicher, auf wissenschaftlicher Basis verbindliche Umwelt- und Tierschutzstandards für alle festzulegen und den Rest dem freien Wettbewerb zu überlassen? Ob der Ökolandbau der Weisheit letzter Schluss ist, weiß kein Mensch. Denn er besitzt einen entscheidenden Nachteil gegenüber der modernen Landwirtschaft. Agrarwissenschaft ist ergebnisoffen und kann sich durchaus veränderten Ansprüchen der Gesellschaft anpassen. Ökolandbau gründet sich auf eine weitgehend geschlossene Weltanschauung, die sich immer häufiger neuen Erkenntnissen dogmatisch verweigert. »Das Problem bei der ökologischen Landwirtschaft«, schreibt der Wissenschaftsautor Thilo Spahl, »sind nicht ihre Ziele. Der Haken an der Sache ist, dass man sich zur vermeintlichen Erreichung der hehren Ziele einem Methodenkanon unterwirft, der diesen nur sehr bedingt entspricht, stattdessen aber allerlei Aberglauben zur Grundlage hat.« Eine pauschale Einteilung der unterschiedlichen Produktionsverfahren in ökologisch vorteilhaft und ökologisch nachteilig ist schon heute nicht mehr möglich. Denn obwohl die Hektarerträge weiter zugenommen haben, ist es der modernen Landwirtschaft gelungen, den Aufwand an Dünger und Spritzmitteln zu reduzieren. Sie hat die berechtigte Kritik aufgenommen und sich als durchaus dynamisches System erwiesen, das seine Methoden kontinuierlich verbessert und verfeinert. Noch sind die Nachteile etwa in der oftmals quälerischen Tierhaltung oder beim übermäßigen Gebrauch von Agrarchemikalien deutlich sichtbar. Doch das könnte in naher Zukunft schon ganz anders aussehen. Wer wird noch teure

Öko-Eier kaufen, wenn die Hennen bei der Konkurrenz ebenfalls frei herumlaufen? Neuere ökologische Erkenntnisse lassen Zweifel daran aufkommen, ob Ökolandbau in jedem Fall die bessere Alternative für Mensch und Natur darstellt. Untersuchungen von Wasserwerken haben gezeigt, dass die Felder von Ökobauern genauso mit Stickstoff überfrachtet sind wie die ihrer konventionellen Kollegen. Der entscheidende Faktor für die Umwelt ist jedoch die Menge und nicht, ob der Stickstoff aus Stallmist oder Mineraldünger stammt. Die Ackerpflanzen nehmen aus der Düngung Stickstoff, Kalium und Phosphate auf. Ob diese aus Mist, Gülle oder Kunstdünger stammen, macht nicht den geringsten Unterschied. Im Gegenteil: Mineraldünger kann präziser ausgebracht werden. Somit ist es leichter, die umweltschädliche Überdosierung des Stickstoffs zu vermeiden. Es ist auch ein Mythos, dass Ökolandwirte giftfrei arbeiten. Sie benutzen lediglich keine modernen Schädlingsvernichtungsmittel, die in Chemiefabriken hergestellt werden. Natürliche Gifte können die Gesundheit jedoch ebenso belasten wie künstliche. Zwischen ihnen besteht in dieser Hinsicht kein prinzipieller Unterschied. So wird insbesondere von Ökowinzern Kupfersulfat gegen Pilze eingesetzt. Dieser Stoff kann beim Menschen zu Leberschäden führen und tötet Regenwürmer. Auch die im Ökolandbau üblichen schwefelhaltigen Präparate vernichten Marienkäfer und andere nützliche Insekten. Pyrethrinhaltige Spritzmittel sind für Ökolandwirte ebenfalls zugelassen. Sie gelten nicht gerade als ungiftig. Das mechanische Unkrautjäten auf Öko-Äckern ist durch die ökologische Forschung ebenfalls in Verruf geraten. Anders als der konventionelle Landwirt, der Unkrautvernichtungsmittel einsetzen darf, rückt der Ökolandwirt den unerwünschten Wildkräutern mit dem Schlepper und mechanischen Geräten zuleibe. Dabei werden die Nester am Boden brütender Vögel, wie der Feldlerche, zerstört. Und schließlich sollte man nicht vergessen, dass es bis heute keinen Beweis dafür gibt, dass Ökogetreide und Ökogemüse wirklich gesünder sind. In den Jahrzehnten, als sich die Spritzmittel in der modernen Landwirtschaft durchsetzten, stieg die Lebenserwartung der Bevölkerung drastisch an. Seither wurden viele Mittel verboten, an deren Unbedenklichkeit Zweifel aufkamen. Wer neue Agrargifte auf den Markt bringen will, muss ihre Unschädlichkeit für Menschen, Wirbeltiere, Bienen und andere nützliche Insekten genauestens nachweisen. Gesundheitliche Schäden durch Agrarchemikalien kommen fast ausschließlich bei Landwirten vor und nicht bei Verbrauchern. Insbesondere trifft es arme Bauern in Entwicklungsländern, die Hinweise auf den Packungen nicht lesen können. Für Konsumenten besteht kaum Gefahr. Wer ein ganzes Jahr lang gespritzte Lebensmittel isst, nimmt damit weniger Giftstoffe auf, als in einer einzigen Tasse Kaffee natürlicherweise enthalten sind. Andererseits sterben immer noch viele Menschen an bakterieller Vergiftung von Lebensmitteln, also einer natürlichen Verunreinigung, die im Ökolandbau genauso vorkommen kann wie im konventionellen Landbau.

Ist es wirklich zukunftsfähig, jetzt den Ökolandbau mit neuen Dauerförderungen an den staatlichen Tropf zu hängen? Oder sollte man nicht besser innovativen Landwirten zeitlich begrenzte Starthilfen auszahlen? Auch Ökolandbau ohne Marktwirtschaft wird zu neuen Fehlentwicklungen führen. Nur wenn Landwirte wieder Verantwortung für ihre Produkte tragen, können sie die Signale der Verbraucher richtig einschätzen und sich neue Märkte und Nischen erschließen. Unternehmer haften für ihre Produkte – das ist der beste Verbraucherschutz. Die Entwicklung der Landwirtschaft in den vergangenen zwei Jahrhunderten sollte als Warnung vor neuem Dirigismus ausreichen. Staatliche Regulierung des Agrarsektors war in der jüngeren Geschichte eher die Regel als die Ausnahme. Bereits im frühen 19. Jahrhundert wurde in England das »Corn Law« erlassen, mit dem der Staat billigen ausländischen Weizen durch Zölle künstlich verteuerte. So sollten die britischen Gutsbesitzer vor unliebsamer ausländischer Konkurrenz geschützt werden. Bald nach seiner Gründung führte auch das Deutsche Reich Schutzzölle für Getreide ein, als Maßnahme gegen Billigimporte aus Nordamerika. Gewerkschaften und Sozialdemokraten protestierten damals dagegen, um den Arbeitern die günstigen Lebensmittel zu erhalten. In den sechziger Jahren des 20. Jahrhunderts führte der technische Fortschritt in der Landwirtschaft nach und nach zu einem Überangebot, das die Preise für Lebensmittel rasant sinken ließ. Durch diesen Preisverfall sank auch das bäuerliche Einkommen und der Abstand zu den Löhnen und Gehältern in der Industrie wurde immer größer. Der Beruf des Landarbeiters starb in Deutschland und anderen europäischen Staaten fast gänzlich aus. Viele Kleinbauern gaben ihre Höfe auf. Dies führte jedoch zu keiner Verknappung der Nahrungsmittel, sondern wurde durch den Produktivitätsfortschritt aufgefangen. 1950 ernährte ein Bauer zehn Menschen, heute ernährt er hundert. Seit den sechziger Jahren des 20. Jahrhunderts fühlte sich der Staat immer häufiger berufen, den Strukturwandel in der Landwirtschaft durch Marktregulierung zu steuern. Mit Schutzzöllen und Interventionen am Binnenmarkt wurden die Erzeugerpreise gestützt. Weil die Signalwirkung des Marktes dadurch ausgeschaltet war, produzierten die Bauern immer größere Überschüsse. Diese mussten kostspielig gelagert oder mit Hilfe weiterer Subventionen exportiert werden. Um dieser Überschüsse Herr zu werden, führte die EU in den achtziger Jahren das Flächenstilllegungsprogramm und das Quotensystem für Milch ein. Ab da erhielten die Landwirte einerseits Zuschüsse für das Produzieren, andererseits aber auch für das Nichtproduzieren. Die Planwirtschaft hatte sich selbst ad absurdum geführt.

BSE, so der französische Ökonom Henri Lepage, ist eine »sozialistische Krankheit«. Denn die Seuche wurde durch ein

System entfacht, das bis heute sinnlose Produktionsschlachten schlägt und dabei Verschwendung und Umweltzerstörung belohnt. Welcher Aberwitz diese Agrarplanwirtschaft regiert, zeigt sich besonders schön im Frühling, wenn Deutschland gelb erblüht. 400 Euro staatlichen Zuschuss pro Hektar kassiert ein Landwirt dafür, dass er Raps anbaut. Obendrein kann er für den gleichen Hektar noch 250 Euro Stilllegungsprämie kassieren. Denn ein Feld mit Raps, der nicht zu Lebensmitteln verarbeitet wird (sondern beispielsweise zu Biodiesel), gilt in der Bürokratenwelt als Brache. Die Schlacht gegen den Wahnsinn ist noch lange nicht gewonnen. Jetzt soll Biosprit per EU-Dekret auf einen Marktanteil von sechs Prozent befördert werden, obwohl beispielsweise das Umweltbundesamt warnt: »Weder unter ökonomischen noch unter ökologischen Gesichtspunkten«, sei Biosprit sinnvoll. Mit 2,5 Milliarden Euro im Jahr werden künftig Monokulturen aus Energiepflanzen gefördert.

Genauso verheerend sind die Einfuhrbeschränkungen Europas und Nordamerikas für landwirtschaftliche Produkte. Der Protektionismus der Reichen verhindert Einnahmen der Entwicklungsländer in Höhe von zirka 100 Milliarden Dollar pro Jahr. Das ist etwa doppelt so viel, wie die gesamte Entwicklungshilfe ausmacht. Denn entgegen allem Globalisierungsgerede wird den Armen die Teilnahme am Welthandel durch Einfuhrbeschränkungen und Zölle äußerst schwer gemacht. Nach Angaben der Weltbank liegen die Importzölle für Agrarprodukte und andere Waren aus Entwicklungsländern viermal höher als für Güter aus Industrieländern. Doch gerade die Armen haben zumeist nichts anderes anzubieten als Agrarprodukte. Nicht nur die Anbauländer, sondern auch die europäischen Verbraucher sind die Leidtragenden solcher Handelsschranken. Zucker beispielsweise könnte viel preisgünstiger sein, wenn der Rohzucker aus tropischen Ländern auf den europäischen Markt dürfte. Er wird dort um die Hälfte billiger hergestellt. Doch die EU behindert den Zutritt mit hohen Importzöllen und legt stattdessen in ihrer Zuckermarktordnung Mindestpreise für den teuren europäischen Zucker fest. So werden EU-weit zirka zwei Millionen Hektar Zuckerrüben angebaut, von Landwirten, die eine Quote dafür besitzen. Die Weiterverarbeitung entfällt in Deutschland auf drei große Zuckerkonzerne, die sich 98 Prozent des Geschäfts teilen. Aber es kommt noch schlimmer: Alljährlich drückt die EU zirka sechs Millionen Tonnen überschüssigen Zucker subventioniert auf den Weltmarkt und macht damit den armen Zuckerrohrländern die Preise kaputt. Gleichzeitig wird wiederum aus Steuermitteln Entwicklungshilfe an diese Länder gezahlt.

Die eigentlichen Verursacher der Agrarmisere sitzen jedoch nicht in der Europäischen Kommission und schon gar nicht im Europaparlament. Dort ist in den vergangenen Jahren echter Reformwille herangereift. Die wahren Zukunftsfeinde waren zumeist die Landwirtschaftsminister der Mitgliedsstaaten, die jede tief greifende Erneuerung verhinderten. Zumindest in Deutschland hat sich dies durch Renate Künast geändert, doch in anderen Staaten sind die alten Lobbys nach wie vor am Drücker. Lutz Ribbe, Agrarexperte der Stiftung Euronatur und Mitglied im Wirtschafts- und Sozialausschuss der EU, beschäftigt sich seit vielen Jahren mit der europäischen Landwirtschaftspolitik. »Die negativen Ergebnisse sind nicht der Agrarkommission anzulasten«, sagt Ribbe, »sondern den EU-Mitgliedstaaten. Wenn diese ihre Haltung ändern, rennen sie in Brüssel offene Türen ein.« Die Regierungen stehen ihrerseits unter dem Druck der Bauernverbände. Über die mächtige französische Bauerngewerkschaft FNSEA (Fédération Nationale des Syndicats d'Exploitants Agricoles) schreibt Le Monde Diplomatique, sie bilde »einen veritablen Staat im Staate« und habe maßgeblich Anteil an den agrarpolitischen Missständen. Über ein Netz von ihr beherrschter Institutionen steuert die FNSEA nahezu den gesamten Agrarsektor, dazu gehören die

Landwirtschaftskammern, die Landwirtschaftsbank Crédit Agricole, die Sozialversicherung für Landwirte (MSA), die Landentwicklungsgesellschaften, die Betriebsgründungsausschüsse, die technischen Institute und die Genossenschaften. Überall hält die Bauerngewerkschaft die Fäden in der Hand. Auch das deutsche Landwirtschaftsministerium war lange Zeit eine Art untergeordnete Behörde des Bauernverbandes. Dessen Chef, Gerd Sonnleitner, sagt zwar nette Sachen wie »als Bauer ist man ein freier Mensch«. Er fügt aber schnell an, wo die Freiheit aufhört: »Wir können unsere Bauern nicht dem freien Weltmarkt aussetzen.« Deshalb kämpft er gegen »Deregulierung und Globalisierung« und fordert »Schutzmechanismen, die das Überleben der deutschen Landwirtschaft sichern«. Auf die Frage, was denn passieren würde, wenn Brüssel einmal das Agrarbudget kürzt, antwortete der selbstbewusste Bauernführer und frisch gebackene Globalisierungsgegner: »Diese These ist unrealistisch, wenn Sie die Europäische Union kennen. Das wird nicht passieren.« Statt über unternehmerische Tugenden nachzudenken, denkt er sich deshalb lieber neue Beihilfen aus. Ein behutsamer Umgang mit der Natur zum Beispiel ist bei Sonnleitner nur gegen Geld zu haben. In seinem Weltbild ist Rücksicht auf das Grundwasser, auf wild lebende Tiere und Pflanzen oder schöne Landschaften keinesfalls Bestandteil einer zivilisierten Agrarkultur, sondern eine Sonderleistung, die nur gegen Ausgleichszahlungen erfolgen darf. Auf Kosten der Allgemeinheit und der Natur wird gekungelt, was das Zeug hält. Alte Freundschaften verbinden den Mittelbau des Agrarministeriums, die Lebensmittelindustrie und das Bankwesen. Schon in Sonnleitners Ämtern ballt sich die Macht: Er ist Beirat der CSU-nahen Hans-Seidel-Stiftung, Ausschussmitglied im Außenwirtschaftsrat des Wirtschaftsministeriums, Beirat bei den Isar-Amperwerken, Verwaltungsrat der Kreditanstalt für Wiederaufbau, Vorsitzender im Verwaltungsrat der Landwirtschaftlichen Rentenbank – und so weiter und so fort. Wenn es ein aufmüpfiger Politiker dennoch wagt, den Forderungen der Bauernlobby nicht in vollem Maß gerecht zu werden, hat er ja immer noch das wirkungsvolle Instrument der Trecker-Aufmärsche. »Das braucht man auch für die Emotionen«, frohlockt Sonnleitner.

Nach einer Diskussion mit dem Bauernpräsidenten resignierte die SPD-Politikerin Heidemarie Wieczorek-Zeul mit den Worten: »Faszinierend, wie Sie den subventionierten Besitzstand verteidigen und nur darüber reden wollen, wie das nächsthöhere Subventionsniveau aussieht.« Kein Wunder: Wenn eine Interessengruppe bereits erreicht hat, für ihre Untätigkeit bezahlt zu werden (Stilllegungsprämie), ist es eigentlich ganz egal, was sie als Nächstes fordert.

2. Regenmacher und Klimamelker

Die vernünftige Idee, die Umwelt zu schonen und Ressourcen und Energie zu sparen, genügt offenbar nicht mehr. Stattdessen glauben Klimaschützer, wie weiland die sowjetischen Großtechnokraten, die Natur nach einem großen Plan managen zu können. Wissenschaft und Ideologie sind dabei kaum noch voneinander zu unterscheiden.

Vor einem noblen Gästehaus des französischen Außenministeriums lag einst ein idyllischer Teich. Leider war er seit langem ausgetrocknet. Im Jahr 2000 beschlossen die Beamten, das Malheur zu beseitigen und das Gewässer wiederherzustellen. Doch kaum war das Wasser eingefüllt, wucherten hässliche Algen und störten die geplante Idylle. Deshalb ließen die Beamten Fische aussetzen, damit sie die Algen fressen. Doch auch diese Rechnung ging nicht auf: Anstatt zu fressen, wur-

den die Fische gefressen. Und zwar von ungebetenen Graurei-
hern aus der Umgebung. Nun stehen Graureiher unter Naturschutz. Deshalb sollten Füchse sie dezimieren, weil sie das Gesetz ja nicht lesen können. Doch statt der Fischreiher schnapp-
ten sich die Füchse die hübschen Zierenten. Dank gesicherter
Mahlzeiten vermehrten sich die Füchse ebenso wie die Fischreiher prächtig und machten nun auch die Gärten und Teiche
der Nachbarn unsicher. »Ein schreckliches ökologisch-admini-
stratives Drama«, wertete die Tageszeitung *Le Figaro* das planwirtschaftliche Desaster. Bevor der zuständige Stadtrat zu einer Sondersitzung antreten konnte, muss einem Fuchs im
Außenministerium eine Eingebung gekommen sein: Die Was-
serversorgung des Teichs hatte plötzlich einen mysteriösen
Defekt. Es zeigte auch niemand Interesse daran, sie zu repa-
rieren. Das Katastrophengewässer trocknete wieder aus. Die
Natur ist eine ziemlich dynamische Angelegenheit und zeigt
keinerlei Bereitschaft, sich von Politikern und Bürokraten managen zu lassen. Was diese nicht daran hindert, es immer wieder zu versuchen. Mit meist verheerenden Resultaten. Die bisher gründlichsten Pleiten in dieser Hinsicht verursachten die
Planer in der früheren Sowjetunion.

Der sowjetische Ministerrat verkündete 1950 den »großen
Stalinplan zur Umgestaltung der Natur«. Die ostsibirischen
Ströme Irtysch, Ob und Jenissei sollten umgeleitet, Wüsten
fruchtbar gemacht und das Klima in Sibirien gemildert werden. Die Sowjets waren ganz wild auf höhere Temperaturen
und das Lebenselixier Wasser. Deshalb reiften in den Köpfen
der Planer noch fantastischere Projekte: Holzkohlenstaub, so
wurde diskutiert, sollte in großem Maßstab auf die Schnee-
und Eisflächen gestreut werden, Sonnenwärme absorbieren
und so die Eiskappen des Nordpols gezielt abschmelzen. Alter-
nativ erwog man, mit künstlichen Atomsonnen am Himmel
nachzuhelfen. Wie viel Land ließe sich dadurch gewinnen! Die
Pläne wurden später begraben, doch ein halbes Jahrhundert

danach ist es wieder so weit – allerdings unter umgekehrten Vorzeichen. Der Mensch fürchtet – diesmal in einer Art negativem Machbarkeitswahn –, sein irdisches Tun werde die Pole dahinschmelzen lassen wie ein Magnumeis in der Sonne. Denn Kohlendioxid (CO_2), das nach der Verbrennung fossiler Rohstoffe aus Schloten und Auspuffen in den Himmel steigt, könnte den alten sowjetischen Traum vielleicht doch noch wahr machen – unfreiwillig.

Pjotr Chomjakow, Geograph vom Moskauer Institut für Systemanalyse, hat das Katastrophische daran nicht verstanden und befindet sich im Zustand freudiger Erwartung:»Der Norden wird aufblühen und vermögend werden.«Zusammen mit weiteren angesehenen russischen Klimaforschern hat er eine groß angelegte Studie veröffentlicht und leitet daraus Forderungen ab:»Wenn wir mithelfen sollen, die globale Erwärmung zu verhindern, müssen wir auch entschädigt werden für die wirtschaftlichen Vorteile, die uns dadurch entgehen.« Der verrückte Streit offenbart: Die Klimamacher von einst und die Klimaschützer von heute werden sich in ihrem Machbarkeitswahn immer ähnlicher. Ein mechanistisches Weltbild verbündet sich dabei mit dem gängigen statischen Naturverständnis der Vulgärökologie. Die vernünftige Idee, die Umwelt zu schonen und Ressourcen und Energie zu sparen, genügt offenbar nicht mehr. Stattdessen glauben Klimaschützer wie einst die sowjetischen Großtechnokraten, Stoffströme umleiten und die Biosphäre nach einem großen Plan managen zu können.

In einem Beitrag für das Magazin *nature* warnte der deutsche Klimaforscher Professor Hans-Joachim Schellnhuber vor der»planlosen Umgestaltung der Ökosphäre durch individuellen Opportunismus« und verkündete seine Vorstellungen von einem»Redesign« des Globus mittels»Geoengineering«. Dem Direktor des Potsdam-Instituts für Klimafolgenforschung schwebt eine»organischere« Verteilung von Arbeit vor, die gleichzeitig die Ungleichheit auf der Welt beheben könne: Nahrungsmittelanbau sollte vor allem in den gemäßigten Zonen konzentriert werden, erneuerbare Energiegewinnung und High Tech in den Subtropen, Artenvielfalt und Tourismus in den Tropen. Doch damit nicht genug:»Wir könnten über eine proaktive Kontrolle der natürlichen Klima-Variabilität nachdenken«, meint er weiter und hält es für denkbar, künftigen Eiszeiten durch die Injektion von »Designer-Treibhausgasen« zu entgehen. Schellnhuber ist nicht irgendwer, sondern Vorsitzender des Wissenschaftlichen Beirats der Bundesregierung für globale Umweltveränderungen. Außerdem hat er eine Schlüsselposition im UN-Wissenschaftsgremium für den Klimawandel (IPCC) inne.

Schellnhuber zögert nicht, seine Visionen in den Rang einer »zweiten kopernikanischen Revolution« zu erheben. Er schwärmt angesichts der Möglichkeit der Herausarbeitung einer »mathematischen Nachhaltigkeitsethik«, in deren Verlauf dann Leitplanken für ein verantwortliches »planetares Management« zu identifizieren und zu respektieren seien. Mit Wissenschaft hat das nicht viel zu tun und neu ist es auch nicht. In den sechziger Jahren machte beispielsweise der Aachener Physik-Professor Wilhelm Fuchs mit seinem Bestseller »Formeln zur Macht« Karriere. Fuchs versprach, mit mathematischen Computermodellen die Entwicklung politischer Macht simulieren zu können. Dies war für Politiker aller Parteien eine entzückende Vorstellung, stellte sich aber zu ihrem Leidwesen als völliger Blödsinn heraus. Auch hinter Schellnhubers Formelbombast tritt lediglich eine Mischung von gesellschaftlichen Wunschvorstellungen, Zeitgeist und mathematischer Modellbildung zu Tage. Noch erstaunlicher als seine pseudowissenschaftlichen Einlassungen ist allerdings die Tatsache, dass ihm niemand in die Parade fährt. Ganz im Gegenteil.

Welch schier unglaubliche Blüten diese Ideologie treibt, mag ein Aufsatz verdeutlichen, den die Systemanalytiker Brian C. O'Neil und Lee Wexler in der Wissenschaftszeitschrift *Climatic Change* veröffentlichten. Darin geht es um die »externen Treibhauskosten« eines Neugeborenen. Jedes Baby, so die Forscher, werde Treibhausgase produzieren und damit zum Klimawandel und in der Folge zur Schädigung der Gesellschaft beitragen. Mit einem Computermodell haben sie dessen »externe Kosten« auf Heller und Pfennig ermittelt. Für Industrieländer taxieren sie die Kosten eines kleinen Schädlings auf 28 200 Dollar, in einem Entwicklungsland auf 4400 Dollar. Interessant sind auch einige, selbstverständlich rein theoretische, Erwägungen zur klimapolitischen Gesellschaftslenkung: »Im Prinzip ... könnte die Effizienz gesteigert werden, indem pro Geburt Steuern in Höhe der externen Kosten erhoben würden.« Auch könne, selbstverständlich rein »hypothetisch«, ein Sozialplaner im Interesse aller Eltern eine niedrigere Geburtenrate »diktieren« und damit zum Wohle aller beitragen (als Klimaschutzpatron für derartige Maßnahmen schlagen wir Herodes vor).

Ein Apparat von Klimabürokraten und Wissenschaftsfunktionären, von Politikern und Wirtschaftslobbyisten erhebt den Kohlendioxidausstoß zur absoluten moralischen Leitgröße, der sich alle anderen gesellschaftlichen Ziele unterzuordnen haben. Eine riesige Klimaregulierungsbehörde quillt allmählich auf wie ein Hefeteig. »Wir stehen am Anfang eines neuen Zeitalters«, meint auch Ernst-Detlef Schulte, Direktor am Institut für Biogeochemie in Jena. Auf der Jahresversammlung (2000) der Max-Planck-Gesellschaft erklärte er: »Der Mensch gestaltet aktiv die Stoffkreisläufe.« Sodann schildert er, worauf dies hinauslaufen soll: »Es gibt globale Gemeinschaftsgüter, die dringend der geregelten Bewirtschaftung bedürfen.« Und er fügt hinzu: »Das Kyoto-Protokoll ist ein erster Schritt in diese Richtung.« In diesem Protokoll geht es nicht nur um die direkte Reduzierung von Kohlendioxid-Emissionen. Es geht ausdrücklich auch um Quotierung, Zuweisung, Regulierung und

Verrechnung von Kohlendioxidmengen, wobei – und das ist der Wahnwitz – auch die natürlichen Kohlenstoffkreisläufe mit einbezogen werden sollen. Auch Hartmut Graßl, Direktor der Klimaforschung am Max-Plank-Institut für Meteorologie in Hamburg, ist hoch erfreut über diesen »ersten Versuch, ein planetares System zu managen – das Klima«. Bei den diversen Klimakonferenzen versammelt sich jeweils ein Funktionärstross von 1500 Delegierten und 3500 Lobbyisten aus Umweltgruppen und Wirtschaft. Dahinter steht noch einmal eine um Zehnerpotenzen größere Zahl von Zuarbeitern aus Politik, Protestindustrie, Wissenschaft und Unternehmen. Im Rahmen einer gigantischen Arbeitsbeschaffungsmaßnahme sind die Funktionärseliten allesamt fest entschlossen, den Planeten ihrem fürsorglichen Regiment zu unterwerfen. Sie beschwören die »Notwendigkeit einer globalen Umweltbehörde«, die »kontrollieren und überwachen« solle, inwieweit die einzelnen Länder »den internationalen Vereinbarungen zum Klimawandel folgen«.

Während die sowjetischen Klimamacher das Lebenselixier Wasser allseits verfügbar machen wollten, erklären die heutigen Klimaschützer das Lebenselixier Kohlendioxid kurzerhand zum Schadstoff. Wie die Sonne, das Wasser oder der Sauerstoff hält Kohlendioxid den planetaren Kreislauf in Gang, es dient zur Ernährung der Pflanzen. Unsere Lebensmittel bestehen überwiegend aus Kohlenstoff. Zusammen mit dem Wasserdampf und anderen Spurengasen sorgt das Kohlendioxid auch für den natürlichen Treibhauseffekt. Es förderte die Karriere des *Homo sapiens* nach Kräften, ohne Treibhauswärme würde der Planet bei minus 18 Grad sehr sibirisch aussehen. Tatsächlich ist die Sache jedoch noch komplizierter. Der NASA-Klimatologe Dr. Roy W. Spencer erklärt es so: »Würde der natürliche Treibhauseffekt ungedämpft wirken, so herrschten auf der Erde rund 55 Grad.« Der Planet hat aber in Form von Verdunstung und Wetterprozessen ein bärenstarkes Kühlsystem installiert, das die Temperatur derzeit im Bereich um 15 Grad stabilisiert. Während die Forschung den Treibhauseffekt selbst immer besser darstellen kann, entziehen sich die komplexen Wechselwirkungen dieses gigantischen Kühlsystems einer Simulation. Und das ist der eigentliche Knackpunkt des Klimastreites: Gleicht die planetare Kühlmaschine den relativ geringen zusätzlichen Beitrag des Menschen zum Treibhauseffekt ganz oder teilweise aus, oder ist dies nicht der Fall?

Der Mensch ist nur mit rund drei Prozent an der globalen CO_2-Emission beteiligt, den Rest besorgen Ozeane, Böden und Vegetation. Nach groben Schätzungen liegt der *Homo sapiens* damit sogar hinter den Termiten. Da die Kerbtiere bislang aber keine ADAC-Mitglieder sind und auch sonst keine fossilen Energien verbrennen, ist ihre Bilanz ausgeglichen. Die Natur nimmt über kurz oder lang so viel CO_2 auf, wie sie hergibt. Auf der Autobahn wird aber nur Gas gegeben und keines zurückgenommen. Ein Teil davon wird derzeit nicht von der Natur verarbeitet und reichert sich in der Atmosphäre an. Aus dem guten Gas wird so ein böses Gas, weil es zu viel des Guten tun könnte (es gab allerdings auch ohne Autos und Industrie schon wärmere Zeiten als heute). Neben signifikanten Einflüssen der Sonne und der Ozeane könnte dieser relativ geringfügige zusätzliche Effekt bei der jüngsten Erwärmung seit den achtziger Jahren einen gewissen Anteil haben. Ein großer Teil der Erwärmung des vergangenen Jahrhunderts fand allerdings zwischen 1910 und 1945 statt, als menschengemachtes CO_2 noch keine große Rolle spielte.

Der Zweifel ist das methodische Prinzip der gesamten modernen Naturwissenschaft. Auch die zahlreichen Hypothesen zum Klimawandel müssen sich dem Feuer der Kritik stellen, sonst sind sie nichts wert. Und damit ist die Klimaforschung mitten im Dilemma: Politiker wollen als Schutztruppe für das Weltklima gefahrlos Handlungsfähigkeit demonstrieren und dies durch einen breiten wissenschaftlichen Konsens legitimeren. Deshalb wurde das »Intergovernmental Panel on Climate Change« (IPCC) in den achtziger Jahren von der UN ins Leben gerufen. Es sollte den wissenschaftlichen Sachverstand aus aller Welt zusammentragen und eine einheitliche Aussage daraus kondensieren. Das IPCC-Prozedere ist damit kein wissenschaftliches, sondern ein politisches Verfahren. Schlüsselpositionen haben dabei Wissenschaftsfunktionäre wie Professor Hans-Joachim Schellnhuber inne, die den Wortlaut einer kurzen Zusammenfassung der vielen Tausend Seiten umfassenden Studien und Arbeiten festlegen. In Verhandlungen mit Regierungsvertretern der beteiligten Länder wird schließlich der endgültige Wortlaut verabredet. Keineswegs alle dem IPCC zuarbeitenden Wissenschaftler können und wollen als Kronzeugen für die politische Interpretation ihrer Arbeit in Anspruch genommen werden. Der angesehene Atmosphären-Wissenschaftler Richard Lindzen vom Massachusetts Institute of Technology (MIT) beispielsweise gehört zur Gruppe der vom IPCC einbezogenen Wissenschaftler – und er ist zugleich einer der pointiertesten Kritiker der katastrophischen Treibhausprognosen. Lindzen hält heutige Computersimulationen des Klimas schon alleine deshalb für fragwürdig, weil eine Schlüsselgröße des Treibhauseffektes nicht richtig verstanden und auch nicht im Rechner simulierbar sei: die Rolle der Wolken. Lindzen sagt, dass die IPCC-Prognosen über eine Erwärmung von bis zu 5,8 Grad haltlos übertrieben sind. Genau wie Dr. John Christy, ein ebenfalls am IPCC-Bericht beteiligter Atmosphärenwissenschaftler: »Dieses Szenario wird nicht eintreten. Die Welt ist in einem erheblich besseren Zustand, als er in diesem Untergangsbild gemalt wird.« Der NASA-Forscher James Hansen hat gewissermaßen das Copyright auf die Klima-Apokalypse, weil er das ganze Thema 1988 bei einer Anhörung vor dem amerikanischen Senat mit extremen Erwärmungsprognosen losgetreten hatte. Anfang 2002 verstörte der Klimaschutzguru seine Gemeinde mit einem Szenario, bis zum Jahr 2050 sei nur mit einer Erwärmung von 0,7 Grad zu rechnen. Damit befindet sich Hansen plötzlich in der gleichen Größenordnung wie die viel gescholtenen Skeptikern und Zweiflern der Branche. Kary Mullis, Nobelpreisträger für Chemie und wissenschaftliches Enfant terrible, ist sich sicher: »Hey, sind vor 15 000 Jahren die Gletscher geschmolzen, weil die Leute zu viele Lagerfeuer angezündet haben? Nein, und auch die nächste Eiszeit werden nicht wir Menschen verursachen. Da sind mächtigere Kräfte im Spiel.«

Die Ermittlungen in der Strafsache Kohlendioxid laufen zwar noch, aber der wissenschaftliche Streit ist fast müßig. Das öffentliche Urteil wurde längst gesprochen und es lautet: Im Zweifel gegen den Angeklagten. Vielen Umweltschützern gilt der Treibhauseffekt als teuflischste Gefahr seit der Atombombe, womit das Kohlendioxid zum finalen Giftgas modernen Wirtschaftens erklärt wurde. Begierig und immer auf der Suche nach etwas moralischem Glanz nehmen sich die Mächtigen der Welt der vorgeblich drohenden Klima-Apokalypse an. Die Verlockung, eine virtuelle Katastrophe mit symbolischer Politik zu bekämpfen, ist offenbar unwiderstehlich. Entsprechend fiel die moralische Empörung über den Ausstieg der Amerikaner aus dem Kyoto-Abkommen aus. »Die Luft gehört nicht uns, sondern ist ein Schatz künftiger Generationen«, ließ UN-Generalsekretär Kofi Annan wissen und sein deutscher Umweltdirektor Klaus Töpfer zeigte sich »betroffen« und »schockiert«. Elder Statesmen wie Michail Gorbatschow und Jimmy Carter gaben sich ebenso fassungslos wie das chinesische Politbüro oder der deutsche Umweltminister. Greenpeace bedrohte 100 US-Firmen mit Boykott. Nach dem Motto: Kauft nicht beim Amerikaner. Franz Josef Wagner, Kolumnist der Bildzeitung, schreibt gleich als Indianerhäuptling: »Lieber George W. Bush ... wir werden nicht zulassen, dass Sie die Büffel ein zweites Mal töten.«

Die »Botschaft des Schreckens« *(Die Zeit)* veranlasste alle gut Meinenden und weniger gut Meinenden, ja überhaupt alle Meinenden zu einem weltweiten Schulterschluss. Gebetsmühlenartig werden abschmelzende Pole, versinkende Inseln und steigende Meeresspiegel oder sich ausbreitende Tropenkrankheiten zur Untermalung des Panikorchesters herangezogen. Die Hiobsmeldungen lassen sich kaum so schnell dementieren, wie sie in die Welt gesetzt werden; hier nur ein paar kurze Stichworte dazu:

- Schmelzen die Pole ab? Am Nordpol ist es etwas wärmer geworden, die Antarktis ist dagegen eher abgekühlt. Kalbende Gletscher wie im März 2002 sind natürliche und lokale Phänomene (wobei der Zeitpunkt und die jeweiligen Umstände noch weitgehend unverstanden sind). Sie tragen nicht zum Anstieg der Meeresspiegel bei.

- Steigt der Meeresspiegel? Der Pegel steigt seit 100 Jahren im Weltdurchschnitt um wenige Millimeter pro Jahr, beschleunigt hat sich dies bislang nicht.

- Versinken die Südsee-Inseln? Bislang gibt es dafür keine Anzeichen. Das angeblich abtauchende Tuvalu erfreut sich laut der lokalen Messstation über die letzten 20 Jahre einer völlig unveränderten Meeresspiegelhöhe. Die Küste erodiert dort, weil am Strand Sand für die lokale Bauindustrie weggebaggert wird.

- Kommen Tropenkrankheiten zu uns? Malaria hat mit der Temperatur kaum etwas zu tun. Die Seuche forderte in vergangenen Jahrhunderten von den Tropen bis nach Russland und zum Polarkreis ihre Opfer – und dies in kälteren Zeiten als heute. Holland wurde 1970 als letztes europäisches Land malariafrei. In tropischen Ländern hängt die Verbreitung vor allem damit zusammen, ob sich die Menschen Fliegengitter, Moskitonetze, chemische Bekämpfungsmittel oder Klimaanlagen leisten können.

Zusammenfassend lässt sich sagen: Die Erde ist in den letzten 100 Jahren etwas wärmer geworden. Eine Zivilisation von sechs Milliarden Menschen beeinflusst sicherlich auch in dieser oder jener Weise das Klima. Es gibt aber derzeit keine Entwicklung, die es nicht ohne den Menschen auch schon gegeben hätte. Die Katastrophe findet bislang ausschließlich im Computer statt.

Die öffentliche Abhandlung der Klimakatastrophe ist hingegen durch die ständige Wiederholung von Schreckensmeldungen, vereinfachten Schuldzuweisungen und emotionaler Aufladung gekennzeichnet. Das sind die Erfolgsmuster klassischer Propaganda. Wie immer, wenn es um die Rettung der Menschheit geht, gibt es sehr bald Wörter, die man nicht benutzen, Wahrheiten, die man nicht aussprechen, und Fragen, die man nicht stellen sollte. »Leugnung ist die Strategie derer, die zu glauben wünschen, dass sie ihr suchtabhängiges Leben ohne schlimme Auswirkungen auf sich selbst und andere fortsetzen können«, ordnet der ehemalige US-Vize Al Gore Katastrophen-Skeptiker schon mal den krankhaften Naturen zu. Neu ist diese Argumentationsfigur nicht. Einer der Hauptgründe für die Hatz auf Außenseiter zwischen dem 15. und 17. Jahrhundert, der Zeit der massivsten Hexenverfolgung, war eine Klimaverschiebung. Die »kleine Eiszeit« brachte damals ungewöhnlich harte Unwetter mit Sturm und Frost in ganz Mitteleuropa. Weil die Sommer ausfielen und Ernten verhagelten, herrschte höchste wirtschaftliche Not. Dafür wurden Schuldige gebraucht.

Im alten Rom schauten die Priester in die Zukunft, indem sie mit finsterer Miene die Flugbahnen der Vögel verfolgten oder die Anordnung tierischer Eingeweide studierten. Heute stehen in den Tempeln des Wissens summende Großrechner und die Hohepriester sprechen mit verschlungenen Schaltungen. Der stellvertretende Vorsitzende des IPCC, John Houghton (also eigentlich für Wissenschaft zuständig), orakelt: »Wenn wir die uns von Gott übertragene Verantwortung für die Erde ernst nehmen, dann müssen wir zugestehen, dass ein Scheitern bei dieser Aufgabe nicht nur eine Sünde gegen die Natur, sondern auch eine Sünde gegen Gott ist«. Die Menschheit sehe sich mit einer neuen Kategorie der Sünde konfrontiert, meint er, und dazu könne eben auch die Sünde gehören, »zu viel zu reden und zu wenig zu tun«. Langer Rede kurzer Sinn: Wer das Kyoto-Protokoll nicht unterschreibt und anderer Meinung als Sir John ist, versündigt sich gegen Gott.

Im Treibhaus sind folgende Fragen nicht mehr gestattet. Erstens: Hat die Erde sich tatsächlich bereits über ein von der Natur verursachtes Maß hinaus erwärmt? Zweitens: Wird sie sich weiter erwärmen? Und drittens: Wenn ja, wäre das überhaupt schlimm? Besonders letztere Frage gilt als ganz arg zynisch. Das mittelalterliche Klima-Optimum, teilweise wärmer als heute und von blühender Landwirtschaft und der Besiedlung Grönlands gekennzeichnet, darf schon nicht mehr optimal sein. In manchen Lehrmaterialien für Schulen steht der Begriff »Optimum« bereits in Anführungszeichen. Demnächst soll er am besten gar nicht mehr dastehen. Die mittelalterliche Warmzeit und die darauf folgende kleine Eiszeit sind zwar als globales Ereignis durch zahllose Berichte und Studien lückenlos belegt. Doch bedauerlicherweise brachten beide Phänomene die Katastrophisten immer wieder in argumentative Notlagen. Doch damit soll endlich Schluss sein: Im neuen Bericht des IPCC wird die Klimageschichte kurzerhand umgeschrieben. Aufgrund einer einzigen Studie unter der Leitung des amerikanischen Klimaforschers Michael Mann (sie zieht indirekte Schlüsse auf vergangene Temperaturen vor allem aus Baumringen) wird die mittelalterliche Warmzeit als unbedeutendes lokales Phänomen in einigen Ländern vom Tisch gewischt. Ein genialer Schachzug: Dank der handstreichartigen Abkühlung der Vergangenheit kann jetzt endlich gefahrlos behauptet werden, dass wir heute die wärmsten Periode seit

1000 Jahren durchleben. Das kommt uns bekannt vor: In George Orwells Roman 1984 gibt es ein »Wahrheitsministerium«, das unter anderem die Aufgabe hat, die Vergangenheit umzuschreiben.

Egal ob zu viel Schnee oder zu wenig, zu viel Regen oder zu wenig, ob Kälte oder Hitze – jegliche Wetterphänomene werden inzwischen dem vom Menschen gemachten Klimawandel zugeordnet. Tatsachen werden mit Emotionen und Vorstellungen vermischt und die Aufmerksamkeit eindimensional ausgerichtet. Das Phänomen ist bekannt: Wer ein Auto kauft, das kanariengelb ist, wird bald massenweise Autos sehen, die ebenfalls kanariengelb lackiert sind. Dabei folgt die Interpretation von klimatischen Trends oder Wetterphänomenen dem allgemeinen Zeitgeist: Alles, was sich ändert, ist gefährlich. Aufgrund der reichlich fließenden Forschungsgelder stellen immer mehr wissenschaftliche Disziplinen ihre Arbeit in den Dienst der Klimaforschung. Die Studien ganzer Fachgebiete werden plötzlich auf einen völlig anderen Fokus gelenkt. Selbst die der Paläo-Anthropologen. In den sechziger Jahren erforschten sie die Frühzeit der Menschheit vor allem unter dem Aspekt der Gewalt. Dies war die Zeit des kalten Krieges. In den siebziger und achtziger Jahren hatte der Feminismus Konjunktur und in den Anträgen für Förderungsgelder durfte die Erforschung der Rolle der Frau nicht fehlen. Heute widmet sich die Disziplin verstärkt, wen wundert es, den klimatischen Aspekten der Menschheitsgeschichte. Das Modethema führt zu einem unablässigen Strom entsprechender Forschungsergebnisse, die dann in den Medien katastrophenkompatibel hinterbracht werden.

Selbst gute Nachrichten werden zu schlechten Zeichen umgedeutet. Als kürzlich eine Studie das Vordringen von Gräsern in Wüstengegenden nahe legte, wurde dies mit folgender Schlagzeile vermeldet: »Steigender Gehalt von Kohlendioxid erhöht Brandgefahr in der Steppe«. Es gibt auch viel unfreiwillige Komik im Treibhaus. Die als mahnend gedachte Erkenntnis, auf der Nordhalbkugel seien die Winter in den letzten 150 Jahren um 18 Tage kürzer geworden, ging im Winter 2000 nach hinten los: Angesichts der Heizölpreise wollte die deutsche Öffentlichkeit partout nicht erschrecken. Unübertroffen ist jedoch der volkspädagogisch kontraproduktive Klops, den sich die Wissenschaftler der Universität von East Anglia geleistet haben. Ihre Hiobsbotschaft lautete: Die nächste Eiszeit geht erst 50 000 Jahre später los.

Aus Vorsorge wollen die Industrieländer laut Kyoto-Protokoll den Ausstoß von Kohlendioxid bis zum Jahr 2010 um rund fünf Prozent unter die Werte von 1990 senken. Nachdem die USA sich daran nicht beteiligen wollen, scheinen die übrigen Staaten entschlossen, die Vereinbarung im Alleingang in Kraft zu setzen. Es könnte jedoch nicht schaden, einer nüchternen ökologischen und ökonomischen Analyse des Vertragswerkes ins Auge zu sehen. Was in der aufgeheizten Atmosphäre derzeit völlig untergeht (und von den Ideologen gar nicht gern erwähnt wird): Das Kyoto-Protokoll hat zwar einen großen symbolischen, aber fast keinen praktischen Einfluss auf das Klimageschehen. Der ausgewiesene Klimawarner und Klimaforscher Tom Wigley hat einmal kalkuliert, welche Auswirkungen es haben würde, wenn sich tatsächlich alle Länder inklusive der USA brav an das ursprüngliche Regulierungswerk halten würden. Einmal unterstellt, die derzeitigen Klimamodelle rechnen richtig, ergäbe sich laut Wigley für das Jahr 2050 eine Verminderung des Temperaturanstiegs um 0,07 Grad. Dies liegt unterhalb der praktischen Nachweisbarkeit.

Und der Preis für dieses substanzlose Abkommen ist hoch. Wissensanmaßung, Willkür und Bürokratie gehen eine unheilvolle Allianz ein. So sieht der Vertrag wie gesagt vor, nicht nur den CO_2-Ausstoß durch Schlote oder Auspuffrohre anzurechnen, sondern auch dessen Absorption durch Feld, Wald und Wiesen. Doch das geht überhaupt nicht. Das angesehene internationale Forschungsinstitut für Systemanalyse in Laxenburg (Iiasa) bei Wien hat den Versuch aufgegeben, eine seriöse Kohlenstoffbilanz der Biosphäre Russlands aufzustellen. Die Unsicherheiten seien schon alleine hinsichtlich der Wälder einfach zu groß:»Unter Einbeziehung der Senken ist das Protokoll von Kyoto unkontrollierbar und undurchführbar.« Der Kohlenstoffhaushalt der Erde stellt noch immer ein großes Rätsel dar. Die Forschung sieht sich außer Stande seriös anzugeben, welchen Beitrag Ozeane, Flüsse, Wälder, Luft oder Landwirtschaft im Einzelnen leisten, ganz zu schweigen von den Austauschvorgängen, die unter wechselnden Bedingungen stattfinden. Kein Mensch hat genaue Daten darüber, ob und wie viel Kohlenstoff natürliche Speicher (»Senken«) tatsächlich aufnehmen. Je nachdem, wann und wo und unter welchen Bedingungen Wälder wachsen, können sie große Mengen Kohlendioxid schlucken oder sogar ausspucken. Ganz zu schweigen von Naturkatastrophen: Die Waldbrände in den USA 2001 haben so viel Kohlendioxid freigesetzt wie alle deutschen Haushalte pro Jahr zusammen, schätzt man zumindest.

Dies hinderte die Bürokraten nicht daran, beispielsweise Russland für seine Wälder zunächst eine Gutschrift von jährlich 17 Megatonnen zuzugestehen – und dieses Angebot dann auf das Doppelte zu erhöhen. Eine wissenschaftliche Basis dafür gibt es schlichtweg nicht. Beide Zahlen sind gleichermaßen Voodoo – aber Hauptsache die Russen unterschreiben. »Die neu entstandene Klimabürokratie konnte mit der Rettung des Kyoto-Protokolls in letzter Minute verhindern, dass ihre Überflüssigkeit augenfällig wurde«, schreibt der Umwelt-Publizist Edgar Gärtner. Es geht dabei um Dutzende von Milliarden Dollar, die im globalen Maßstab nach dem Gutdünken einer Funktionärskaste umverteilt werden, denn die Kohlendioxid-Gutschriften sollen in Form von Zertifikaten an einer Börse gehandelt werden.

Gegen einen Handel mit Verschmutzungsrechten wäre als marktwirtschaftliches Instrument prinzipiell nichts einzuwenden. Insbesondere dann nicht, wenn die Mengen auf einer nachvollziehbaren Basis ermittelt werden und wenn darüber hinaus gleiches Recht für alle gilt. Dies ist aber nicht der Fall. Entwicklungsländer haben keinerlei Reduktionsverpflichtungen. Dies ist einerseits ein nachvollziehbares Entgegenkommen. Andererseits können sich Länder wie Indien oder China ihre Gutschriften quasi blanko ausstellen. Dies zieht teilweise völlig absurde Wirkungen nach sich. Anfang 2002 wurde noch heftig über die Modalitäten gestritten, aber es zeichnete sich bereits ein unentwirrbares Konglomerat bürokratischer Regulierung ab.

- In den Industrieländern soll für jeden Produktionsbetrieb eine erlaubte Obergrenze an Emissionen zugeteilt werden. Bemessungsgrundlage soll wahrscheinlich der heutige Ausstoß sein. Wer in den vergangenen Jahren bereits gründlich eingespart hat (wie viele Unternehmen in Deutschland), könnte dabei gegenüber denen im Nachteil sein, die gar nichts getan haben und mit einfachen Modernisierungen kostengünstig reduzieren können. So erläutert beispielsweise der Verband der Chemischen Industrie in Deutschland: »Jeder Anlage wird eine Obergrenze für Emissionen gesetzt. Dies bedeutet auch eine Obergrenze für unsere Produktion, weil heute weitgehend alle technischen Möglichkeiten ausgeschöpft sind, den CO_2-Anstieg zu begrenzen, der mit einem solchen Produktionswachstum einhergehen würde.« Daraus folgt: »Der Kauf von teuren Emissionsrechten wäre erforderlich. Die Folge wäre eine Verlagerung der energieintensiven Produktion in Länder mit niedrigeren Minderungszielen.« Der Clou aber: Zu einer tatsächlichen Minderung von CO_2-Emissionen kommt es dadurch unter dem Strich nicht. Dem Klima ist das alles völlig egal.

- Wer Anlagen einfach stilllegt, kann eine doppelte Prämie erzielen. Einerseits verkauft er die frei werdenden CO_2-Zertifikate, andererseits braucht er bei Neuinvestitionen außerhalb Europas keinerlei Kosten zu fürchten. Die auf öffentliches Wirtschaftsrecht und Umweltregulierung spezialisierte internationale Anwaltssozietät Freshfields Bruckhaus Deringer kommt in einem Rechtsgutachten zum deutschen Kyoto-Richtlinienentwurf 2002 zu dem Schluss: »Die Umsetzung bedeutet für das deutsche Immissionsschutzrecht einen grundlegenden Systemwechsel: von einem freiheitsgestaltenden Recht zu einer Bewirtschaftungsordnung.«
- Wer keine Lust mehr hat und einen Betrieb schließt, wird finanziell dafür belohnt. Neugründer müssen dagegen erst teure CO_2-Zertifikate kaufen, bevor sie überhaupt in den Markt eintreten dürfen.
- Der so genannte »Clean-Development-Mechanismus« macht die Sache noch verwickelter. Auch dahinter steckt theoretisch eine gute Idee. Ein wachsendes Unternehmen, das in Deutschland mehr Kohlendioxid produziert, soll dieses auch woanders einsparen können. Beispielsweise durch Anpflanzung einer Plantage in Afrika oder Modernisierung eines Kraftwerkes in China. Das Ganze wird verrechnet. Der gleiche Effekt käme so billiger – bestens. Doch wie alle Ideen, die abends in fröhlicher Runde mit Freunden geboren werden, sollte sie den Kater am nächsten Tag überstehen. Erste Frage: Welche Art Wald absorbiert wann, wo, wie viel und wie lange Kohlendioxid? (Siehe oben.) Zweite Frage: Wie unterscheidet man eine Plantage, die ohnehin angepflanzt werden sollte, von einer, die aus Klimaschutzgründen sprießt?
- Überdies schwant Artenschützern Übles: Die Anpflanzung von Palmöl- und Kautschukplantagen ist heute schon Hauptgrund für die Vernichtung ursprünglichen Regenwalds. Diese Naturzerstörung mutiert künftig womöglich

zur schnell wachsenden Klimaschutzmaßnahme. Praktisch
kontrollieren kann das alles ohnehin niemand. Trotz Einsatz von Satelliten divergieren beispielsweise die Angaben
über die Zerstörung von Amazonas-Regenwald um Flächen
von der Größenordnung der Niederlande. Ein relativ behutsamer und nachhaltiger Waldbau, wie derzeit in Deutschland, bringt hingegen keine Klimapunkte. Nach dem »Rasen für die Rente« jetzt also der Kahlschlag für Kyoto?
Die Förderung von effizienten Industrieanlagen oder saube-
ren Kraftwerken in ärmeren Ländern ist sicher sinnvoll. Die
bürokratische Koppelung an den Klimaschutz öffnet jedoch
dem Missbrauch Tür und Tor. Wie unterscheidet man einen
lukrativen Fabrikneubau in einem Niedriglohnland von einer heroischen Klimaschutzmaßnahme? Weiterer Zünd-
stoff liegt in der Bewertung von Technik. Welches Kraftwerk
ist denn klimaschonend? Ausgerechnet Atomkraftwerke
sollen jedoch nicht in den »Clean-Development-Mechanismus« aufgenommen werden, da erheben die westlichen
Anti-AKW-Aktivisten Einspruch. Das ändert aber nichts daran: Atomwirtschaft macht viel Ärger, aber wenig Kohlendioxid. So kann Frankreich seine Emissionen dank seiner
Atomkraftwerke im europäischen Verbund sogar erhöhen.
Faktisch hat die Kernkraft dadurch längst den blauen Klima-
engel. Warum dies für Entwicklungsländer nicht gelten soll,
bleibt Geheimnis der Weltklimaplaner und ihrer höheren
Erleuchtung. »Mit welcher Begründung sollten wir kommende Generationen daran hindern, das Klimaproblem
nicht mit Konsumverzicht und Energiesparen, sondern mit
Konsumzuwachs und Kernenergie lösen zu wollen?«, formulierte es Diethard Schade von der Akademie für Techno-
logiefolgenabschätzung in Baden-Württemberg.

Insbesondere die Pläne der Europäischen Union zur Umsetzung des Kyoto-Protokolls lassen nichts Gutes ahnen. »Über

den Einsatz von Energie entscheidet künftig immer weniger der Markt, sondern die Brüsseler Bürokratie«, beschreibt die *Wirtschaftswoche* »den Traum aller Ökosozialisten«. Die theoretisch ins Auge gefassten marktwirtschaftlichen Instrumente werden praktisch in ihr Gegenteil verkehrt. Frei nach dem Bonmot: Ein Kamel ist ein von einer Bürokratie entworfenes Rennpferd. Treibhausgewerbe und Quotenkrämer können sich Inspiration bei den EG-Landwirtschaftsbürokraten holen, die zur Eindämmung der Milchschwemme seinerzeit die Milchquoten erfanden. Dies führte zu so schönen Berufsbildern wie »Sofamelker«. Früher hatten diese Bauern Kühe im Stall, heute tun sie gar nichts mehr und leben dabei prima. Denn sie verkaufen oder verpachten die von Brüssel zugeteilte Milchquote. Es gibt Tausende Sofamelker in Europa. Die Klimamelker sind da nur noch eine Frage der Zeit.

Die sowjetischen Klimamacher schufen einen Musterfall bürokratischer Stagnation und Bevormundung, die heutigen Klimaschützer sind leider auf dem besten Wege dorthin. Wie einst die großen Bewässerungspläne in den Steppen Sibiriens versiegten, so strandet der Klimaschutz im ideologischen Absurdistan und im wissenschaftlichen Nichts. »Steht die Bush-Regierung trotz der provinziellen Beschränktheit einzelner ihrer Mitglieder und der ökonomischen und ökologischen Fragwürdigkeit ihrer Ölförderprojekte in Alaska mit ihrem unbekümmerten, zupackenden Technik-Optimismus dem gesunden Menschenverstand nicht viel näher als die europäischen Sozialisten mit ihrer durch das absurde Vorsichtsprinzip begründeten defensiven Haltung?«, fragt Edgar Gärtner.

Die Auseinandersetzung zwischen den USA und Europa hat einen tieferen kulturellen Kern. Den meisten Menschen im Land der unbegrenzten Möglichkeiten ist es zutiefst fremd, die Zukunft a priori in Schranken und Grenzen zu denken – wie es hierzulande derzeit als verbindlich gilt. Eine starke Strömung im amerikanischen Umweltschutz weist immer wieder darauf hin, dass die Realität reihenweise die »Grenzen des Wachstums« und die apokalyptischen Vorhersagen der siebziger und achtziger Jahre widerlegt hat. Die technische Intelligenz eines Silicon Valley ist herausgefordert und sie wird ihren Strom nicht dauerhaft aus Kohlegruben beziehen wollen. Sie wird sich aber auch nicht in die bevormundende Abhängigkeit einer fantasielosen Welt-Ökobürokratie begeben. Die Ingenieure und Erfinder werden nach Ansicht pragmatischer Amerikaner die Kohlendioxidfrage lösen, nicht die Ideologen oder Klimabürokraten.

Der amerikanische Plan zur Reduktion von Treibhausgasen setzt auf Freiwilligkeit und steuerliche Anreize. George Bush sagte dazu: »Ich gehe davon aus, dass ökonomisches Wachstum die Lösung und nicht das Problem ist, weil nur eine wirtschaftlich prosperierende Nation sich neue Investitionen und neue Technologien leisten kann.« Und weiter: »Wir brauchen mehr Wohlstand, um Chancen zu schaffen, um den Lebensstandard zu erhöhen, um mehr in saubere Technologien, Umweltschutz und Energie-Effizienz investieren zu können.«

Die weitgehend nutzlose Umsetzung des Klimaprotokolls von Kyoto wird jährlich bis zu 350 Milliarden Dollar kosten. Das ist siebenmal so viel wie die gesamte weltweite Entwicklungshilfe. Millionen von Menschen sterben jährlich aber nicht an einer hypothetischen Klimakatastrophe, sondern hier und heute an Krankheiten wie Tuberkulose, Hepatitis und Durchfall. Dies sind ganz direkte Folgen schlimmster Verschmutzung von Wasser, Luft oder Nahrung. Simple Klärwerke und technische Verbesserungen könnten deshalb hier und heute Wunder bewirken.

Der dänische Statistikprofessor und Autor des Bestsellers »The Sceptical Environmentalist«, Bjørn Lomborg, fragt: »Wollen die Industriestaaten den Ländern der Dritten Welt ineffizient helfen, indem sie Milliarden in die Treibhausgas-Verringerung hineinstecken – oder wollen sie lieber in die wirtschaftliche Entwicklung investieren, damit sich diese Länder in 50 oder 100 Jahren selbst der Klimafolgen wehren können?« Geld kann nämlich nur einmal ausgegeben werden. Und eine gegen die Armut gerichtete Strategie funktioniert auch für den Fall, dass Klimaumschwünge nicht vom Menschen gemacht, sondern schlicht unser Schicksal sind.

Völlig unbeeindruckt von solchen Erwägungen hieß es Ende 2001 in einer Stellungnahme der Bundesregierung: »Zu dem eingeschlagenen klimapolitischen Weg gibt es gegenwärtig, auch angesichts der Vorsorgepflicht, keine Alternative.« Dass keine einzige der im deutschen Bundestag vertretenen Parteien hier Einspruch erhebt, zeigt ein für die Zukunft beunruhigendes Maß gutmenschenhafter Gleichschaltung und fahrlässiger Gedankenlosigkeit.

Nachwort

Nachdem wir unser Buchmanuskript abgeschlossen hatten und alle Kapitel noch einmal Revue passieren ließen, haben wir uns kurz gefragt, ob wir ein pessimistisches Buch geschrieben haben. Die zahlreichen Beispiele, die wir für Zukunftsfeindlichkeit und Kulturpessimismus, Regulierungswut und Staatsgläubigkeit, Bevormundung und Technikphobie zusammengetragen haben, könnten in der Tat diesen Eindruck entstehen lassen. Und doch ist dies ein optimistisches Buch: Unsere Analyse soll dazu beitragen, dass den Feinden der Freiheit entschlossener entgegengetreten wird. Man hat es ihnen bisher einfach zu leicht gemacht.

An Verbündeten für einen freien und offenen Weg in die Zukunft mangelt es prinzipiell nicht: Die vielen Gespräche und Erfahrungen, die wir im Zuge der Recherche für dieses Buch geführt und gesammelt haben, bestätigen uns in diesem Eindruck. Immer mehr Menschen – egal ob alt oder jung – gehen Angstmacherei und Bevormundungsversuche durch gewählte oder selbst ernannte Eliten gründlich auf den Nerv. Die einzelnen Zumutungen werden jedoch meist isoliert wahrgenommen. Wir haben in diesem Buch versucht, die Dinge zusammenzufügen und die Struktur dahinter aufzuzeigen.

Wir sind optimistisch, weil es keinesfalls ausgemacht ist, dass die Feinde von Selbstbestimmung und Marktwirtschaft in der Mehrzahl sind. Fest steht derzeit nur: Sie treten lauter auf (und sind besser organisiert). Die kapitalismusfeindlichen Demonstrationen der Globalisierungsgegner von Seattle, Genua oder Berlin brachten Hunderttausende auf die Straße. Als im Jahre 2002 Freunde der Freiheit erstmals zu einer weltweiten Demonstration *für* die Marktwirtschaft und die offene Gesellschaft aufriefen (»Walk for Capitalism«), da fanden sich in den großen Städten der Industrieländer gerade mal ein paar Dutzend Aufrechte ein.

Bezeichnenderweise war die Beteiligung am »Spaziergang für den Kapitalismus« in Schwellenländern und Staaten des ehemaligen Ostblocks erheblich größer. Der Grund für die Diskrepanz zwischen Industrieländern und nachholenden Nationen liegt auf der Hand: Die Menschen in vielen dieser Länder erinnern sich noch sehr genau, welche Verheerungen Unfreiheit und Planwirtschaft anrichten. Und sie sehen umgekehrt, welche ungleich besseren Möglichkeiten die kapitalistischen Prinzipien wie freier Wettbewerb und Privateigentum bieten. Hierzulande werden die Segnungen dieses Systems mittlerweile als selbstverständlich und somit wenig verteidigenswert genommen. Die Sensoren für freiheitsfeindliche Tendenzen sind verkümmert. Zumal Einschränkungen ja stets im Gewande einer vermeintlich guten und gerechten Sache daherkommen.

Die Idee, der Kapitalismus selbst könne eine gute und gerechte Sache sein, wird inzwischen als Provokation empfunden. Wer will sich schon bei einem »Spaziergang für den Kapitalismus« sehen lassen? Zumal sich zunehmend der Gedanke verfestigt: Wer für die kapitalistische Wirtschaftsweise plädiert, der hat im Umkehrschluss etwas gegen soziale Gerechtigkeit, Umweltschutz oder Hilfe für die Armen. Doch diesen Schuh muss sich keiner anziehen. Niemals in der Geschichte ging es den Menschen besser, lebten sie freier, länger und gesünder als in den westlichen Industriegesellschaften. Keine andere Gesellschaftsform hat auch nur annähernd so viel Wohlstand und Chancen gerade auch für Menschen aus Minderheiten oder den unteren Einkommensschichten geschaffen. Nirgendwo wurden die Probleme des Umweltschutzes rascher erkannt und angegangen als hier.

Die Autoren dieses Buches teilen durchaus Zielvorstellungen von Globalisierungsgegnern, Gewerkschaftern oder Umweltschützern. Auch wir plädieren dafür, dass die armen Ländern größere Chancen bekommen, mehr Wohlstand zu schaffen, dass faire Löhne bezahlt werden oder dass die Umwelt gesund erhalten wird. Die Streitfrage aber lautet: Welches ist die beste Methode, um solche Ziele zu erreichen? Und da gibt es kein vorzeigbareres Erfolgsmodell als die westlichen Demokratien mit ihrer freien Entfaltung des Individuums. Wer dafür auf die Straße geht, muss sich nun wirklich nicht schämen. Große und kleine Unternehmer, Handwerker und vom Tarifkartell ausgeschlossene Arbeitslose sollten es ruhig mal versuchen. Auf dem Holzweg sind diejenigen, die glauben, die Welt mit planwirtschaftlichen Rezepten aus der Mottenkiste verbessern zu können.

Wir wollen damit nicht sagen, dass der Gedanke der Vorsorge oder der Planung grundsätzlich von Übel wäre. Jedes Individuum sorgt in einem gewissen Umfang vor und plant. Der eine hat eine Lebensversicherung, der andere plant einen Hausbau. Dennoch wird immer ein Abgrund an Ungewissheit bleiben. Niemand kann wirklich wissen, ob seine Gesundheit stabil, seine Ausbildung auf dem Stand der Technik oder seine Ehe intakt bleibt. Auch ein Staat, der etwas taugt, trifft selbstverständlich Vorsorge und plant seine Vorhaben. Er kann aber weder dem einzelnen Bürger noch der Gesellschaft als Ganzes vollkommene Sicherheit bieten. Und doch ist der Begriff der Sicherheit zum goldenen Kalb geworden. Überall und von beinahe jedem wird mehr Sicherheit gefordert, was nur durch den Ausschluss von Risiken möglich ist. Das Unbekannte, der Wechsel, das Experiment sind verdächtig, immer mehr Verbote und Regulierungen die Folge. Doch die Vorschriften von Behörden können niemals mit jener kollektiven Intelligenz konkurrieren, die sich aus Millionen freien Einzelentscheidungen der Menschen zusammensetzt. Werden diese unterbunden oder zu sehr eingeschränkt, dann ist dies bedauerlicherweise das Rezept, wie eine Gesellschaft sich selbst die Luft abdreht: Nur die individuelle Freiheit bringt jene Kreativität und Motivation hervor, die es uns erlaubt, neue und bislang unbekannte Lösungen für die Zukunft zu finden. Darum ging es uns in diesem Buch.

»Ich bin ein Teil von jener Kraft, die stets das Böse will, und stets das Gute schafft«

Mephisto; Faust I

Dirk Maxeiner
Michael Miersch
Das Mephisto-Prinzip
Warum es besser ist, nicht gut zu sein
192 Seiten · geb. m. SU
€ 17,90 (D) · sFr 31,50
ISBN 3-8218-1636-8

Der Weg zur Hölle ist gepflastert mit guten Absichten, sagt ein englisches Sprichwort. Anders formuliert: Eine gute Gesinnung schafft noch lange keine bessere Realität. Niedere Motive dagegen mögen zwar eine schlechte Presse haben, aber sie wirken oftmals überraschend segensreich.

Dirk Maxeiner und Michael Miersch zeigen, wie aus purem Eigennutz genau das hervorgebracht wird, was die Gutmenschen dieser Welt immer wieder anmahnen: sozialer und ökologischer Fortschritt.

»Maxeiner und Miersch lachen den Gutmenschen ins Gesicht. Und die haben auch nichts Besseres verdient.«
Frankfurter Allgemeine Zeitung

 Eichborn.

Kaiserstraße 66
60329 Frankfurt
Telefon: 069/25 60 03-0
Fax: 069/25 60 03-30
www.eichborn.de

Wir schicken Ihnen gern ein Verlagsverzeichnis.